全国导游资格考试统编教材
QUANGUO DAOYOU ZIGE KAOSHI TONGBIAN JIAOCAI

地方导游基础知识

DIFANG DAOYOU JICHU ZHISHI

（第三版）

全国导游资格考试统编教材专家编写组 编

中国旅游出版社

第三版说明

全国统一的导游资格考试制度自2016年开始施行以来，至今已是第四年。2019年，文化和旅游部再次组织相关专家对2018版考试大纲进行了修订并于6月公布。

作为文化和旅游部直属的唯一旅游专业出版机构，中国旅游出版社组织业内权威专家编写出版的这套全国导游资格考试统编教材，在过去的三年里，成为国内首屈一指的导游类专业教材，在业界获得了良好的口碑。

为适应新考试大纲要求，满足广大考生应考的需要，中国旅游出版社及时组织业内权威专家认真学习与研讨了2019年考试大纲及其变化，对2019年全国统考版《政策与法律法规》《导游业务》《全国导游基础知识》《地方导游基础知识》四本教材进行了修订。此次统考教材的修订，是以文化和旅游部相关文件精神和最新考试大纲要求为指引，特别注重强化文旅融合的内容，既吸取了前几版全国导游资格考试统编教材内容和编写风格的精华，又体现出了以下特点：其一，教材完全遵从新大纲要求，内容覆盖全部考点，且重点突出，有全国示范意义，经得起业界实践检验；其二，在强调理论与实践相结合、内容与时俱进的基础上，更加注重实用性和业务可操作性；其三，编写风格在保持简洁、通俗的基础上，更强调易学、易记，便于考生学习和掌握，方便应考。

同时，我们还修订了与这四本教材相配套的《全国导游资格统一考试模拟习题集（2019 版）》，完全遵循新考纲关于题型和分值比例的新变化，为考生开阔思维、掌握难点、突出重点、练习备考提供服务。此外，我们还新上线了“中国旅游出版社导游考试官方在线题库”，方便考生利用碎片化的时间，随时随地练习，检验复习效果。

我们衷心希望这套重新改版的统编教材，不仅能够切实满足广大考生应考的需求，同时还能够为我国导游人员业务和能力等综合素质的提升、为我国旅游业的发展尽一份绵薄之力。

中国旅游出版社

2019 年 7 月

中国旅游出版社

导游考试官方在线题库

目录

第一章 全国各省市自治区及港澳台地区基本概况

本章导读

【本章概述】 本章主要介绍了全国各省市自治区及港澳台地区基本概况，包括地理与气候、区划与人口、交通与资源等方面的基本知识。

【学习要求】 熟悉全国各省市自治区以及港澳台地区的地理、气候、区划、人口、交通等概况。

第一节 华北地区各省市自治区基本概况

一、北京市

［地理与气候］

北京是中华人民共和国首都、直辖市、全国政治中心、文化中心、国际交往中心、科技创新中心，是中国共产党中央委员会、中华人民共和国中央人民政府和全国人民代表大会的办公所在地。北京位于华北平原北部，与天津相邻，并与天津一起被河北省环绕，有着3000余年的建城史和850余年的建都史。自秦汉以来，北京地区一直是中国北方的军事和商业重镇，历史上曾出现过许多不同名称，比较有名的是燕京、大都、京师、顺天府、北平等。北京地形西北高，东南低。西部是太行山山脉余脉的西山，北部是燕山山脉的军都山，两山在南口关沟相交，形成一个向东南展开的半圆形大山弯，人们称之为“北京弯”。诚如古人所言：“幽州之地，左环沧海，右拥太行，北枕居庸，南襟河济，诚天府之国。”北京市平均海拔 43.5 米。

北京的气候属于典型的北温带半湿润大陆性季风气候，夏季高温多雨，冬季寒冷干燥，春、秋短促。全年无霜期 180 ~ 200 天，西部山区较短。年平均降水量 483.9 毫米，为华北地区降水最多的地区之一。降水季节分布很不均匀，全年降水的 80% 集中在夏季 6 月、7 月、8 月三个月份。北京太阳辐射量全年平均为 112 ~ 136 千卡 / 平方厘米，年平均日照时数在 2000 ~ 2800 小时。

［**区划与人口**］①

北京市有 16 个市辖区，分别是：东城区、西城区、朝阳区、丰台区、海淀区、石景山区、门头沟区、房山区、通州区、顺义区、昌平区、大兴区、怀柔区、平谷区、延庆区、密云区。北京市面积约 1.7 万平方千米。北京户籍人口 1300 万，常住人口 2170.7 万。

［**交通与资源**］

北京是中国铁路网的中心之一，主要有北京到香港九龙的京九铁路，到上海的京沪铁路，到广州的京广铁路，到哈尔滨的京哈铁路，到包头的京包铁路，到原平的京原铁路，到桂林的高铁，到通辽的京通铁路和到承德的京承铁路。在国际铁路运输方面，去往俄罗斯各城市、蒙古首都乌兰巴托、朝鲜首都平壤、越南首都河内的列车均从北京发车。北京有国家级高速公路 8 条，分别是京哈（G1）、京沪（G2）（京津塘）、京台（G3）、京港澳（G4）（京石）、京昆（G5）、京藏（G6）、京新（G7）、大广（G45）（京开）高速公路等。北京首都国际机场是全球规模最大的机场，几乎所有北京的国内、国际航班均在北京首都国际机场停靠和起飞，其旅客吞吐量仅次于美国亚特兰大机场，位居全球第二。

北京市资源较为丰富。已发现的矿种共 67 种，矿床、矿点产地 476 处，列入国家储量表的矿种 44 种，其中能源矿产 2 种，黑色金属矿产 4 种，有色金属、贵金属及分散元素矿产 11 种，冶金辅助原料非金属矿产 7 种，化工原料非金属矿产 5 种，建材及其他非金属矿产 15 种。北京地区的动物区

① 本书区划部分相关资料及数据来自中华人民共和国民政部编写的《中华人民共和国行政区划简册 2018》一书，资料截至 2017 年 12 月 31 日。

系有属于蒙新区东部草原、长白山地、松辽平原的区系成分，也有东洋界季风区、长江南北的动物区系成分，故北京的动物区系有由古北界向东洋界过渡的动物区系特征。截至 2009 年，此动物区系中有兽类约 40 种，鸟类约 220 种，爬行动物 16 种，两栖动物 7 种，鱼类 60 种。北京天然河道自西向东贯穿五大水系，即拒马河水系、永定河水系、北运河水系、潮白河水系、蓟运河水系，多由西北部山地发源，向东南蜿蜒流经平原地区，最后分别汇入渤海。北京市有水库 85 座，其中大型水库有密云水库、官厅水库、怀柔水库、海子水库、十三陵水库等。

二、天津市

［**地理与气候**］

天津市地处华北平原的东北部，海河流域下游，东临渤海，北依燕山，西北靠首都北京，是海河五大支流南运河、子牙河、大清河、永定河、北运河的汇合处和入海口，素有“河海要冲”之称。天津市北起蓟县（今蓟州区）古长城脚下黄崖关附近，南至大港区翟庄子以南的沧浪渠，南北长 189 千米；东起滨海新区盐场，西至静海区子牙河畔的王进庄，东西宽 117 千米。天津距北京 120 千米，历来是拱卫京畿的要地和门户。天津简称津，意为天子渡河的地方，别名津沽、津门等。天津市是中央四大直辖市之一，中国北方最大的沿海开放城市，素有“渤海明珠”之称。

天津主要受季风环流的支配，是东亚季风盛行的地区，属温带季风气候。主要气候特征是：四季分明，春季多风，干旱少雨；夏季炎热，雨水集中；秋季凉爽，冷暖适中；冬季寒冷，干燥少雪。天津年平均气温 11.4℃~ 12.9℃。

1 月最冷，平均气温 –3℃~ –5℃；7 月最热，平均气温 26℃~ 27℃。天津年平均降水量为 520 ~ 660 毫米，年降水日数为 63 ~ 70 天。在地区分布上，山地多于平原，沿海多于内地。在季节分布上，6 月、7 月、8 月三个月降水量占全年的 75% 左右。天津日照时间较长，年日照时数为 2500 ~ 2900 小时。

［**区划与人口**］

天津现辖 16 个区，包括河西区、和平区、河北区、河东区、南开区、红桥区、东丽区、西青区、津南区、北辰区、武清区、宝坻区、滨海新区、静海区、宁河区、蓟州区。天津市面积约 1.2 万平方千米。全市户籍人口

996万，常住人口1556.87万。

［**交通与资源**］

天津有着优越的地理位置。它不仅毗邻首都，还是华北、西北广大地区的出海口，是中国北方对内外开放两个扇面的轴心，是亚欧大陆桥中国境内距离最短的东部起点。天津港是中国北方最大的综合性贸易港口，拥有全国最大的集装箱码头，与世界上170多个国家和地区的300多个港口保持着贸易往来。滨海国际机场有多条国际国内航线，是华北地区最大的货运中心。天津铁路枢纽是京山、京沪两大铁路干线的交会处。天津公路四通八达，已形成以港口为中心的海陆空相结合的现代化运输网。

天津自然资源丰富。一是充足的油气资源。天津有渤海和大港两大油田，是国家重点开发的油气田。二是取之不尽的海盐资源。天津有长约153千米的海岸线，中国最著名的海盐产区长芦盐场就位于这里。三是丰富的金属和非金属矿产资源。金属矿产主要有锰硼石、锰、金、钨、钼、铜、锌、铁等10多种，其中锰、硼不仅为国内首次发现，也为世界所罕见。非金属矿产主要有水泥石灰岩、重晶石、叠层石、大理石、天然石、紫砂陶土、麦饭石等，都具有较高的开采价值。四是蕴藏较为丰富的地下热水资源。水温多为30℃~90℃，具有埋藏浅、水质好的特点，已发现的10个具有勘探和开发利用价值的地热异常区，热水总储藏量达1103.6亿立方米，是中国迄今最大的中低温地热田。

三、河北省

［**地理与气候**］

河北省地处华北，漳河以北，环抱首都北京。北为燕山山地，西为太行山地，西北部为张北高原，其余为河北平原，东与天津市毗连并紧傍渤海，东南部、南部衔山东、河南两省，西依太行山与山西省为邻，西北部、北部与内蒙古自治区交界，东北部与辽宁省接壤。河北省是中国唯一兼有高原、山地、丘陵、平原、湖泊和海滨的省份，是中国重要粮棉产区。河北地处中原地区，文化博大精深，自古有“燕赵多有慷慨悲歌之士”之称，是英雄辈出的地方。河北简称“冀”，省会为石家庄。

河北省地势西北高、东南低，由西北向东南倾斜。地貌复杂多样，类型齐全，有坝上高原、燕山和太行山山地、河北平原三大地貌单元。坝上高原属内蒙古高原的一部分，地形南高北低，平均海拔 1200～1500 米，面积 15954 平方千米，占全省总面积的 8.5%。燕山和太行山山地，海拔多在 2000 米以下，高于 2000 米的孤峰类有 10 余座，其中小五台山高达 2882 米，为全省最高峰。河北平原区是华北大平原的一部分。

河北省地处中纬度欧亚大陆东岸，位于我国东部沿海，属于温带湿润半干旱大陆性季风气候，省内大部分地区四季分明，寒暑悬殊，雨量集中，干湿期明显，具有冬季寒冷干旱、雨雪稀少，春季冷暖多变、干旱多风，夏季炎热潮湿、雨量集中，秋季风和日丽、凉爽少雨的特点。省内总体气候条件较好，温度适宜，日照充沛，热量丰富，雨热同季，适合多种农作物生长和林果种植。年日照时数 2303.1 小时，年无霜期 81～204 天，年均降水量 484.5 毫米。1 月平均气温在 3℃以下，7 月平均气温 18℃～27℃，四季分明。

［**区划与人口**］

河北省辖石家庄、唐山、秦皇岛、邯郸、邢台、保定、张家口、承德、沧州、廊坊、衡水 11 个地级市，168 个县（市、区）（其中：47 个市辖区、20 个县级市、95 个县、6 个自治县）。河北省面积约 19 万平方千米，全省人口 7520 万。

［**交通与资源**］

河北省，因位于黄河下游以北而得名，部分地区古属冀州，所以简称“冀”，地理位置十分重要，是首都北京联系全国各省市的必经之地。河北省近年来交通运输跨越发展，港口新增设计通过能力 5.2 亿吨，居全国第一位。高速公路总里程达到 6333 千米，跃居全国第二位；港口通过能力突破 10 亿吨，跃居全国第二位。京津冀交通一体化实现率先突破；村村通实现历史性突破，2013 年实现 100% 的行政村通油路、通客车。五年累计完成投资 5878 亿元，年均投资超 1100 亿元；港口通过能力比“十一五”末翻一番；集装箱通过能力达到 350 万标箱；2015 年民航旅客吞吐量比 2010 年翻一番。

河北省矿产资源丰富，目前已发现各类矿产 156 种。其中探明储量的矿产 125 种，储量居全国大陆省份前 5 位的有 39 种。在能源方面，油气资源集中分布于渤海沿岸和海域的冀中、大港和冀东油田。风能资源，陆上总储量 7400 万千瓦，近海风电场技术可开发量超过 200 万千瓦，建有国家第一个风电示范基地——坝上地区百万千瓦级风电基地。

河北省多年平均水资源总量204.69亿立方米，为全国水资源总量的0.72%。沿海地区有秦皇岛、唐山、沧州三市，海岸线长487千米，有海岛132个，岛岸线长199千米，海岛面积8.43平方千米。河北省沿海地区处于环渤海经济圈的中心地带，是全国5个重点海洋开发区之一，目前主要海洋产业是水产、交通运输、修造船、原盐、盐化工、石油和旅游。河北省河流众多。河流方面，从南到北依次有漳卫南运河、子牙河、大清河、永定河、潮白河、蓟运河、滦河等，分属海河、滦河、内陆河、辽河4个水系。

河北省的生物资源也比较丰富。动物，现知陆栖（包括两栖）脊椎动物530余种，其中兽类80余种，鸟类420余种，爬行类、两栖类分别有19种和10种。全省拥有国家和省重点保护动物13种。在野生动物资源中有不少全国珍贵、稀有种类，如鸟类中褐马鸡是河北特有的世界珍禽，为国家一类保护动物。河北省全省森林覆盖率为26%，植被结构复杂，种类繁多，大约有204科940属3000多种。其中国家重点保护植物有野大豆、水曲柳、黄檗、紫椴、珊瑚菜等。全省的果树有百余种，干果主要有板栗、核桃、柿子、红枣及花椒等，板栗产量居全国第一；鲜果主要有梨、苹果、红果、桃、葡萄、杏及石榴等，梨的产量居全国第一。药用植物已被利用的有800多种，主要有葛藤、甘草、麻黄、大黄、党参、枸杞、枣仁、柴胡、防风、知母、白芷、远志、桔梗、薄荷及黄芩等。

四、山西省

[地理与气候]

山西省地处黄河流域中部，东有巍巍太行山作天然屏障，与河北省为邻；西、南部以黄河为堑，与陕西省、河南省相望；北跨绵绵长城，与内蒙古自治区毗连。因地属太行山以西，故名山西。山西省地处华北西部的黄土高原东翼，地貌类型复杂多样，有山地、丘陵、高原、盆地、台地等，大部分地区海拔在1000米以上，与其东部华北大平原相对比，呈现为强烈的隆起形势。最高处为东北部的五台山叶头峰，海拔达3058米，是华北最高峰；最低处为南部边缘运城垣曲县东南西阳河入黄河处，海拔仅180米。境域地势高低起伏异常显著。山西总的地势是“两山夹一川”，东西两侧为山地和丘陵隆起，中部为一列串珠式盆地沉陷，平原分布其间。东部是以太行山为主脉形成的块状山地，由北往南主要有恒山、五台山、系舟山、太行山、太岳山和中条山等。西部是以吕梁山为主干的黄土高原，自北向南分布有七峰山、洪涛山和吕梁山脉所属的管涔山、芦芽山、云中山、黑茶山、关帝山、紫荆山、龙门山等主要山峰。中部由北而南珠串着彼此相隔的大同、忻州、太原、临汾、运城等"多"字形断陷盆地，东南部还有较为独特的长治高原断陷盆地。全省主体轮廓很像一个"凹"字形。

山西地处中纬度地带的内陆，在气候类型上属于温带大陆性季风气候。由于太阳辐射、季风环流和地理因素影响，山西气候具有四季分明、雨热同步、光照充足、南北气候差异显著、冬夏气温悬殊、昼夜温差大的特点。山西省各地年平均气温介于4.2℃～14.2℃之间，总体分布趋势为由北向南升高，由盆地向高山降低；全省各地年降水量介于358～621毫米之间，季节分布不均，夏季6～8月降水相对集中，约占全年降水量的60%，且省内降水分布受地形影响较大。

［**区划与人口**］

山西省共辖11个地级市，省会太原市居省境中部，其余10个市从北到南分别是：大同、朔州、忻州、阳泉、吕梁、晋中、长治、晋城、临汾、运城。共辖119个县、市、区（23个市辖区、11个县级市、85个县）。山西省面积约16万平方千米，人口3501万。

［**交通与资源**］

山西省地处中国中部地区，陆空交通便捷，目前已形成铁路、公路、航空立体交通运输网络。山西省铁路线有从大同到风陵渡的同蒲线纵贯南北，还有石太线、京包线、京原线、太焦线、邯长线、大秦线、神黄线等铁路线从省内通过，可通达国内大部分大中城市。随着京石高速铁路的开通，太原纳入了北京2小时经济圈，这条线还与武汉—广州、广州—深圳—香港铁路客运专线相连接，石太高铁与其对接后，山西可广泛加强与环渤海地区、中部地区、珠三角地区的联系。截至目前，山西省高速公路通车总里程突破5000千米，有21个高速公路出省口以及由10万多千米普通公路组成的公路交通网络，位居全国前列。山西省4A级以上旅游景区大部分都能高速通达，形成了3小时旅游圈，即从省会太原出发3小时可抵达所有主要旅游景区。

民航方面，省内有太原、大同、运城、长治、吕梁、临汾、五台山等机场，其中，2016 年，太原机场完成旅客吞吐量 9847840 人次，同比增长 11.4%，境内机场排名第 29 位。

山西分布有丰富的矿产资源，是资源开发利用大省，在全国矿业经济中占有重要的地位。截至 2015 年年底，已发现的矿种达 120 种，其中探明资源储量的矿产有 63 种。与全国同类矿产相比，资源储量居全国第一位的矿产有煤层气、铝土矿、耐火黏土、镁矿、冶金用白云岩 5 种。

动植物资源方面，野生动物以陆栖类为主，已知的有 439 种。属于国家重点保护的珍稀动物有 71 种，其中，一级保护动物有 17 种。2015 年年末全省森林面积 282.4 万公顷，森林覆盖率 18.0%。水资源方面，山西拥有众多河流，承东启西的地理位置使其成为黄河与海河两大流域的分水岭。除黄河、海河之外，省内其他较大的河流有汾河、沁河、桑干河、漳河、滹沱河，因此也被誉为“华北水塔”。

五、内蒙古自治区

［**地理与气候**］

内蒙古地处欧亚大陆内部，是中国第三大省区，是中国 5 个少数民族自治区之一。东、南、西依次与黑龙江、吉林、辽宁、河北、山西、陕西、宁夏和甘肃 8 省区毗邻，跨越三北（东北、华北、西北），靠近京津；北部同蒙古国和俄罗斯联邦接壤，国境线长 4200 千米。全区地势较高，平均海拔高度 1000 米左右，基本上是一个高原型的地貌区。在世界自然区划中，属于著名的亚洲中部蒙古高原的东南部及其周沿地带，统称内蒙古高原，是中国四大高原中的第二大高原。在内部结构上又有明显差异，其中高原约占总面积的 53.4%，山地占 20.9%，丘陵占 16.4%，平原与滩川地占 8.5%，河流、湖泊、水库等水面面积占 0.8%。内蒙古自治区的地貌以内蒙古高原为主体，具有复杂多样的形态。除东南部外，基本是高原，占总土地面积 50% 左右，由呼伦贝尔高原、锡林郭勒高原、巴彦淖尔—阿拉善及鄂尔多斯等高原组成，平均海拔 1000 米左右，海拔最高点贺兰山主峰 3556 米。高原四周分布着大兴安岭、阴山（狼山、色尔腾山、大青山、灰腾梁）、贺兰山等山脉，构成内蒙古高原地貌的脊梁。内蒙古高原西端分布有巴丹吉林、腾格里、乌兰布和、库布其、毛乌素等沙漠，总面积15万平方千米。在大兴安岭的东麓、阴山脚下和黄河岸边，有嫩江西岸平原、西辽河平原、土默川平原、河套平原及黄河南岸平原。这里地势平坦、土质肥沃、光照充足、水源丰富，是内蒙古的粮食和经济作物主要产区。在山地向高平原、平原的交接地带，分布着黄土丘陵和石质丘陵，其间杂有低山、谷地和盆地分布，水土流失较严重。

内蒙古自治区气候以温带大陆性季风气候为主。有降水量少而不匀、风大、寒暑变化剧烈的特点。大兴安岭北段地区属于寒温带大陆性季风气候，巴彦浩特—海勃湾—巴彦高勒以西地区属于温带大陆性气候。总的特点是春季气温骤升，多大风天气，夏季短促而炎热，降水集中，秋季气温剧降，霜冻往往早来，冬季漫长严寒，多寒潮天气。全年太阳辐射量从东北向西南递增，降水量由东北向西南递减。年平均气温为0℃~8℃，气温年差平均在34℃~36℃，日差平均为12℃~16℃。年总降水量50~450毫米，东北降水多，向西部递减。

［**区划与人口**］

内蒙古自治区现设呼和浩特、包头、乌海、赤峰、通辽、鄂尔多斯、呼伦贝尔、乌兰察布、巴彦淖尔9个地级市；兴安、阿拉善、锡林郭勒3个盟；另外有满洲里、二连浩特2个计划单列市；52个旗（其中包括鄂伦春、鄂温克族、莫力达瓦达斡尔族3个少数民族自治旗），17个县，11个盟（市）辖县级市，23个区。内蒙古面积约118万平方千米，占全国总面积的12.3%，在全国各省、市、自治区中名列第三位。全区人口为2460万。

［**交通与资源**］

截至2016年，内蒙古自治区公路总里程突破19万千米，其中高速公路5153千米、一级公路6685千米、二级公路16912千米，高级、次高级路面达到14.17万千米，实现了全部乡镇（苏木）通油路，96%行政村（嘎查）通沥青水泥路。内蒙古现有呼和浩特白塔国际机场、包头二里半机场、乌海机场、鄂尔多斯伊金霍洛国际机场、乌兰浩特机场、赤峰玉龙机场、通辽机场、锡林浩特机场、呼伦贝尔海拉尔机场、乌兰察布机场、巴彦淖尔天吉泰机场、满洲里西郊机场、二连浩特赛乌苏国际机场等几大机场，2016年内蒙古自治区实现了主要城市的机场全覆盖。60多年来，自治区的铁路运输能力大为增加。由中华人民共和国成立初期的1557千米，发展到今天拥有19条国有铁路干线、12条支线、5条地方铁路，营运里程达6000多千米的铁路运输网。

内蒙古实际可利用的耕地面积超过800万公顷，人均耕地面积居中国首位。内蒙古天然草场辽阔而宽广，总面积位居中国五大草原之首，是中国重要的畜牧业生产基地。内蒙古自治区是国家重要的森林基地之一，全区森林总面积约2080万公顷，占中国森林总面积的11%，居中国第1位。森林覆盖率达17.57%，树木种类繁多，全区乔灌树种达350多种。内蒙古自治区是中国发现新矿物最多的省区。自1958年以来，中国获得国际上承认的新矿物有50余种，其中10种发现于内蒙古。已发现各类矿种135种，探明储量的有83种，储量居中国第一的矿种有5种，居中国前三位的矿种约有28种，居中国前十位的矿种有67种。稀土储量居世界之首，煤炭储量7016亿吨，居中国第一位。

第二节　东北地区各省基本概况

一、辽宁省

［**地理与气候**］

辽宁省位于中国东北地区南部，南临黄海、渤海，东与朝鲜一江之隔，与日本、韩国隔海相望，是东北地区唯一既沿海又沿边的省份，也是东北及内蒙古自治区东部地区对外开放的门户。辽宁简称“辽”，取辽河流域永远安宁之意而得其名。辽宁省地形概貌大体是“六山一水三分田”。地势自北向南，自东西两侧向中部倾斜，山地丘陵分列东西两厢，向中部平原下降，呈马蹄形向渤海倾斜。辽东、辽西两侧为平均海拔800米和500米的山地丘陵；中部为平均海拔200米的辽河平原；辽西渤海沿岸为狭长的海滨平原，称“辽西走廊”。

辽宁省地处欧亚大陆东岸、中纬度地区，属于温带大陆性季风气候区。境内雨热同季，日照丰富，积温较高，冬长夏暖，春秋季短，四季分明。雨量不均，东湿西干。全省阳光辐射年总量在100~200卡/平方厘米之间，年日照时数 2100～2600 小时。春季大部地区日照不足；夏季前期不足，后期偏多；秋季大部地区偏多；冬季光照明显不足。全年平均气温在 7℃～11℃，最高气温 30℃，最低气温 -30℃。受季风气候影响，各地差异较大，自西南向东北，自平原向山区递减。年平均无霜期 130～200 天，由西北向东南逐渐增多。辽宁省是东北地区降水量最多的省份，年降水量 600～1100 毫米。

［**区划与人口**］

辽宁省下设 14 个地级市，分别是沈阳市、大连市、鞍山市、抚顺市、本溪市、丹东市、锦州市、营口市、阜新市、辽阳市、盘锦市、铁岭市、朝阳市、葫芦岛市，下设 16 个县级市、17 个县，8 个少数民族自治县，59 个市辖区。辽宁省面积约 15 万平方千米，人口 4245 万。

［**交通与资源**］

辽宁铁路营运里程超过了 3900 千米，密度居全国第一。水运已经形成以大连港为中心，以丹东、营口、锦州港为两翼，同国内沿海诸港口以及世界 5 大洲 70 多个国家和地区 140 多个港口通航。辽宁陆路交通比较发达，省内高速公路形成了以沈阳为中心枢纽向四周辐射状，已经通车的高速有：京沈高速、沈海高速、辽中环线高速、沈丹高速、沈吉高速、沈彰高速、沈四高速、阜营高速、丹大高速、丹海高速、丹通高速、桓远高速等。辽宁主要的机场包括：沈阳桃仙国际机场、大连周水子国际机场、丹东浪头国际机场、锦州小岭子机场、朝阳机场、鞍山腾鳌机场、长海机场、营口兰旗机场、大连金州湾国际机场、锦州湾国际机场等。

辽宁有各种植物 161 科 2200 余种，其中具有经济价值的 1300 种以上。药用类 830 多种；野果、淀粉酿造类 70 余种；芳香油类 89 种；油脂类 149 种，还有野菜类、杂料类、纤维类等。辽宁动物种类繁多，有两栖、哺乳、爬行、鸟类动物 7 纲 62 目 210 科 492 属 827 种。其中，有国家一类保护动物 6 种，二类保护动物 68 种，三类保护动物 107 种。鸟类 400 多种，占全国鸟类种类的 31%。

辽宁近海生物资源丰富，品种繁多，有 3 大类 520 多种。第一类浮游生物 107 种；第二类底栖生物 280 多种；第三类游泳生物 137 种。全省开发近海渔业生产潜力相当可观。近海水域二级生产力达 320 万吨，其中滩涂养贝生产潜力 100 万吨，沿岸动物生产潜力近 150 万吨，深水动物生产潜力 70

万吨。辽宁处于环太平洋成矿北缘，地质成矿条件优越，矿产资源丰富，已发现各类矿产110种，其中已探明储量的有66种（不含石油、天然气、煤层气、放射性矿产、地下水和矿泉水），矿产地672处。对国民经济有重大影响的45种主要矿产中，辽宁省有36种620处矿产地。辽宁的菱镁矿质地优良，保有资源储量25.6亿吨，分别占全国和世界的85.6%和25%左右，在全国具有优势的矿产还有硼、铁、金刚石、滑石、玉石、石油6种。辽宁境内有大小河流300余条，其中，流域面积在5000平方千米以上的有17条，在1000~5000平方千米的有31条。辽河、浑河、大凌河、太子河、绕阳河以及中朝两国共有的界河鸭绿江等，形成辽宁省的主要水系。

二、吉林省

［**地理与气候**］

吉林省位于中国东北中部，处于日本、俄罗斯、朝鲜、韩国、蒙古与中国东北部组成的东北亚几何中心地带。北接黑龙江省，南接辽宁省，西邻内蒙古自治区，东与俄罗斯接壤，东南部以图们江、鸭绿江为界，与朝鲜民主主义人民共和国隔江相望。清康熙时在松花江沿岸建吉林乌拉城（今吉林市）。省名源于满语"吉林乌拉"，意为"松花江沿岸"，简称吉林。

吉林省地貌形态差异明显。地势由东南向西北倾斜，呈现明显的东南高、西北低的特征。以中部大黑山为界，可分为东部山地和中西部平原两大地貌区。东部山地分为长白山中山低山区和低山丘陵区，中西部平原分为中部台地平原区和西部草甸、湖泊、湿地、沙地区。地貌类型种类主要由火山地貌、侵蚀剥蚀地貌、冲洪积地貌和冲积平原地貌构成。主要山脉有大黑山、张广才岭、吉林哈达岭、老岭、牡丹岭等。主要平原以松辽分水岭为界，以北为松嫩平原，以南为辽河平原。火山地貌占吉林省总面积的8.6%，流水地貌占83.5%，湖成地貌占2.6%，风沙地貌约占5.2%。

吉林省位于中纬度欧亚大陆的东侧，属于温带大陆性季风气候，四季分明，雨热同季。春季干燥风大，夏季高温多雨，秋季天高气爽，冬季寒冷漫长。从东南向西北由湿润气候过渡到半湿润气候再到半干旱气候。吉林省气温、降水、温度、风以及气象灾害等都有明显的季节变化和地域差异。冬季平均气温在-11℃以下。夏季平原平均气温在23℃以上。全年无霜期一般为

100～160天。吉林省多年平均日照时数为2259～3016小时。年平均降水量为400～600毫米，但季节和区域差异较大，80%集中在夏季，以东部降水量最为丰沛。

［**区划与人口**］

吉林省现辖8个地级市：长春市、吉林市、四平市、辽源市、通化市、白山市、松原市、白城市；1个自治州：延边朝鲜族自治州；60个县（市、区），其中21个市辖区，20个县级市，16个县，3个自治县。吉林省面积约19万平方千米，人口2702万。

［**交通与资源**］

吉林省的铁路网大体可分为西北—东南和西南—东北两个走向。全国主要铁路干线京哈线贯穿吉林南北，从吉林省内可直达哈尔滨、沈阳、大连、北京、天津、西安、石家庄、武汉、济南、南京、广州、上海等全国主要城市。吉林省铁路以长春为中心，以吉林、四平、白城、梅河口等为主要枢纽，以京哈、长图、长白、平齐、沈吉、四梅、梅集等线路为干线，形成连接吉林省各市、州及广大城乡的铁路网。全省公路总里程中，有高速公路2348千米，占公路总里程的2.4%。主要通航河流有松花江、嫩江、图们江和鸭绿江，一般4月中旬至11月下旬为通航期，吉林省内河航道1789千米，有内河港口3个（大安港、吉林港、扶余港），年吞吐能力140万吨。航空以长春为中心，以延吉、白山为补充，可直达北京、上海、广州、海口、宁波、大连、昆明、香港、深圳以及韩国首尔、日本仙台等地。

吉林省森林资源丰富，是全国重点林业省份之一。全省林业用地总面积928.6万公顷，林地面积820.9万公顷，居全国第6位。长白山区素有“长白林海”之称，是中国六大林区之一，“长白松”为长白山特有的珍稀树种。吉林省是中国八大牧区之一。全省牧草地面积104.35万公顷，主要分布在东部山区丘陵和西部草原。吉林省有陆生野生动物445种，其中列入《国家重点保护野生动物名录》76种，国家一级保护野生动物18种，二级保护野生动物58种。吉林省境内有丰富的矿产资源，已探明的矿种共计58种，有10种金属矿、13种非金属矿，钼、镍为我国第二大矿床，钼矿储量占全国20.9%，有色金属、贵金属矿储量居全省首位。吉林省全省河流和湖泊水面26.55万公顷。全省水面在100亩（0.067平方千米）以上的湖泊共1397处，主要有火口湖、河成湖和内陆湖三种。东部山区河网密度大、地表径流量大，西部平原区地下水丰富。吉林省有13座大型水库，水能资源98%分布在东部山区。

三、黑龙江省

［地理与气候］

黑龙江省位于中国东北部，是中国位置最北、纬度最高的省份，北、东部与俄罗斯隔江相望，西部与内蒙古自治区相邻，南部与吉林省接壤。边境线长2981.26千米，是亚洲与太平洋地区陆路通往俄罗斯和欧洲大陆的重要通道，是中国沿边开放的重要窗口。因省境东北有黑龙江而得名。黑龙江简称“黑”。省会哈尔滨。

黑龙江省地貌特征为“五山一水一草三分田”。地势大致是西北、北部和东南部高，东北、西南部低，主要由山地、台地、平原和水面构成。西北部为东北—西南走向的大兴安岭山地，北部为西北—东南走向的小兴安岭山地，东南部为东北—西南走向的张广才岭、老爷岭、完达山脉。兴安山地与东部山地的山前为台地，东北部为三江平原（包括兴凯湖平原），西部是松嫩平原。黑龙江省山地海拔高度大多在300～1000米，面积约占全省总面积的58%；台地海拔高度在200～350米，面积约占全省总面积的14%；平原海拔高度在50～200米，面积约占全省总面积的28%。有黑龙江、松花江、乌苏里江、绥芬河等多条河流；有兴凯湖、镜泊湖、五大连池等众多湖泊。

黑龙江省属于寒温带与温带大陆性季风气候。全省从南向北，依温度指标可分为中温带和寒温带。从东向西，依干燥度指标可分为湿润区、半湿润区和半干旱区。全省气候的主要特征是春季低温干旱，夏季温热多雨，秋季易涝早霜，冬季寒冷漫长，无霜期短，气候地域性差异大。

［区划与人口］

黑龙江省下辖12个地级市和1个地区，分别是哈尔滨市、齐齐哈尔市、牡丹江市、佳木斯市、大庆市、鸡西市、双鸭山市、鹤岗市、绥化市、七台河市、伊春市、黑河市和大兴安岭地区。有65个市辖区；19个县级市；43个县和1个自治县。黑龙江省面积约46万平方千米，居全国第6位，人口3811万。

［交通与资源］

哈大高铁北起黑龙江省哈尔滨市，南抵滨海城市大连，线路纵贯东北三省，途经哈尔滨、长春、沈阳、大连4个副省级城市和6个地级市及其所辖区县。黑龙江的公路线路里程为16.3万千米，其中高速公路4346.3千米。哈尔滨太平国际机场是黑龙江省的枢纽机场，地处东北亚中心位置，是东南亚至北美航线的经停点，是中国东北地区最繁忙的三大国际航空港之一。齐齐哈尔三家子机场为国际口岸机场，现有航线56条，其中国内航线40条，国际航线15条，特殊管理航线1条，通航15个国际城市、1个地区城市和28个国内城市。

黑龙江省连绵起伏的大兴安岭、小兴安岭和张广才岭、老爷岭构成了全省以山林为主的自然景观，全省林地面积占整个土地面积的近一半。此外，还有松嫩平原和三江平原，在这些复杂的地域中分布着大约2100种植物，其中具有经济价值的达1000余种。全省野生动物共476种。属国家一级保护动物的兽类有东北虎、豹、紫貂、貂熊、梅花鹿5种，鸟类有丹顶鹤、大鸨、中华秋沙鸭等12种；属国家二级保护动物的兽类有马鹿、黑熊、棕熊、雪兔等11种。全省已发现各类矿产132种，占全国已发现234种各类矿产的56.4%。已查明储量的矿产有81种，占全国已探明矿产资源储量种数（223种）的36.3%。

第三节 华东地区各省市基本概况

一、上海市

［地理与气候］

上海地处太平洋西岸，亚洲大陆东沿，长江三角洲前缘；东濒东海，南临杭州湾，西接江苏、浙江两省，北界长江入海口，长江与东海在此连接。上海，简称“沪”，别称“申”。相传春秋战国时期，上海曾经是楚国春申君黄歇的封邑，故上海别称为“申”。4～5世纪时的晋朝，以捕鱼为生的居民创造了一种竹编的捕鱼工具叫“扈”，又因为当时江流入海处称“渎”，因此松江下游一带被称为“扈渎”，以后又改“扈”为“滬（沪）”。

上海是长江三角洲冲积平原的一部分，平均高度为海拔 4 米左右。西部有天马山、薛山、凤凰山等残丘，天马山为上海陆上最高点，海拔高度 99.8 米，立有石碑“佘山之巅”。海域上有大金山、小金山、浮山（乌龟山）、佘山岛、小洋山岛等岩岛。在上海北面的长江入海处，有崇明岛、长兴岛、横沙岛 3 个岛屿。崇明岛为中国第三大岛，由长江挟带下来的泥沙冲积而成，面积为 1041.21 平方千米，海拔 3.5～4.5 米。长兴岛面积 88.54 平方千米，横沙岛面积 55.74 平方千米。上海属亚热带季风性气候，四季分明，日照充分，雨量充沛。上海气候温和湿润，春秋较短，冬夏较长。全年 60% 以上的雨量集中在 5～9 月的汛期。

［**区划与人口**］

上海有 16 个市辖区，依次为黄浦区、徐汇区、长宁区、静安区、普陀区、虹口区、杨浦区、宝山区、闵行区、嘉定区、浦东新区、松江区、金山区、青浦区、奉贤区和崇明区。共 107 个镇，2 个乡，105 个街道办事处，3852 个居民委员会和 1632 个村民委员会。上海市面积 6340 平方千米。上海市户籍人口 1440 万，常住人口 2415.27 万。

［**交通与资源**］

上海已形成由铁路、水路、公路、航空、轨道 5 种运输方式组成的具有超大规模的综合交通运输网络。上海港是中国最大的枢纽港之一，共有 35 个客运站，长途班线 1611 条，可抵达全国 14 个省市的 660 个地方。湘桂高铁、贵广高速铁路通车后，上海的高铁直接连通到桂林、贵阳、广州、南宁。

上海市境内绝大部分是人工栽培作物和林木，天然的木本植物群落仅分布于大金山岛和佘山等局部地区，天然草本植物群落分布在沙洲、滩地和港汊。动物资源主要是畜禽品种，野生动物种类已十分稀少。水产资源丰富，共有鱼类 177 属 226 种，其中淡水鱼 171 种，海水鱼 55 种。境内缺乏金属矿产资源，建筑石料也很稀少，陆上的能源矿产同样匮乏。上海市境内河道（湖泊）面积 500 多平方千米，河面积率为 9%～10%；上海市河道长度 2 万余千米，河网密度平均每平方千米 3～4 千米。境内江、河、湖、塘相间，水网交织，主要水域和河道有长江口，黄浦江及其支流吴淞江（苏州河）、蕰藻浜、川杨河、淀浦河、大治河、斜塘、圆泄泾、大泖港、太浦河、拦路港，以及金汇港、油墩港等。

二、江苏省

［地理与气候］

江苏省地处中国大陆东部沿海地区中部，长江、淮河下游，东濒黄海，北接山东，西连安徽，东南与上海、浙江接壤，是长江三角洲地区的重要组成部分。1667年，因江南省东西分置而建省，得名于“江宁府”与“苏州府”之首字。江苏，简称“苏”，省会南京。江苏省地形以平原为主，平原面积7万多平方千米，占总面积的70%以上，比例居中国各省首位，主要由苏北平原、黄淮平原、江淮平原、滨海平原、长江三角洲平原组成。江苏地势低平，河湖较多，平原、水面所占比例占江苏省的90%以上，比例仍居中国各省首位，这是江苏的地理特点。江苏是中国地势最低的一个省区，绝大部分地区在海拔50米以下，低山丘陵集中在西南部，占江苏省总面积的14.3%，主要有老山山脉、云台山脉、宁镇山脉、茅山山脉、宜溧山脉。连云港的市郊云台山玉女峰为江苏最高峰，海拔625米。

江苏属于温带向亚热带的过渡性气候，气候温和，雨量适中，四季气候分明，以淮河、苏北灌溉总渠一线为界，以北属暖温带湿润、半湿润季风气候，以南属亚热带湿润季风气候。各地平均气温13℃~16℃，由东北向西南逐渐增高。最冷月为1月份，平均气温-1.0℃~3.3℃，7月份为最热月，沿海部分地区和里下河腹地最热月在8月份，平均气温26℃~28.8℃。

［区划与人口］

江苏省共辖13个地级市，依次是南京市、无锡市、徐州市、常州市、苏州市、南通市、连云港市、淮安市、盐城市、扬州市、镇江市、泰州市和宿迁市，下辖96个县（市、区），其中20个县、21个县级市、55个市辖区，1284个乡镇（其中67个乡、758个镇、1个民族乡、458个街道办事处）。昆山市、泰兴市、沭阳县为省直管试点市（县）。江苏省面积约10万平方千米，人口7649万。

［交通与资源］

江苏铁路交通发达，现已覆盖全省，京沪铁路、陇海铁路两条铁路干线经过境内，京沪铁路主要呈东西向穿越江苏的南部，陇海铁路也呈东西向经过江苏的最北部，徐州则为两大干线交会的枢纽。连云港是第二亚欧大陆桥的东起点，终点在荷兰鹿特丹港。江苏高铁发达，现有京沪高铁江苏段（贯通徐州至昆山8座城市），沪宁城际高铁，宁杭高铁，宁安客运专线（南京至江宁），宁启铁路动车组（南京至南通），郑徐高铁（通过徐州站将河南、安徽、江苏三省串联在一起）。江苏是港口大省，国家交通运输部公布的中国53个主要港口名录中，江苏有7个；在沿海25个主要港口中，江苏有5个。南京港是中国沿海主要港口，是国家重要的主枢纽港和对外开放一类口岸。连云港是国家25个沿海主要港口、12个区域性中心港口之一。徐州港是国家28个内河主要港口之一。苏州港吞吐量居中国内河港口之首。

江苏早已实现县县通高速，高速公路密度中国居首。首轮规划的“四纵四横四联”高速公路网主骨架全面建成，包括京沪高速公路、沈海高速公路、沪宁高速公路、苏嘉杭高速公路、连徐高速公路、盐靖高速公路、宁宿徐高速公路、宁杭高速公路、沿江高速公路、徐济高速公路、宁连高速公路等。

江苏是著名的“鱼米之乡”。农业生产条件得天独厚，农作物、林木、畜禽种类繁多。粮食、棉花、油料等农作物几乎遍布全省。江苏省野生动物资源为数较少，鸟类主要是野鸡、野鸭，沿海有丹顶鹤、白鹤、天鹅等珍稀飞禽，沿海地区还建有世界上第一个野生麋鹿保护区。植物资源非常丰富，约有850种，尚有可利用和开发前途的野生植物资源600多种。渔业资源丰富。沿海有吕四、海州湾、长江口、大沙四大渔场，盛产黄鱼、带鱼、鲳鱼、虾类、蟹类及贝藻类等水产品。被称为“长江三鲜”的鲥鱼、刀鱼、河豚和“太湖三白”的白鱼、银鱼、白虾，都是水中珍品。

江苏省有色金属类、建材类、膏盐类、特种非金属类矿产是江苏矿产资源的特色和优势。目前已发现的矿产品种有133种，探明资源储量的有68种。江苏河湖众多，水系复杂，特殊的地理位置和水系特点，给江苏带来丰富的水资源优势。江苏省本地水资源量321.6亿立方米；多年平均过境水量9492亿立方米。

三、浙江省

[地理与气候]

浙江省地处中国东南沿海长江三角洲南翼，东临东海，南接福建，西与江西、安徽相连，北与上海、江苏接壤。东西和南北的直线距离约为450千米。浙江省陆地总面积10.55万平方千米。省内最大的河流钱塘江，因江流曲折，称“之江”，又称“浙江”。浙江省简称“浙”，省会杭州。浙江素有“鱼米之乡”“文物之邦”之称。

浙江地形复杂，山地和丘陵占70.4%，河流和湖泊占6.4%，平原和盆地占23.2%，耕地面积仅208.17万公顷，故有“七山一水二分田”之说。地势南高北低，山地多呈东北、西南走向，大致可分为浙北平原、浙西丘陵、浙东丘陵、中部金衢盆地、浙南山地、东南沿海平原及滨海岛屿7个地形区。省内有钱塘江、瓯江、灵江、苕溪、甬江、飞云江、鳌江、京杭运河（浙江段）八条水系；有杭州西湖、绍兴东湖、嘉兴南湖、宁波东钱湖四大名湖及人工湖泊千岛湖。浙江海域面积26万平方千米。面积大于500平方米的海岛有3061个，是全国岛屿最多的省份。浙江海岸线总长6486.24千米，居全国首位。浙江属于典型的亚热带季风气候。受其影响，浙江气候呈现出如下特点：季风显著，四季分明，年气温适中，光照较多，雨量丰沛，空气湿润，雨热季节变化同步，气候资源配置多样，气象灾害频发。浙江年平均气温15℃~18℃；全省年平均雨量在980~2000毫米，年平均日照时数1710~2100小时。浙江是我国受台风、暴雨、干旱、寒潮、大风、冰雹、冻害、龙卷风等灾害影响最严重的地区之一。

［**区划与人口**］

浙江现设杭州、宁波2个副省级城市，温州、湖州、嘉兴、绍兴、金华、衢州、舟山、台州、丽水9个地级市，37个市辖区、19个县级市、32个县、1个自治县，641个镇、260个乡、14个民族乡、463个街道。浙江省面积约10万平方千米，人口4798万。

［**交通与资源**］

浙江交通已形成陆、海、空三维立体式交通网络。陆路交通方面，铁路有沪杭、浙赣两条干线和萧甬、宣杭、金千、金温等支线，其中杭州、宁波、温州为主要始发站，杭州东站、金华西站为主要中转站。高速公路有沪杭、杭甬、上三、金丽温、甬台温、杭金衢、宁杭、杭徽等。现已开通杭沪、杭宁、杭甬、杭温高铁。另有104国道和320国道经过浙江全境，省内有329国道（杭州—舟山沈家门）和330国道（寿昌—温州）。海运方面，宁波、上海、舟山群岛之间每天都有多班客轮往返，形成了中国最为繁忙的海上客运“金三角”；还有杭州湾、象山湾、台州湾、温州湾等深水港湾，建有万吨级以上泊位的港口有北仑港、乍浦港、舟山港、海门港和温州港，其中以北仑港最大。航空方面，全省有杭州、宁波、温州、义乌、黄岩、衢州、舟山 7 个民用机场，其中杭州萧山机场和宁波栎社机场为国际机场。

浙江农林牧、矿产和水资源丰富。农林方面，茶叶、蚕丝、水产品、柑橘、竹制品等在全国占有重要地位。浙江森林覆盖率达 60.91%，活立木总蓄积量 3.14 亿立方米，居全国前列。全省野生动物种类繁多，有 123 种动物被列入国家重点保护野生动物名录。矿产方面，以非金属矿产为主，石煤、明矾石、叶蜡石、水泥用凝灰岩、建筑用凝灰岩等储量居全国首位，萤石居全国第二位，东海大陆架盆地有着良好的石油和天然气开发前景。水资源方面，全省总水资源量为 1430.6 亿立方米，人均水资源量为 2590 立方米。

四、安徽省

［**地理与气候**］

安徽地处长江、淮河中下游，长江三角洲腹地，居中靠东、沿江通海，东连江苏、浙江，西接湖北、河南，南邻江西，北靠山东，省会为合肥。安徽地跨长江、淮河、新安江三大流域，世称江淮大地。长江、淮河横贯东西，将全省分为淮北平原、江淮丘陵、皖南山区三大自然区域。

安徽省在气候上属暖温带与亚热带的过渡地区。其主要特点是：季风明显、四季分明、春暖多变、夏雨集中、秋高气爽、冬季寒冷。年平均气温为 14℃~17℃，1 月平均气温 -4℃~ -1℃，7 月平均气温 28℃~ 29℃。全年平均降水量为 773 ~ 1670 毫米，有南多北少、山区多平原丘陵少的特点，夏季降水丰沛，占年降水量的 40% ~ 60%。

［**区划与人口**］

安徽现辖合肥、淮南、池州、亳州、滁州、铜陵、淮北、六安、宣城、宿州、芜湖、黄山、阜阳、马鞍山、蚌埠、安庆共 16 个地级市、6 个县级市、55 个县、44 个市辖区和 1486 个乡镇、街道办事处。安徽省面积约 14 万平方千米，人口 6905 万。

［**交通与资源**］

安徽在中国交通干线网中具有承东启西的地位。武汉—合肥—南京铁路客运专线将合肥到上海、武汉的行程缩短到3小时和2小时；京沪高速铁路使合肥到北京的行程缩短到4小时左右。高速公路网络已基本形成。安徽水运条件优越。长江、淮河横贯省境，目前拥有港口16个，其中长江流域有合肥港、芜湖港、安庆港等6个港口，淮河流域有淮南港、阜阳港、宿州港等10个港口。安徽现有民用机场9个，其中合肥新桥、黄山屯溪、阜阳西关为国际机场。

安徽资源丰富，其中，煤、铁、铜、硫铁矿等矿产资源保有储量在全国名列前茅。2016年地质勘查部门新增查明资源储量的大中型矿产地10处，新增探明储量矿种1种（镍矿）。2016年年末森林面积395.85万公顷，森林蓄积量22186.6万立方米。安徽全省地下水在淮河平原和沿江平原最为丰沛。

五、福建省

［**地理与气候**］

福建省位于中国东南沿海，东北与浙江省毗邻，西北与江西省接界，西南与广东省相连，东隔台湾海峡与台湾岛相望。福建的地理特点是“依山傍海”，90%的陆地面积为山地丘陵地带，被称为“八山一水一分田”。福建以侵蚀海岸为主，岛屿众多且星罗棋布，共有岛屿1500多个，海坛岛现为全省第一大岛。依山傍海的特点造就了福建丰富的旅游资源；除了东山岛、鼓浪屿、武夷山、泰宁、清源山、白水洋、太姥山等自然风光外，还有土楼、安平桥、三坊七巷等人文景观。福建简称“闽”。省会为福州市。

福建靠近北回归线，受季风环流和地形的影响，形成暖热湿润的亚热带海洋性季风气候，热量丰富，全省雨量充沛，光照充足，年平均气温17℃~21℃，平均降水量1400~2000毫米，是中国雨量最丰富的省份之一，气候条件优越，适宜人类聚居以及多种作物生长。

［**区划与人口**］

福建省现辖福州、厦门、莆田、泉州、漳州、龙岩、三明、南平、宁德9个地级市，29个市辖区，12个县级市，44个县（含金门县）。福建省面积约12万平方千米。全省人口3579万。

［**交通与资源**］

福建省公路通车里程有99535千米。福建境内铁路由鹰厦线、外南线、峰福线、福马线、永嘉线、漳龙线等组成。福建海运自古发达，元时泉州为世界大商港之一。目前沿海港口码头泊位达 50 多个，已与上海、香港和世界上 60 多个港口通航，有福州、厦门、泉州、东山、城澳、松下等对外海运口岸。其中厦门和高雄之间有定期货轮直航，内河航运则主要以闽江为主。福建有 5 个机场，分别是厦门高崎机场、福州长乐机场、晋江机场、武夷山机场、龙岩连城机场。

福建的海洋资源极为丰富。海洋渔场总面积达 12.51 万平方千米，占全国海洋渔场面积的 4.5%；滩涂面积 2068 平方千米。有闽东、闽中、闽南、闽外和台湾浅滩 5 大渔场；海洋生物种类 2000 多种，其中经济鱼类 200 多种，贝、藻、鱼、虾种类数量居全国前列。

福建已发现的矿产有 60 多种，其中有工业利用价值的 21 种，矿产地 300 多处。砂、花岗石、叶蜡石等探明储量居全国前列，饰面花岗石、高岭土、明矾石、玻璃用石英砂在全国占重要地位。盐业资源丰富，生产条件好，可以大规模利用的盐化工业品有氯化镁、溴素、石膏、钠镁盐、加碘盐等。台湾海峡石油、天然气也已显现较好的资源潜力，海峡西部 3 个成油凹陷油气前景也被看好，有望在厦澎凹陷、乌丘屿凹陷、澎北隆起建设油气田，勘测油气总量 2.9 亿吨。

福建水系密布，河流众多，全省河流除交溪（赛江）发源于浙江，汀江流入广东外，其余都发源于境内，并在本省入海。闽江为全省最大河流。由于属山地性河流，河床比降较大，水力资源丰富，水力资源蕴藏量居华东地区首位。

六、江西省

[地理与气候]

江西省，东邻浙江省、福建省，南连广东省，西接湖南省，北毗湖北省、安徽省而共接长江，属于华东地区，是江南“鱼米之乡”，古有“吴头楚尾，粤户闽庭”之称。因唐玄宗设江南西道而得省名，又因省内最大河流为赣江而简称“赣”，别称“赣鄱大地”。江西地貌上属江南丘陵的主要组成部分。省境东、西、南三面环山，中部丘陵和河谷平原交错分布，北部则为鄱阳湖平原。赣中南以丘陵为主，多由红色砂页岩及部分千枚岩等较松软岩石构成，经风化侵蚀，呈低缓浑圆状，海拔一般为 200 米。丘陵之中间夹有盆地，多沿河做带状延伸，较大的有吉泰、赣州、于都、瑞金、兴国、宁都、南丰、贵溪等盆地。山地大多分布于省境边缘。

江西位于长江以南，纬度较低，属亚热带季风湿润气候，四季分明且天气复杂多变。冬季冷空气活动频繁；春季多对流性天气；4～6 月降水集中，是江西的雨季，这一时期易发生洪涝灾害；雨季结束后全省主要受副热带高压控制，天气以晴热高温为主，常有干旱发生。7～8 月有时受台风影响，会出现较明显降水。秋季晴天多、湿度较小、气温适中，是江西省一年中最宜人的季节。江西年平均气温 18.0℃，最冷月 1 月平均气温 6.1℃，最热月 7 月平均气温 28.8℃。

［**区划与人口**］

江西省共辖 11 个地级市，依次是南昌市、九江市、上饶市、抚州市、宜春市、吉安市、赣州市、景德镇市、萍乡市、新余市和鹰潭市，25 个市辖区、11 个县级市、64 个县。江西省面积约 17 万平方千米，人口 4804 万。

［**交通与资源**］

江西省出省主要通道基本实现高速化。南昌铁路局为中国最重要的铁路局之一，管辖江西和福建的铁路，全省以京九、浙赣、皖赣、鹰厦、武九 5 条铁路为骨干，另有横南、向乐、分文、弋樟等支线。江西民用航空运输形成了一个以南昌为轴心，以九江、樟树、泰和、吉安、景德镇、赣州连接全国和世界各地的航空运输网，南昌昌北国际机场是中国重要的枢纽干线机场、国际客运及货运的航空枢纽，江西还有赣州、九江、景德镇、井冈山民航机场。江西水路运输发达，九江市为重要内河港口，水运干线形成以赣江和信江为两纵，长江和昌江为两横的格局，通航里程 4937 千米。

江西有种子植物约 5000 种，植物系统演化中各个阶段的代表植物江西均有分布，同时发现不少原始性状的古老植物，还有“活化石”银杏等。江西有脊椎动物 845 种。

江西矿产资源丰富，已建成亚洲最大的铜矿和全国最大的铜冶炼基地。江西省共有大小河流 2400 多条，总长度达 1.84 万千米，除边缘部分分属珠江、湘江流域及直接注入长江外，其余均分别发源于省境山地，汇聚成赣江、抚河、信江、饶河、修水五大河系，最后注入鄱阳湖，构成以鄱阳湖为中心的向心水系。鄱阳湖是中国第一大淡水湖，连同其外围一系列大小湖泊，成为天然水产资源宝库，对航运、灌溉、养殖和调节长江水位及湖区气候均起重要作用。

七、山东省

［**地理与气候**］

山东省位于中国东部沿海、黄河下游。境域包括半岛和内陆两部分，山东半岛突出于渤海、黄海之中，同辽东半岛遥相对峙；内陆部分自北而南与河北、河南、安徽、江苏 4 省接壤。全境南北最长 420 多千米，东西最宽 700 多千米。山东，因居太行山以东而得名，简称“鲁”，省会济南。

山东省境内中部山地突起，西南、西北低洼平坦，东部缓丘起伏，形成以山地丘陵为骨架、平原盆地交错环列其间的地形大势。泰山雄踞中部，主峰海拔 1532.7 米，为山东省最高点。黄河三角洲一般海拔 2 ~ 10 米，为山东省陆地最低处。境内主要山脉集中分布在鲁中南山区和胶东丘陵区。主要有泰山、蒙山、崂山、鲁山、沂山、徂徕山、昆嵛山、九顶山、艾山、牙山、大泽山等。

山东的气候属暖温带季风气候类型，降水集中，雨热同季，春秋短暂，冬夏较长，年平均气温 11℃~ 14℃，气温地区差异东西大于南北。光照资源充足，光照时数年均 2290 ~ 2890 小时，热量条件可满足农作物一年两作的需要。年平均降水量在 550 ~ 950 毫米，由东南向西北递减。降水季节分布很不均衡，全年降水量有 60% ~ 70% 集中于夏季，易形成涝灾，冬、春及晚秋易发生旱象，对农业生产影响较大。

［**区划与人口**］

山东省共有 16 个地级市，依次是济南市、青岛市、淄博市、枣庄市、东营市、烟台市、潍坊市、济宁市、泰安市、威海市、日照市、滨州市、德州市、聊城市、临沂市和菏泽市，下设 137 个县级行政区，包括 55 个市辖区、26 个县级市和 56 个县。山东省面积约 16 万平方千米，人口 9580 万。

［**交通与资源**］

山东有 10 座机场，济南、青岛、烟台、威海 4 座机场为国际空港，已有法兰克福、洛杉矶、大阪、曼谷、中国香港、新加坡、釜山、东京等众多国际航线。沿海主要海港有青岛港、日照港、烟台港、威海港、东营港、龙口港、潍坊港、滨州港。公路通车总里程 26.3 万千米，其中高速公路 5348 千米。铁路网络完备，境内京沪高铁开通后，动车组列车从济南到北京，仅需 1.5 小时，从济南到青岛，仅需 2.5 小时。

山东生物资源种类多、数量大。境内有各种植物 3100 余种，其中野生经济植物 645 种，树木 600 多种，以北温带针、阔叶树种为主。各种果树 90 种，山东因此被称为"北方落叶果树的王国"。中药材 800 多种，其中植物类 700 多种。山东是全国粮食作物和经济作物重点产区，素有"粮棉油之库，水果水产之乡"之称。小麦、玉米、地瓜、大豆、谷子、高粱、棉花、花生、烤烟、麻类产量都很大，在全国占有重要地位。山东有野生脊椎动物 500种，其中兽类73种，鸟类406种（含亚种），爬行类28种，两栖类10种。陆栖无脊椎动物特别是昆虫，种类繁多，居全国同类物种之首。山东有国家一、二类保护的珍稀动物有 71 种，其中国家一类保护动物有 16 种。

山东海洋资源得天独厚。近海栖息和洄游的鱼虾类达 260 多种，主要经济鱼类有 40 多种。其中对虾、扇贝、鲍鱼、刺参、海胆等海珍品的产量均居全国首位。有藻类 131 种，经济价值较高的近 50 种，其中，海带、裙带菜、石花菜为重要的养殖品种。山东是全国四大海盐产地之一，丰富的地下卤水资源为山东盐业、盐化工业的发展提供了得天独厚的条件。山东查明的矿产资源储量较丰富，已发现矿产 150 种，资源储量在全国占有重要的地位。列全国前 5 位的有 44 种，列全国前 10 位的 69 种，以非金属矿产居多。国民经济赖以发展的 15 种支柱性矿产山东均已探明资源储量，其中石油、铁、铝、金、钾盐、盐矿、石灰岩等矿产保有资源储量居全国前 10 位。

山东分属于黄、淮、海三大流域，多年平均年降水量为 679.5 毫米，多年平均水资源总量为 303.07 亿立方米，其中地表水资源量为 198.3 亿立方米，多年平均地下水资源量为 165.4 亿立方米（地表水、地下水重复计算量 59.8 亿立方米）。黄河水是山东主要可以利用的客水资源，每年进入山东水量为 359.5 亿立方米，按国务院办公厅批复的黄河分水方案，一般来水年份山东可引用黄河水 70 亿立方米。

第四节　华中地区各省基本概况

一、河南省

[地理与气候]

河南位于中国中东部、黄河中下游，因大部分地区位于黄河以南，故称河南。河南东接安徽、山东，北界河北、山西，西连陕西，南临湖北，呈望北向南、承东启西之势。河南地理位置优越，古时即为驿道、漕运必经之地，商贾云集之所。今天，河南地处沿海开放地区与中西部地区的接合部，是中国经济由东向西梯次推进发展的中间地带，具有独特的区位优势。地势西高东低，北、西、南三面由太行山、伏牛山、桐柏山、大别山沿省界呈半环形分布；中、东部为黄淮海冲积平原；西南部为南阳盆地。灵宝市境内的老鸦岔为全省最高峰，海拔 2413.8 米；海拔最低处在固始县淮河出省处，仅 23.2 米。河南地跨长江、淮河、黄河、海河四大流域。

河南大部分地处暖温带，南部跨亚热带，属北亚热带向暖温带过渡的大陆性季风气候，同时还具有自东向西由平原向丘陵山地气候过渡的特征，具有四季分明、雨热同期、复杂多样和气象灾害频繁的特点。全省由南向北年平均气温为 10.5℃~ 16.7℃，年均降水量 407.7 ~ 1295.8 毫米，降水以 6 ~ 8 月份最多，年均日照 1285.7 ~ 2292.9 小时，全年无霜期 201 ~ 285 天，适宜多种农作物生长。

[区划与人口]

河南辖郑州、开封、洛阳、平顶山、安阳、鹤壁、新乡、焦作、濮阳、许昌、漯河、三门峡、南阳、商丘、信阳、周口、驻马店 17 个地级市，济源 1 个省直辖县级行政单位，21 个县级市，85 个县，52 个市辖区，2441 个乡镇（乡：628 个，镇：1151 个，民族乡：12 个，街道：650 个）。河南省面积约 17 万平方千米，人口 10932 万。

[交通与资源]

河南交通区位优势明显，是全国承东启西、连南贯北的重要交通枢纽，拥有铁路、公路、航空、水运、管道等相结合的综合交通运输体系。京广、京九、太焦、焦柳、陇海、侯月、新月、新菏、宁西铁路及京广、郑西高铁等多条铁路干线经过河南，形成了纵横交错、四通八达的铁路网。航空方面，截至2015年年底，全省有三个民用机场。

农林牧资源方面，河南省2014年年末共有自然保护区32个，面积760.2千公顷，其中国家级自然保护区12个。国家级森林公园31个。森林覆盖率23.3%。河南的生物资源丰富，高等植物有197科、3830余种。小麦、玉米、棉花、烟叶和油料等产量较高。动物418种，已知陆生脊椎野生动物520种，占全国总数的23.9%，国家重点保护野生动物90种。

河南地层齐全，地质构造复杂，矿产资源丰富，是全国矿产资源大省之一。目前已发现的矿种142种，已探明资源储量的矿种109种，已开发利用的矿产93种。其中能源矿产6种，金属矿产23种，非金属矿产62种，水气矿产2种。优势矿产可归纳为煤、石油、天然气“三大能源矿产”，钼、金、铝、银“四大金属矿产”，天然碱、盐矿、耐火黏土、蓝石棉、珍珠岩、水泥灰岩、石英砂岩“七大非金属矿产”。

二、湖北省

［**地理与气候**］

湖北省位于中国的中部，简称鄂。东邻安徽，南接江西、湖南，西连重庆，西北与陕西接壤，北与河南毗邻。湖北省地势大致为东、西、北三面环山，中间低平，略呈向南敞开的不完整盆地。

湖北地处亚热带，位于典型的季风区内。全省除高山地区外，大部分为亚热带季风性湿润气候，光能充足，热量丰富，无霜期长，降水充沛，雨热同季。全省年平均气温15℃~17℃，大部分地区冬冷夏热，春季气温多变，秋季气温下降迅速。全省各地平均降水量为800~1600毫米。6月中旬至7月中旬是湖北的梅雨期。

［**区划与人口**］

湖北省有12个地级市，1个自治州，39个市辖区，24个县级市（其中3个为省直管市），37个县，2个自治县，1个林区。地级市分别是武汉市、黄石市、襄阳市、荆州市、宜昌市、十堰市、孝感市、荆门市、鄂州市、黄冈市、咸宁市、随州市，自治州为恩施土家族苗族自治州。湖北省面积约19

万平方千米，人口6165万。

[**交通与资源**]

湖北是中国中部最大的综合交通枢纽之一。京九线、京广线、武广高铁、焦枝线、枝柳铁路纵贯南北，武大、汉宜、汉丹、襄渝等铁路横穿东西。京珠、沪蓉和宜黄、黄黄、武十等高速公路纵横交错，连接武汉、宜昌、襄阳等大中城市。武汉天河国际机场为我国中部地区最大的空港，已开通美、法、日、韩等国际航班，宜昌、襄阳、恩施、荆州、神农架等地也开通了连接全国各地的空中通道。湖北有内河港口163个。武汉、黄石、沙市、宜昌等港口先后对外开放，海轮可直航我国港澳地区和日本、韩国、新加坡等国家。省会武汉素有“九省通衢”之称，是全国重要的交通、通信枢纽。

湖北资源丰富。湖北境内除长江、汉江干流外，省内各级河流有4228条，河流总长5.92万千米。长江自西向东，流贯省内26个县市。湖北素有“千湖之省”之称，境内湖泊主要分布在江汉平原上，湖泊总面积2706.851平方千米。湖北自然地理条件优越，动植物资源丰富，全省不仅树种较多，而且起源古老，迄今仍保存有不少珍贵、稀有孑遗植物。全省被列为国家重点保护的野生动物有112种，鱼苗资源丰富，长江干流主要产卵场36处，其中半数以上在湖北境内。湖北省矿产资源丰富，其中磷、石膏、岩盐等储量居全国前列。

三、湖南省

[**地理与气候**]

湖南省位于长江中游，省境绝大部分在洞庭湖以南，故称湖南；湘江贯穿省境南北，故简称湘。东以幕阜、武功诸山系与江西交界；西以云贵高原东缘连贵州；西北以武陵山脉毗邻重庆；南枕南岭与广东、广西相邻，北以滨湖平原与湖北接壤。“三湘四水”是湖南的又一称谓。“三湘”因湘江流经永州时与“潇水”、流经衡阳时与“蒸水”、入洞庭湖时与“沅水”相汇而得名，分别称“潇湘”“蒸湘”和“沅湘”；“四水”则指湘江、资江、沅江和澧水。

湖南属亚热带季风气候，四季分明、光热充足、降水丰沛、雨热同期，气候条件比较优越。年平均气温 16℃~18℃，冬季寒冷，春季温暖，夏季炎热，秋季凉爽，四季变化较为明显。适宜人居和农作物、绿色植物生长。

［**区划与人口**］

湖南省现有 13 个地级市、1 个自治州，分别是：长沙市、株洲市、湘潭市、衡阳市、邵阳市、岳阳市、常德市、张家界市、益阳市、郴州市、永州市、怀化市、娄底市和湘西土家族苗族自治州，共 122 个县级行政单位，其中市辖区 35 个，县级市 17 个，县 63 个，自治县 7 个。长沙市是湖南省的省会。湖南省面积约 21 万平方千米，人口 7132 万。

［**交通与资源**］

湖南交通便利，水陆空综合交通体系立体衔接、纵横交错、通江达海。岳阳城陵矶港是全国 10 个吞吐量过亿吨的内陆港之一。京广、湘桂、洛湛等 9 条铁路干线贯穿全省，京广高铁、沪昆高铁与筹划中的厦蓉高铁在长沙交会；全省 14 个市州全部已通高速。省内有长沙黄花机场、张家界荷花机场等机场。

湖南地貌类型多样，以山地、丘陵为主。湖南三面环山，形成从东南西三面向东北倾斜开口的不对称马蹄状，境内最低点是临湘市的黄盖湖，海拔 24 米；最高点是株洲市炎陵县的酃峰，海拔 2212.5 米。湖南矿产丰富，矿种齐全，是驰名中外的“有色金属之乡”和“非金属矿产之乡”。湖南生物资源丰富多样，是全国乃至世界珍贵的生物基因库之一；有种子植物约 5000 种，数量居全国第 7 位。

第五节　华南地区各省自治区基本概况

一、广东省

［**地理与气候**］

广东省地处中国大陆最南部，东邻福建，北接江西、湖南，西连广西，南临南海，珠江口东西两侧分别与香港特别行政区和澳门特别行政区接壤，西南部雷州半岛隔琼州海峡与海南省相望。受地壳运动、岩性、褶皱和断裂构造以及外力作用的综合影响，广东省地貌类型复杂多样。地势总体北高南低，最高峰为石坑崆。广东省简称“粤”，省会广州市。

广东省属于东亚季风区，从北向南分别为中亚热带、南亚热带和热带气候，是全国光、热和水资源最丰富的地区之一，且雨热同季，降水主要集中在4～9月。年降水量分布不均，呈多中心分布。全省年平均气温21.8℃。

［**区划与人口**］

广东省下辖21个地级市，划分为珠三角、粤东、粤西和粤北4个区域。广州和深圳为副省级城市。深圳为计划单列市，深圳、珠海和汕头为经济特区。全省共121个县级行政区，包括64个市辖区、20个县级市、34个县、3个自治县。广东省面积约18万平方千米，人口8636万。

［**交通与资源**］

广州港、深圳港、汕头港和湛江港已成为中国国内对外交通和贸易的重要通道。广东省正完善以广州白云国际机场为国际复合型门户枢纽机场，深圳宝安国际机场及粤西国际机场为区域性枢纽机场，其他支线机场为补充的全省民用机场布局。到2016年年末，全省已建成机场19座。到2020年，广东铁路出省通道将由京广铁路、京九铁路、广深铁路、黎湛铁路、赣韶铁路、柳韶铁路、粤海铁路和梅坎铁路8条增至12条，形成以广州为中心，“三纵二横”的主干线。高铁线路有武广高铁、广深港高铁、厦深高铁、贵广高速铁路、南广高铁、广东西部沿海高速铁路（在建）等。

广东水资源相当丰富，可供开采的人均水资源大大高于全国平均水平。广东为稀有金属和有色金属之乡，全省已找到矿产116种，探明储量的有88种。广东动植物种类繁多。属于国家一级保护植物的有桫椤、银杉和虎颜花3种；属于二级保护的有白豆杉、水杉、野荔枝和观光木等24种。被列入国家一级保护的动物有华南虎、云豹、熊猴和中华白海豚等22种，列入二级保护的有金猫、穿山甲、猕猴和白鹇（省鸟）等95种。广东海洋资源十分丰富。远洋和近海捕捞以及网箱养鱼和沿海养殖的牡蛎、虾类等海洋水产品年产量达374万吨，雷州半岛的养殖海水珍珠产量位于中国首位。广东沿海的风能、潮汐能和波浪能都有一定的开发潜力。广东沿海沙滩众多，气候温暖，红树林分布广、面积大。

二、广西壮族自治区

［**地理与气候**］

广西壮族自治区位于祖国南疆，东连广东省，南临北部湾并与海南省隔海相望，西与云南省毗邻，东北接湖南省，西北靠贵州省，西南与越南社会主义共和国接壤。广西地形西北高、东南低，呈西北向东南倾斜状。山岭连绵、山体庞大、岭谷相间，四周多被山地、高原环绕，中部和南部多丘陵平地，呈盆地状，有"广西盆地"之称。境内喀斯特地貌广布，集中连片分布于桂西南、桂西北、桂中和桂东北，发育类型之多世界少见。受太平洋板块和印度洋板块挤压，广西境内山脉多呈弧形。山脉盘绕在盆地边缘或交错在盆地内，形成盆地边缘山脉和内部山脉。盆地边缘山脉中的猫儿山主峰海拔 2141 米，是华南第一高峰。区内河流大多随地势从西北流向东南，形成以红水河—西江为主干流的横贯中部以及两侧支流的树枝状水系。河流分属珠江、长江、桂南独流入海、百都河四大水系。广西简称"桂"，省会南宁。

广西属亚热带季风气候区。气候温暖，雨水丰沛，光照充足。夏季日照时间长、气温高、降水多，冬季日照时间短、天气干暖。干旱、暴雨、热带气旋、大风、雷暴、冰雹、低温冷（冻）害气象灾害较为常见。年平均气温 17℃~23℃。是全国降水量比较多的地区之一，大部分地区年平均降水量为 1200~2000 毫米，时空分布差异大。

［**区划与人口**］

广西壮族自治区行政区划为 14 个地级市，分别是南宁市、柳州市、桂林市、梧州市、北海市、防城港市、钦州市、贵港市、玉林市、百色市、贺州市、河池市、来宾市、崇左市。区内辖 7 个县级市，64 个县（含 12 个民族自治县），40 个市辖区，799 个镇。首府为南宁市。广西面积约 24 万平方千米，人口 5378 万。

［**交通与资源**］

广西壮族自治区境内海航、铁路、公路、航空等交通基础设施较为完善，为自治区的发展提供了坚实的交通保障。区内有南宁吴圩国际机场、桂林两江国际机场等民航机场 11 座；港口有北部湾港等；有南凭等高铁线路以及湘桂、南昆、焦柳、黔桂等普铁线路纵横区内；高速公路、等级公路网四通八达。

广西壮族自治区矿产资源丰富，是中国10个重点有色金属产区之一。因此广西有“有色金属之乡”之称。广西壮族自治区海洋资源丰富。北部湾鱼类、虾类、头足类、蟹类、贝类和其他海产动物、藻类等海洋生物资源种类繁多。煤、泥炭、铝、锡、锌、汞、金等海洋矿产资源亦达到20多种。北部湾盆地、莺歌海盆地和合浦盆地三个含油沉积盆地蕴藏丰富的海洋石油、天然气资源。其他盐化工资源，海洋能源资源，淡水资源也较为丰富。广西壮族自治区野生动物中，属于国家重点保护的珍稀动物有149种，占全国总数的44.5%。白头叶猴被公认为世界上最稀有的猴类。区内野生植物珍稀种类众多，金花茶、银杉、桫椤、擎天树为国家一级保护植物。广西壮族自治区河流众多，水能资源蕴藏量大，红水河被誉为中国水电的“富矿”“能源的宝库”，是中国优先开发的三大水电建设基地之一。

三、海南省

[地理与气候]

海南省位于中国最南端。北以琼州海峡与广东划界，西临北部湾与越南相对，东濒南海与台湾省相望，东南和南边在南海中与菲律宾、文莱和马来西亚为邻。海南省的行政区域包括海南岛、西沙群岛、中沙群岛、南沙群岛的岛礁及其海域，是我国海域面积最大的省。海南岛形似一个呈东北至西南向的椭圆形大雪梨。海南岛与广东省的雷州半岛相隔的琼州海峡宽约18海里，南沙群岛的曾母暗沙是我国最南端的领土。海南岛四周低平，中间高耸，呈穹隆山地形，以五指山、鹦哥岭为隆起核心，向外围逐级下降，由山地、丘陵、台地、平原构成环形层状地貌，梯级结构明显。海南省简称“琼”，省府驻地是海口市。

海南是我国最具热带海洋气候特色的地方，全年暖热，雨量充沛，干湿季节明显，台风活动频繁，气候资源多样。海南岛年日照时数为1750～2550小时，年平均气温23℃～26℃，全年无冬。全岛降雨充沛，年平均降水量在1600毫米以上，东多西少，中部和东部相对湿润，西南部沿海相对干燥。降雨季节分配不均匀，冬春雨少，夏秋雨多。

［**区划与人口**］

海南省现有4个地级市，分别是海口市、三亚市、三沙市、儋州市。下辖5个县级市（五指山市、文昌市、琼海市、万宁市、东方市）、4个县（安定县、屯昌县、澄迈县、临高县）、6个自治县、8个市辖区、218个乡镇（含街道办事处），省会为海口市（地级）。全省面积约3.4万平方千米，人口902万。

［**交通与资源**］

长期以来，海南交通运输事业的发展一直十分缓慢。1988年，海南建省办经济特区，海南交通运输事业终于进入了快速发展的新时期。如今基本建成了“公路四通八达、火车跨海通行、海轮畅游世界、飞机纵横晴空”的现代化立体运输体系。公路一直是海南的主要交通方式。环岛高速公路和“三纵四横”等路网建设格局基本形成。全省港口已形成北有海口港、南有三亚港、西有洋浦港和八所港、东有龙湾港的“四方五港”格局。船队的国内航线可到达沿海及长江中下游各港口，国际航线可到达俄罗斯、日本、朝鲜、东南亚、非洲和欧洲等国家和地区。随着海口美兰和三亚凤凰两个国际机场相继建成，我国第一条跨海铁路粤海铁路通道全线投入运营，如今，在3.4万平方千米的海南岛上，由机场、铁路、港口、公路、管道5种运输方式组成的立体交通网粗具规模，把海南岛与祖国大陆及世界各地紧紧连在了一起。

海南省资源丰富。是中国最大的“热带宝地”，农田终年可以种植，主要作物有水稻、甘蔗、热带水果等，经济价值较高的热带作物有：橡胶、椰子、可可等；海南动植物资源丰富，有很多国家重点保护的珍稀物种，且动植物药材资源丰富，素有“天然药库”之称；海南水产资源丰富，海洋水产在800种以上，是发展热带海洋渔业的理想之地；海南也是中国理想的天然盐场；海南岛湿地资源丰富，有湿地5类18型，其中最具代表性的是红树林湿地型。海南矿产资源种类较多，已探明具有开发价值的矿产有57种，其中石碌铁矿品位全国第一。

第六节　西南地区各省市自治区基本概况

一、重庆市

[地理与气候]

重庆位于中国内陆西南部、长江上游地区。地貌以丘陵、山地为主，故有“山城”之称。重庆域内水系丰富，流经的重要河流有长江、嘉陵江、乌江等，长江干流自西向东横贯全境。重庆是我国西南水、陆交通枢纽，工商业重镇，又是我国进行经济体制综合改革的试点城市，行使省一级经济权限，自辟口岸，可以直接对外贸易，已成为我国内地对外开放的一个新型城市。市政府驻地为重庆市，简称“渝”。

重庆属亚热带季风性湿润气候，年平均气温 16℃~ 18℃。年平均降水量较丰富，大部分地区在 1000 ~ 1350 毫米，降水多集中在 5 ~ 9 月，占全年总降水量的 70% 左右。重庆素有“雾都”之称，年平均雾日 104 天，有“世界雾都”之称的英国伦敦年平均雾日只有 94 天。重庆主要气候特点可以概括为：冬暖春早，夏热秋凉，四季分明；空气湿润，降水丰沛；太阳辐射弱，日照时间短；多云雾，少霜雪；光温水同季，立体气候显著，气候资源丰富，气象灾难频繁。

[区划与人口]

中华人民共和国成立后，重庆先后为中央直辖市、四川省辖市、国家计划单列市。1997 年成为我国第四个直辖市，现下辖 38 个行政区县（自治县）。重庆市面积约 8.24 万平方千米，人口 3343 万。土家族、苗族等少数民族人口 194 万。

[交通与资源]

重庆是中国西部地区唯一的直辖市，是国家五大中心城市之一，也是国家定位的长江上游地区经济中心、“一带一路”重要节点、国家重要的现代制造业基地和西南地区综合交通枢纽，在全国经济发展版图中具有重要地位。铁路方面，全市铁路总里程达到 1930 千米，形成“一枢纽八干线”网络格局。成渝高铁和兰渝铁路建成通车，重庆至上海、广州、深圳等沿海港口的货运五定班列和“渝新欧”国际货运班列开通，实现了铁海联运、国际直达。公路方面，高速公路建设快速推进，路网密度继续保持西部第一，特别是奉节至巫溪高速公路的顺利建成，标志着“4小时重庆”全面实现。农村公路建设成效显著，改造国省干道近6000千米，新改建农村公路4.8万千米，全市2606个撤并村全部通公路。航运方面，全市航道总里程达到4451千米，“一干两支”、通江达海的航道体系基本建成。全国最大的内河港——果园港建成投用，全市港口货物通过能力达到1.8亿吨。重庆港连续5年跻身长江沿线亿吨大港之列。民航方面，区域性航空枢纽基本形成。江北机场成为国家区域枢纽机场，旅客吞吐量突破3000万人次；国际货邮吞吐量西部领先。基地航空公司增至6家，新增通航点61个，航线总数达到275条，覆盖国内大中城市，通达欧洲、美洲、澳洲及亚洲主要口岸城市。

重庆矿产资源丰富，已探明储量的矿产有38种。重庆的天然气、煤层气、石膏、粉石英等非金属矿产资源也十分丰富。重庆的水能资源较为丰富。除三峡电站外，重庆市水能资源理论蕴藏量1388万千瓦，其中可开发的水能资源760万千瓦。全市已建大小水电站1000余座，装机容量61.9万千瓦。重庆生物资源十分丰富。除种植植物4000多种和养殖动物40多种外，陆生野生动物有500种左右，水生动物达100多种。在野生动物中有国家一、二级保护的珍稀濒危动物约50种。野生植物繁多，有6000多种，其中列为国家级保护和珍稀濒危植物63种。食用、药用、工业用等植物达2200多种。

二、四川省

［**地理与气候**］

四川省位于中国西南，地处长江上游，东连重庆，南邻滇、黔，西接西藏，北界青、甘、陕三省，面积居全国第五位。四川，简称“川”或“蜀”，省会成都。处于中国大陆地势三大阶梯中的第一级青藏高原和第二级长江中下游平原的过渡带，高低悬殊、西高东低的特点明显。全省可分为四川盆地、川西北高原和川西南山地三大部分。

四川气候的特点：季风气候明显，雨热同季；区域间差异显著，东部冬暖、春早、夏热、秋雨、多云雾、少日照、生长季长；西部寒冷、冬长、基本无夏、日照充足、降水集中、干雨季分明；气候垂直变化大，气候类型多；

气象灾害种类多，发生频率高且范围大，主要是干旱，其次是暴雨、洪涝等。

［**区划与人口**］

四川省共有21个地级行政区划单位，即18个地级市，3个自治州，183个县级行政区划单位。四川省面积约49万平方千米，人口9097万。

［**交通与资源**］

四川拥有便利的交通条件。截至2015年，高速公路、铁路通车里程分别达6000千米、4600千米，成渝高铁建成通车。成都双流国际机场现已开通200多条国内航线，通航北京、上海、广州、深圳等119个城市，涉及全国31个省、自治区、直辖市，支线机场达12个，成都天府国际机场项目进展顺利。“四江六港”建设加快，港口吞吐能力突破1亿吨。

四川土地资源的利用以林牧业为主，林牧地集中分布于盆周山地和西部高山高原；耕地则集中分布于东部盆地和低山丘陵区；园地集中分布于盆地丘陵和西南山地；交通用地和建设用地集中分布在经济较发达的平原区和丘陵区。四川水资源丰富，居全国前列。水资源以河川径流最为丰富，号称“千河之省”。人均水资源量高于全国，但时空分布不均，形成区域性缺水和季节性缺水。四川生物资源十分丰富，保存有许多珍稀、古老的动植物种类，是中国乃至世界的珍贵物种基因库之一。植被类型多样，植物种类非常丰富。全省有高等植物近万种，约占全国总数的1/3。全省所产中药材占全国药材总产量的1/3，是全国最大的中药材基地。四川是全国最大的芳香油产地。四川动物资源丰富，属国家重点保护的野生动物144种，居全国之冠。四川野生大熊猫数量1206只，占全国总数的76%，其种群数量居全国第一位。

四川省能源资源很丰富，主要以水能、煤炭和天然气为主。水能资源集中分布于川西南山地的大渡河、金沙江、雅砻江三大水系，约占全省水能资源蕴藏量的2/3。煤炭资源种类比较齐全。天然气资源十分丰富，是国内主要的含油气盆地之一。四川矿产资源丰富且种类齐全。查明资源储量的矿种有100余种，其中有43种矿产的保有资源储量位居全国前5位。

三、贵州省

［**地理与气候**］

贵州地处中国西南部，东毗湖南省，西连云南省，南界广西壮族自治区，北邻重庆市和四川省，是一个内陆省份。全省平均海拔 1000 米，是一个隆起于四川盆地和广西丘陵之间的亚热带喀斯特高原山区。贵州简称“黔”或“贵”，省府驻地贵阳市。

贵州处于云贵高原东斜坡，地势西部高，向北、东、南三面倾斜，河流顺地势由西部、中部向北、东、南三面分流。贵州的地貌类型有高原、山原、山地、丘陵、台地、盆地和河流阶地。贵州是世界上喀斯特地貌发育最典型的地区之一。贵州北部、中部和西部均有丹霞地貌分布，但以北部的赤水和习水分布最集中，发育最典型。贵州的河流均为山区雨源型河流，境内的河流分属长江和珠江两大水系。

贵州属亚热带湿润的季风气候区。最热月（7 月）全省大部分地区平均气温为 24℃~ 28℃。由于贵州属低纬度的亚热带地区，因此冬无严寒。年平均气温 15℃左右。贵州年均降水量为 1000 ~ 1400 毫米，是国内降雨较充沛的地区。贵州降雨虽多，但多夜雨，白天仍以多云天气为主。夜间下雨，减少了白天尘土的飞扬，使白天的空气更为清新，这是一个宜于旅游的降雨特征。总之，贵州气候的特点是：夏无酷暑，冬无严寒；夜雨较多，轻风拂面；气候复杂多样，垂直差异明显，“一山有四季，十里不同天”；旅游季节长，全年可游览。

［**区划与人口**］

贵州省现辖贵阳、六盘水、遵义、安顺、毕节、铜仁 6 个地级市，黔东南、黔南、黔西南 3 个自治州，1 个国家级新区（贵安新区），8 个县级市和 53 个县，1 个特区，11 个少数民族自治县。全省面积约 18 万平方千米，人口 4134 万。

［**交通与资源**］

贵州虽为高原山区，但交通资源丰富，已初步形成陆、空、水三位一体的现代交通网络。贵州是西南地区的铁路交通枢纽。湘黔、贵昆、川黔、黔桂 4 条铁路干线在贵阳交会，贯穿全省；南宁—昆明铁路穿越贵州西南部。新建成的贵广高速铁路、株六复线贵州段、内昆铁路贵州段、水柏铁路和渝怀铁路均已投入运营。贵州的公路已基本形成“6 横 7 纵 8 连线”的高速公路网格局，实现了县县通高速公路的目标。贵州航空发展很快，目前已通航的机场有遵义新舟机场、安顺黄果树机场、铜仁凤凰机场等 9 个支线机场。

贵阳龙洞堡国际机场距市区约 11 千米，是具有先进导航系统和设施的 4E 级最高等级现代化机场。贵州内河航运主要集中在乌江、赤水河和南、北盘江等少数河流上。目前，西南水运出海通道中线起步工程（贵州段）主体工程完工，涪陵贵州货运码头已建成。贵州有 85 条河流通航，北可达长江，南可顺珠江出海。

贵州矿产资源富集，已发现矿产 110 多种，有 41 种矿产保有储量列全国前 10 位。磷矿储量位居全国第一。铝土矿质佳量大，列全国第二位。全国 1/3 的重晶石集中在贵州，为建成亚洲最大的钡盐基地提供了资源保证。金矿位居全国第十位，贵州已成为新崛起的黄金生产基地。煤的保有储量排全国第五位。年平均水资源总量列全国第六位。贵州森林植被完好，到 2013 年年底，森林面积达到 845 万公顷，森林覆盖率达到 48%。贵州列入国家重点保护植物名录的珍稀植物有 69 种。贵州的野生动物十分丰富，已列入国家重点保护的珍稀野生动物有 86 种。

四、云南省

［**地理与气候**］

云南省地处中国西南边陲，东部与贵州省、广西壮族自治区为邻，北部与四川省相连，西北部紧邻西藏自治区，西部与缅甸接壤，南部和老挝、越南毗邻。云南是全国边境线最长的省份之一。省府驻地昆明。云南简称“云”，别称“滇”。

云南属山地高原地形，地形以元江谷地和云岭山脉南段宽谷为界，分为东西两大地形区。东部为滇东、滇中高原，西部高山峡谷相间，地势险峻，全省海拔高低相差很大，在滇藏交界处德钦县境内怒山山脉的梅里雪山主峰卡瓦格博峰为海拔最高点。云南省有高黎贡山、怒山、云岭等巨大山系和怒江、澜沧江、金沙江等大江，自北向南相间排列，三江并流，高山峡谷相间，地势险峻；南部为横断山脉，山地海拔不到 3000 米，主要有哀牢山、无量山、邦马山等；在南部、西南部边境，地势渐趋和缓，山势较矮、宽谷盆地较多，海拔 800~1000 米，主要是热带、亚热带地区。云南省河川纵横，湖泊众多。全省境内径流面积在 100 平方千米以上的河流有 889 条，分属长江（金沙江）、珠江（南盘江）、元江（红河）、澜沧江（湄公河）、怒江（萨尔温江）、大盈江（伊洛瓦底江）6大水系。除金沙江、南盘江外，均为跨国河流，这些河流分别流入南中国海和印度洋。多数河流具有落差大、水流湍急、水流量变化大的特点。全省有高原湖泊40多个，多数为断陷型湖泊，多数在高原区内。湖泊中数滇池面积最大，洱海次之；抚仙湖深度全省第一，泸沽湖次之。

云南基本属于亚热带高原季风型气候，立体气候特点显著，类型众多、年温差小、日温差大、干湿季节分明、气温随地势高低垂直变化异常明显。在一个省区内，同时具有寒、温、热（包括亚热带）三带气候，有“一山分四季，十里不同天”之说，景象别具特色。全省平均气温，最热（7月）月均温在19℃~22℃，最冷（1月）月均温在6℃~8℃。全省降水在季节上和地域上的分配极不均匀，干湿季节分明，大部分地区年降水量在1000毫米以上。全省无霜期长，南部边境全年无霜。

［**区划与人口**］

云南省现辖16个地级行政区划单位：8个地级市、8个自治州，129个县级行政区划单位：16个市辖区、15个县级市、69个县、29个自治县。云南省面积约39万平方千米，人口为4576万。

［**交通与资源**］

云南地处中国与东南亚、南亚三大区域的接合部，拥有国家一类口岸16个、二类口岸7个，与缅甸、越南、老挝三国接壤；与泰国和柬埔寨通过澜沧江—湄公河相连，并与马来西亚、新加坡、印度、孟加拉等国邻近，是我国毗邻周边国家最多的省份之一。历史上著名的“史迪威公路”和“驼峰航线”就经过云南境内。近年来，云南在建设中国—东盟自由贸易区和加快建设面向西南开放重要“桥头堡”的新形势下，云南公路、铁路、航空和水运网络日趋完善，初步形成通往东南亚、南亚国家的三条便捷的国际大通道：一是西路通道，沿滇缅（昆畹）公路、中印（史迪威）公路和昆明至大理的铁路西进，有多个出境口岸，可分别到达缅甸密支那、八莫、腊成等地，并直达仰光。二是中路通道，由澜沧江—湄公河航运、昆明至打洛公路、昆明至曼谷公路和西双版纳机场构成，通往缅甸、老挝、泰国并延伸至马来西亚和新加坡。2008年，昆明至曼谷国际大通道中国路段全线贯通。三是东路通道，以现有滇越铁路、昆河公路及待开发的红河水运为基础，通往越南河内、海防及其南部各地。2009年，中越双方联合设计建造的中越红河公路大桥正式通车。红河公路大桥将与中越铁路大桥、南溪河公路大桥一起，中越红河公路大桥与新河高速、蒙新高速相连接，构成连接中越两国交通网络的重要枢纽。

云南矿产资源极为丰富，尤以有色金属及磷矿著称，被誉为“有色金属王国”。有61个矿种的保有储量居全国前10位，其中，铅、锌、锡、磷、铜、银等25种矿产含量分别居全国前3位。

云南能源资源得天独厚，尤以水能、煤炭资源储量较大，开发条件优越；地热能、太阳能、风能、生物能也有较好的开发前景。云南水能资源蕴藏量居全国第3位。煤炭资源主要分布在滇东北，居全国第9位，煤种也较齐全，烟煤、无烟煤、褐煤都有。地热资源以滇西腾冲地区的分布最为集中，全省有出露地面的天然温热泉约有700处，居全国之冠，水温最低的为25℃，高的在100℃以上。

云南是全国植物种类最多的省份，被誉为“植物王国”。热带、亚热带、温带、寒温带等植物类型都有分布，古老的、衍生的、外来的植物种类和类群很多。分别列入国家一、二、三级重点保护和发展的树种有150多种。云南森林面积为1817.73万公顷，居全国第3位。树种繁多，类型多样，优良、速生、珍贵树种多，药用植物、香料植物、观赏植物等品种在全省范围内均有分布，故云南还有“药物宝库”“香料之乡”“天然花园”之称。

云南动物种类数为全国之冠，素有“动物王国”之称。脊椎动物达1737种，占全国58.9%；云南珍稀保护动物较多，许多动物在国内仅分布在云南。珍禽异兽，如蜂猴、滇金丝猴、野象等46种均属国家一类保护动物；猕猴、穿山甲等154种均属于国家二类保护动物。

五、西藏自治区

［**地理与气候**］

西藏自治区位于青藏高原西南部，北邻新疆维吾尔自治区，东连四川省，东北紧靠青海省，东南连接云南省，南与缅甸、印度、不丹、尼泊尔等国家毗邻，西与克什米尔地区接壤，陆地国界线4000多千米，是中国西南边陲的重要门户，简称“藏”，首府拉萨市。

西藏是世界上海拔最高的地区，素有“世界屋脊”之称。全区地形可分为藏北高原、雅鲁藏布江流域、藏东峡谷地带三大区域。境内山脉大致可分为东西向和南北向两组，主要有喜马拉雅山脉、喀喇昆仑山—唐古拉山脉、昆仑山脉、冈底斯—念青唐古拉山脉和横断山脉。境内超过 8000 米的高峰有 5 座，其中世界第一高峰珠穆朗玛峰就耸立在中尼边界上。西藏的平原主要分布在西起萨嘎、东至米林的雅鲁藏布江中游若干河段以及拉萨河、年楚河、尼洋河中下游河段和易贡藏布、朋曲、隆子河、森格藏布、朗钦藏布等的中游河段。西藏境内著名的河流有金沙江、怒江、澜沧江和雅鲁藏布江。西藏还是国际河流分布最多的中国省区，亚洲著名的恒河、印度河、布拉马普特拉河、湄公河等河流的上源都在这里。

西藏空气稀薄，气压低，含氧量少；太阳辐射强烈，日照时间长；气温低，积温少，昼夜温差大；降水少，季节性明显，夜雨率高；干季时间长，多大风，夏季多冰雹和雷暴；气象灾害种类多，发生频率高。气候类型复杂，垂直变化大，自东南向西北依次为：热带、亚热带、高原温带、高原亚寒带、高原寒带。

［**区划与人口**］

西藏全区辖6个地级市：拉萨市、日喀则市、山南市、昌都市、林芝市、那曲市,1 个地区：阿里地区，合计 7 个地级行政单位；8 个市辖区、66 个县，合计 74 个县级行政单位。全区面积约 123 万平方千米，人口 310 万。藏族和其他少数民族人口占全区总人口的 91.83%。

［**交通与资源**］

中华人民共和国成立后，中国人民解放军和西藏各族人民逢山开路，遇水架桥，于 1954 年 12 月 25 日，修通了闻名世界的青藏、川藏公路，从此，西藏才第一次出现了现代意义上的公路汽车运输。之后，国家先后投资近百亿元巨额资金，修建了青藏、川藏、新藏、滇藏、中尼公路以及区内干线和众多的县乡公路、边防公路。目前，西藏已形成 5 条国道为主干，14 条省道为支架，20 条县道，57 条乡道，12 条专用公路和 79 条边防专用公路的公路网络。同时还基本形成了由公路、航空、管道运输组成的交通运输网。西藏现有拉萨贡嘎机场、林芝米林机场、日喀则和平机场、昌都邦达机场和阿里昆莎机场 5 个民用机场，区内支线航空网络初步形成，国内外航线增至 63

条，通航城市 40 个。被誉为"天路"的青藏铁路的通车结束了西藏没有铁路的历史，它全长 1956 千米，是世界上海拔最高、在冻土上路程最长的高原铁路，2013 年 9 月入选"全球百年工程"，是世界铁路建设史上的一座丰碑。

西藏自然资源丰富，有大量的能源资源、土地资源、矿产资源、动植物资源。能源资源主要有水能、太阳能、地热能、风能等可再生能源。2005 年，地质勘探部门在藏北西部探明含油气远景资源量为 1 亿~1.5 亿吨的中型油田。西藏太阳年总辐射值达到 140~200 千卡/平方厘米，是我国东部沿海地区的近 2 倍。西藏是全国大风（≥8 级或 17 米/秒）最多的地区之一，年平均大风日数多达 100~150 天，比同纬度的我国东部地区多 4~30 倍。全区水资源总量、人均水资源占有量等均居全国首位。西藏天然草地面积超过内蒙古和新疆，位居全国第一，是中国主要的牧区之一。西藏是全国第五大林区。全区有野生植物 9600 多种，其中 855 种为西藏特有。农作物方面，全区有青稞、小麦、玉米、油菜、豆类等品种及约 20 个科 110 余种的蔬菜。全区有野生脊椎动物 795 种（其中 125 种为国家重点保护野生动物，占全国重点保护野生动物种类的 1/3 以上，196 种为西藏特有）。全区大中型野生动物数量居全国第一位，其中藏羚羊数量占世界上整个种群数量的 80% 以上。西藏拥有各类湿地面积 652.9 万公顷，居全国第二，是我国湿地类型齐全、数量最为丰富的省区之一。西藏目前已发现的矿种（亚种）有 103 种，有探明矿产资源储量的矿种 49 种，其中铬、铜的保有资源储量，盐湖锂矿资源远景储量及高温地热储量在全国排名第一。

第七节　西北地区各省自治区基本概况

一、陕西省

[地理与气候]

陕西省位于中国西北部，地域南北长，东西窄。全省纵跨黄河、长江两大流域，是新亚欧大陆桥和中国西北、西南、华北、华中之间的门户，周边与山西、河南、湖北、四川、甘肃、宁夏、内蒙古、重庆 8 个省区市接壤，是国内邻接省区数量最多的省份，具有承东启西、连接西部的区位之便。陕西简称“陕”或“秦”，省会为西安。陕西地势的总特点是南北高、中部低。同时，地势由西向东倾斜的特点也很明显。按照地貌类型划分指标，将陕西省划分为风沙过渡区、黄土高原区、关中平原区、秦岭山地区、汉江盆地区和大巴山地区6个地貌类型区域。

陕西省地跨北温带和亚热带，整体属大陆季风性气候，由于南北延伸很长，所跨纬度多，从而引起境内南北间气候的明显差异。长城沿线以北为温带干旱半干旱气候，陕北其余地区和关中平原为暖温带半湿润气候，陕南盆地为北亚热带湿润气候，山地大部为暖温带湿润气候。陕西省温度的分布基本上是由南向北逐渐降低，各地的年平均气温在7℃~16℃。由于受季风的影响，冬冷夏热、四季分明。春、秋温度升降快，夏季南北温差小，冬季南北温差大。陕西省年降水量的分布是南多北少，由南向北递减，受山地地形影响比较显著。春季少于秋季，春季降水量占全年的13%~24%。冬季降水稀少，只占全年的1%~4%。暴雨始于每年4月，于11月结束，主要集中在7~8月。

［**区划、人口与经济**］

陕西省设10个地级市（西安市、宝鸡市、咸阳市、渭南市、铜川市、延安市、榆林市、安康市、汉中市、商洛市）和杨凌农业高新技术产业示范区，有4个县级市、73个县和30个市辖区，983个镇，23个乡，289个街道办事处。陕西省面积约21万平方千米，人口3926万。

［**交通与资源**］

陕西高速公路非常发达，已经建成通车的有公路西宝高速、西康高速、西铜高速等。此外，陕西的铁路交通也四通八达，陇海线、宝成线、安阳线等穿境而过。截至2011年，陕西全省航线里程达到89.86万千米，航线条数373条，国际航线44条，港澳航线8条，通航城市165个，国际航线通航城市44个，港澳航线通航城市5个，运输网密度每平方千米4.367千米。

陕西省野生植物资源中有37种属于国家规定保护的珍稀植物，这些植物中有些孑遗物种，如独叶草、水青树、沙冬青等，对于研究植物的系统演化、植物区系、古地理和古气候，都具有重要的科学价值。陕西省在动物地理上横跨古北与东洋两大界，动物种类比较丰富。目前，陕西境内已知有野生脊椎动物共计 813 种，占全国脊椎动物总数的 15.5%。陕西省拥有较多的珍稀濒危保护动物，如大熊猫、朱鹮等，是全国珍稀濒危野生动物分布的重要省份之一。

陕西省矿产资源的主要特点是：资源分布广泛，金属、非金属矿产特大型、大型矿少，中小型矿多，富矿少，中低档矿多，单一矿少，共伴生矿多。陕西省保有资源储量居全国前列的重要矿产有：盐矿、煤、石油、天然气等，不仅资源储量可观，且品级、质量较好，在国内、省内市场具有明显的优势。陕西省黄河流域内主要河流有二级河流渭河，三级河流无定河、延河、洛河、泾河；长江流域内主要河流有二级河流汉江、嘉陵江，三级河流丹江、旬河、牧马河。

二、甘肃省

［**地理与气候**］

甘肃位于中国西北内陆腹地，地处黄河上游，东接陕西，南邻四川，西连青海、新疆，北靠内蒙古、宁夏并与蒙古人民共和国接壤。取甘州（今张掖）、肃州（今酒泉）二地的首字而成。由于西夏曾置甘肃军司，元代设甘肃省，简称甘；又因省境大部分在陇山（六盘山）以西，而唐代曾在此设置过陇右道，故又简称“陇”。省会兰州。

甘肃地貌复杂多样，山地、高原、平川、河谷、沙漠、戈壁，类型齐全，交错分布，地势自西南向东北倾斜。地形呈狭长状，东西长 1655 千米，南北宽 530 千米，最窄处仅 25 千米。地貌形态复杂，大致可分为陇南山地、陇中黄土高原、甘南高原、河西走廊、祁连山地、河西走廊以北地带六大地形区域。

甘肃各地气候类型多样，从南向北包括了亚热带季风气候、温带季风气候、温带大陆性（干旱）气候和高原高寒气候四大气候类型。年平均气温 0℃~15℃，大部分地区气候干燥，年平均降水量在 40~750 毫米，干旱、半干旱区占总面积的 75%。主要气象灾害有干旱、暴雨洪涝、冰雹、大风、沙尘暴和霜冻等。

［**区划与人口**］

甘肃共有 12 个地级市，兰州、天水、嘉峪关、武威、金昌、酒泉、张掖、庆阳、平凉、白银、定西、陇南，2 个自治州：临夏回族自治州和甘南藏族自治州；所辖 17 个市辖区、4 个县级市、58 个县、7 个自治县。甘肃省面积约 43 万平方千米，人口 2713 万。少数民族人口占全省总人口的 9.43%。

［**交通与资源**］

甘肃省初步形成了以铁路、高速公路为骨架，民航、普通国省干线、内河水运为补充的综合交通网络。铁路方面，甘肃省是中国铁路东西大动脉的重要地段，陇海、兰新、兰青、包兰四大铁路干线交会于省会兰州，随着中欧班列、中亚班列相继开通运行，兰州铁路枢纽地位将进一步提升。铁路网覆盖 12 个市州。公路方面，实现所有市州政府驻地以高速公路贯通、所有县市区政府驻地以二级及以上公路贯通，所有乡镇以沥青（水泥）路贯通。航空交通方面，甘肃目前建好的民用机场有 9 个，即兰州中川机场、嘉峪关机场、敦煌机场、天水机场、庆阳机场、酒泉机场、金昌金川机场、夏河机场、张掖机场；已开通兰州至迪拜、圣彼得堡、中国香港等国际（地区）航线，以及甘肃省至国内大中城市航线，航空运营市场初具规模。内河航运方面，以黄河航道为主。

甘肃是矿产资源比较丰富的省份之一，矿业开发已成为甘肃的重要经济支柱。在已查明的矿产中，甘肃资源储量名列全国第 1 位的有镍、钴、铂族金属等 10 种。甘肃省能源种类较多，除煤炭、石油、天然气外，还有太阳能、风能等新能源。风力资源居全国第 5 位，河西的瓜州素有“世界风库”之称。农林方面，甘肃省森林覆盖率仅为 11.28%；粮食作物以小麦为主，占全省粮食作物的 50% 以上；经济作物主要品种有棉花、油料、蓖麻、芝麻、甜菜、苏子、向日葵、大蒜、茶叶、烟草、啤酒花等；果树资源丰富，有 1000 多个品种。甘肃野生动、植物种类繁多，是全国药材主要产区之一，现有药材品种 9500 多种，居全国第二位。其中野生药材达 951 种，如大黄、当归、甘草、红黄芪、锁阳、肉苁蓉、天麻等。特种食用植物 10 多种，比较名贵的野生植物有发菜、蕨菜、木耳、蕨麻、黄花菜、地软、羊肚、蘑菇、鹿角菜等。野生动物有 650 多种。甘肃养马历史悠久，自汉至今一直是我国养马业的重地。文县让水河、丹堡一带，已被列为全国第十三号自然保护区，有大熊猫、金丝猴、麝、猞猁等世界珍贵动物，并对梅花鹿、马鹿、麝进行人工饲养。

三、青海省

［**地理与气候**］

青海省雄踞世界屋脊青藏高原的东北部，全省均属青藏高原范围内。因境内有青海湖而得名，简称“青”，省会西宁。青海是长江、黄河、澜沧江的发源地，故被称为“江河源头”，又称“三江源”，素有“中华水塔”之美誉。青海北部和东部同甘肃省相接，西北部与新疆维吾尔自治区相邻，南部和西南部与西藏自治区毗连，东南部与四川省接壤，是连接西藏、新疆与内地的纽带。全省平均海拔3000米以上，山脉纵横，层峦叠嶂，湖泊众多，峡谷、盆地遍布。祁连山、巴颜喀拉山、阿尼玛卿山、唐古拉山等山脉横亘境内。青海湖是我国最大的内陆咸水湖，柴达木盆地以“聚宝盆”著称于世。全省地貌复杂多样，是农业区和牧区的分水岭，兼具了青藏高原、内陆干旱盆地和黄土高原的三种地形地貌。

青海汇聚了大陆季风性气候、内陆干旱气候和青藏高原气候的三种气候形态。这里既有高原的博大、大漠的广袤，也有河谷的富庶和水乡的旖旎。地区间差异大，垂直变化明显。其气候特征是：日照时间长、辐射强，太阳能资源丰富；冬季漫长、夏季凉爽；气温日较差大，年较差小；降水量少，地域差异大，东部雨水较多，西部干燥多风，缺氧、寒冷。青海省境内各地区年平均气温 –5.1℃~ 9.0℃，降水量 15 ~ 750 毫米，绝大部分地区年降水量在400毫米以下。

［**区划与人口**］

青海省共辖西宁、海东2个地级市，海北藏族自治州、海南藏族自治州、海西蒙古族藏族自治州、黄南藏族自治州、果洛藏族自治州、玉树藏族自治州6个自治州，6个市辖区（西宁的城东区、城中区、城西区、城北区，海东的乐都区、平安区），3个县级市（德令哈市、格尔木市、玉树市），27个县，7个自治县和3个县级行委。青海省面积约72万平方千米，人口566万。各少数民族人口为264.32万，占全省总人口的46.98%。

［**交通与资源**］

青海已基本建成以西宁为中心，铁路、高速公路、干线航线为主骨架的综合交通运输网络。现已建成西宁曹家堡机场、玉树巴塘机场、格尔木机场、德令哈机场、海西花土沟机场5座民用机场。西宁曹家堡机场是青海省唯一的二级机场，也是青藏高原上重要的空中交通枢纽，已开通了直通北京、上海、西安、太原、兰州等数十个大中城市的航班。2006年7月1日，青藏铁路实现全线通车试运营，从西宁至拉萨全长1956千米。至此，世界上海拔最高、线路最长的高原铁路——青藏铁路全线胜利建成通车。2014年兰新客运专线开通运营，青海铁路客运进入“高铁”时代，开设民和南、乐都南、海东西、西宁、大通西、门源6个车站，形成了以青海海东市为中心的省内客运网络。

青海草原、农林牧、矿产、水利资源丰富。境内土地类型多样，垂直分异明显，大致以日月山、青南高原北部边缘为界，以西为牧区，以东为农耕区。全省草地面积4193.33万公顷，以高寒草甸为主。主要牲畜品种有八眉猪、海东鸡、牦牛、羊、马、骆驼、毛驴、白唇鹿、马鹿等。全省耕地面积58.57万公顷，其中东部耕地占全省总耕地面积的90.8%。全省有陆栖脊椎动物约1100种，其中珍稀动物有野骆驼、野牦牛、藏羚羊、盘羊、白唇鹿、麝、雪豹、黑颈鹤、藏雪鸡等；植物资源丰富，有高等被子植物近1.2万种，蕨类植物800余种，著名中药材50多种，主要有冬虫夏草、大黄、贝母、枸杞、甘草、雪莲、党参、黄芪、羌活、苣蓿、麻黄等；矿产资源丰富，在已探明的矿种保有资源储量中，有56个矿种居全国前十位，其中镁盐、钾盐、锂矿、锶矿、石棉矿等11种矿产居全国第一位。2010年，在青海冻土带又发现了“可燃冰”资源，使中国成为世界上第三个在陆地上发现“可燃冰”的国家。地处柴达木盆地的茫崖石棉矿，是目前国内最大的石棉矿床。海北祁连县所产的石棉具有特殊的“湿纺”性能，可同加拿大魁北克石棉相媲美。察尔汗盐湖是全国最大钾镁盐矿床。全省集水面积在500平方千米以上的河流达380条，水资源总量居全国第15位。全省水域面积达1970.42万亩，河流、湖泊众多，适宜野生鱼类繁殖和人工养殖。

四、宁夏回族自治区

[地理与气候]

宁夏回族自治区位于中国西部的黄河上游，东邻陕西省，西部、北部接内蒙古自治区，南部与甘肃省相连。简称“宁”，省会银川市。宁夏全境海拔1000米以上，地势南高北低，落差近1000米，呈阶梯状下降。在地形上分为三大板块：一是北部引黄灌区，地势平坦，土壤肥沃，素有“塞上江南”的美誉；二是中部干旱带，干旱少雨，风大沙多，土地贫瘠，生存条件较差；三是南部山区，丘陵沟壑林立，部分地域阴湿高寒，是国家级贫困地区之一。

宁夏属典型的大陆性气候，为温带半干旱区和半湿润地区，具有春多风沙、夏少酷暑、秋凉较早、冬寒较长、雪雨稀少、日照充足、蒸发强烈等特点，年平均降水量300毫米左右。7月最热，平均气温24℃；1月最冷，平均气温-9℃。年平均气温为5℃~10℃，昼夜温差大。全年日照达3000小时，是中国日照和太阳辐射最充足的地区之一。

［**区划与人口**］

宁夏全区辖5个地级市：银川、石嘴山、吴忠、固原、中卫，22个县（市、区）：银川市的兴庆区、西夏区、金凤区、永宁县、贺兰县、灵武市，石嘴山市的大武口区、惠农区、平罗县，吴忠市的利通区、红寺堡区、盐池县、同心县、青铜峡市，固原市的原州区、西吉县、隆德县、泾源县、彭阳县，中卫市的沙坡头区、中宁县、海原县。宁夏面积约6.6万平方千米，人口659万，其中回族人口占36%。

［**交通与资源**］

宁夏已初步形成了以银川为中心，铁路、高速公路、干线航线为主骨架的综合交通运输网络。全区公路通车里程近3万千米，其中高速公路1344千米，实现各市、县（区）通高速公路，各行政村通公路、通电、通电话、通广播电视。现有银川河东国际机场和中卫香山机场、固原六盘山两个支线机场，初步形成了以银川河东机场为枢纽，连接全国大中城市的航空网络。宁夏的农业、能源比较具有优势。农业方面，现有耕地1650万亩，人均2.8亩，居全国第2位；引黄灌溉790万亩，是全国12个商品粮生产基地之一；有草场3665万亩，是全国十大牧区之一。能源方面，年可利用黄河水40亿立方米，占分配总量的7%；已探明煤炭储量469亿吨，居全国第6位，其中宁东煤田探明储量393亿吨，被列为国家14个大型煤炭基地之一；现有大中型火电厂20座，人均发电量居全国第1位；探明矿产资源50多种，人均自然资源潜值居全国第5位。

五、新疆维吾尔自治区

［**地理与气候**］

新疆维吾尔自治区位于亚欧大陆的中部，地处中国西北边陲，国内与西藏、青海、甘肃等省区相邻，周边依次与蒙古、俄罗斯、哈萨克斯坦、吉尔吉斯斯坦、塔吉克斯坦、阿富汗、巴基斯坦、印度8个国家接壤；陆地边境线长达5600多千米，占全国陆地边境线的1/4，是中国面积最大、交界邻国最多、陆地边境线最长的省区，简称“新”，首府乌鲁木齐。

新疆的地貌可以概括为“三山夹两盆”：北面是阿尔泰山，南面是昆仑山，天山横贯中部，把新疆分为南北两部分，习惯上称天山以南为南疆，天山以北为北疆。南疆的塔里木盆地是中国最大的内陆盆地。位于塔里木盆地中部的塔克拉玛干沙漠是中国最大、世界第二大流动沙漠。贯穿塔里木盆地的塔里木河是中国最长的内陆河。北疆的准噶尔盆地是中国第二大盆地。准噶尔盆地中部的古尔班通古特沙漠是中国第二大沙漠。在天山东部和西部，还有被称为“火洲”的吐鲁番盆地和被誉为“塞外江南”的伊犁谷地。位于吐鲁番盆地的艾丁湖，低于海平面154.31米，是中国陆地最低点。

新疆属于典型的温带大陆性干旱气候，降水稀少、蒸发强烈，年均降水量154.4毫米。新疆全年日照时间平均2600～3400小时，居全国第二位，为特色优势农产品种植提供了良好的自然条件。

［**区划与人口**］

新疆现有14个地、州、市，包括5个自治州、5个地区、4个地级市；13个市辖区，24个县级市，62个县，6个民族自治县；以及1066个乡镇（其中包括42个民族乡）。新疆生产建设兵团是新疆的重要组成部分，有14个师，175个农牧团场。新疆面积约166万平方千米，占全国陆地面积的1/6，人口2226万，其中汉族人口占总人口的40.1%，各少数民族人口占总人口的59.9%。

［**交通与资源**］

新疆交通运输已实现铁路、公路、航空、管道四位一体的立体化布局，现代综合交通体系逐步完善。铁路运输形成“四纵四横”主骨架，铁路营运里程达到4914千米。公路建设基本形成了以乌鲁木齐为中心，以干线公路为骨架，环绕两大盆地、沟通天山南北、辐射主要地州、东连内地、西出中亚、通达全疆的公路主骨架。航空运输方面，共有 19 个民用机场，居全国之首。

2009 年，全长 3088 千米的中国第一条跨国原油管道——中哈原油管道第二期工程第一阶段正式投入商业运营，实现由哈萨克斯坦西部到中国新疆全线贯通。截至目前，新疆管道输油气总里程超过 1.1 万千米，是中国管道运输里程最长的省区，基本建成了横跨东西，连通海外的油气管道干线网，打通了油气运输西进东出的大动脉。新疆作为西部对外开放的前沿，现有一类口岸 17 个、二类口岸 12 个，是全国拥有口岸数量最多的省区之一。其中，阿拉山口口岸、霍尔果斯口岸是我国仅有的两个铁路、公路、输油气管道三位一体的国家一类口岸。

新疆资源丰富。境内山脉融雪形成大小河流 570 多条。冰川储量占全国的 50%，有“固体水库”之称，水资源总量 727 亿立方米，居全国前列，但水资源时空分布极不均衡。新疆土地资源丰富，全区农林牧可直接利用土地面积 10 亿亩，现有耕地 6180 多万亩，天然草原面积 7.2 亿亩，是全国五大牧区之一。

新疆生物资源种类繁多、品种独特。野生植物达 3850 余种，麻黄、罗布麻、甘草、贝母、党参、肉苁蓉、雪莲等分布广泛，品质优良。果树资源丰富，自古以来就有“瓜果之乡”的美誉，吐鲁番葡萄、库尔勒香梨、哈密瓜、阿克苏苹果以及遍布南疆的红枣、核桃、杏、石榴、无花果、巴旦木等享誉国内外。野生动物有 700 余种，其中国家重点保护动物 116 种，约占全国的 1/3，包括蒙古野马、藏野驴、藏羚羊、雪豹等国际濒危野生动物。

新疆矿产种类全、储量大、开发前景广阔。目前发现的矿产有 142 种，查明有资源储量的矿种有 99 种，原油探明储量 50.65 亿吨，天然气探明储量 2.25 万亿立方米，煤炭探明储量 3678.15 亿吨。铁、铜、金、铬、镍、稀有金属、盐类矿产等蕴藏丰富。

第八节　港澳台地区基本概况

一、香港特别行政区

［**地理与气候**］

香港全称为中华人民共和国香港特别行政区，位于中国东南部，珠江口东侧，北隔深圳河与深圳相接，西与澳门隔海相望，由香港岛、九龙、新界内陆地区以及262个大小离岛组成，陆地面积约为1104平方千米，素有“东方明珠”之称。九龙和香港岛之间的维多利亚港是世界三大天然良港之一。香港是亚太地区乃至全球的金融中心、国际航运中心、国际贸易中心及旅游和信息中心。作为继纽约和伦敦之后的世界第三大金融中心，香港的金融业被称为“百业之首”，约占GDP的1/4。香港股票市场规模宏大，位居亚洲第二。香港还是一个自由港，对大多数进口物品不征收关税，有“购物天堂”的美誉。香港的货币为港元。

香港属亚热带气候，全年气温较高，年平均温度为22.8℃。夏天炎热且潮湿，温度约在27℃~33℃；冬天凉爽而干燥，但很少会降至5℃以下。5~9月间多雨，有时雨势颇大。夏秋之间，时有台风吹袭，7~9月是香港的台风较多的季节。香港平均全年雨量2214.3毫米，雨量最多月份是8月，雨量最少月份是1月。此外，香港市区高楼集中而密布、人口稠密，所形成的微气候容易产生热岛效应，高层大厦林立的市区让空气中的“悬浮粒子”较难吹散，导致市区和郊区有明显的气温差别。

［**区划与人口**］

香港特别行政区，下辖香港岛、九龙半岛、新界3个地区共18个分区。香港岛有中西区、湾仔区、东区、南区；九龙半岛有油尖旺区、深水埗区、九龙城区、黄大仙区、观塘区；新界有北区、大埔区、沙田区、西贡区、荃湾区、屯门区、元朗区、葵青区、离岛区。

香港人口约为718.8万（截至2017年年末），以华人为主，香港居民大部分原籍广东，普遍讲粤语。外籍人口以印度尼西亚和菲律宾人数较多，其次为欧洲人和印度人。

［**交通与资源**］

香港交通不仅与内地紧密相连，而且经由水路、航空与世界互通。已全线通车的港珠澳大桥全长55千米，是目前世界上最长的跨海大桥。现在从香港到珠江西岸的车程从以前的3小时缩短至半小时。香港的铁路经由香港红磡站与内地的京九铁路连接，香港西九龙总站与广深港高铁相通。香港国际机场是现时香港唯一运作的民航机场，于1998年7月6日正式启用。香港国际机场被评为五星级机场，并在2001年至2010年间七度被评为全球最佳机场，更一直维持三甲之列。香港海运也很发达，九龙及香港岛之间的维多利亚港，则因港阔水深、四面抱拥，有利船只航行，是世界三大天然良港之一。深圳河是香港和中国内地之间的边界线，使香港和中国内地之间出现了陆地交接点。

香港海洋资源较为丰富。香港面向南中国海，邻近大陆架，洋面广阔，岛屿众多。有渔业生产的地理环境。香港有超过150种具有商业价值的海鱼，主要是红衫、九棍、大眼鱼、黄花鱼、黄肚和鱿鱼。香港也有不少矿产资源。截至2013年年底，已探明的矿藏有少量铁、铝、锌、钨、绿柱石、石墨等。

二、澳门特别行政区

［**地理与气候**］

澳门地处南方珠江入海口的西侧，北靠珠江三角洲，东隔伶仃洋，与香港隔海相望，西连磨刀门，和珠海市的湾仔、横琴岛隔水相对，北接珠海市的拱北。据记载，澳门半岛在19世纪时面积还不超过3平方千米，经过百余年的填海造地，今天的澳门陆地面积达到23.5平方千米，由澳门半岛、氹仔岛和路环两个离岸小岛组成。澳门距中山市40千米，距广州市145千米，距香港61千米。

澳门自1999年回归后，成为中华人民共和国的一个特别行政区，依据澳门基本法实行高度自治。在“一国两制”政策的指引下，澳门的社会和经济方面的特色会予以保留并得以延续。澳门是世界上人口最稠密的地方之一，也是亚洲人均收入比较高的地区。澳门是自由港，经济长期以来以博彩业为主，是世界四大赌城之一，有“东方蒙特卡洛”之称。其著名的轻工业、旅游业、酒店业和娱乐场使澳门长盛不衰，成为全球最发达、最富裕的地区之一。澳门的货币是澳门币。

澳门地处北回归线以南，受海洋和季风影响很大，属亚热带季风气候，全年平均气温22℃左右，湿度较高，约73%～90%。秋季（10月至12月）是全年最好的季节，阳光充足，气候温和而且湿度较低。冬季（1月至3月）寒冷，但大部分时间天气晴朗。4月至9月，湿度和温度逐渐升高，这期间雨水较多，而且会有台风。

［区划与人口］

澳门特别行政区包括澳门半岛和氹仔、路环两个离岛，面积 29.2 平方千米。澳门半岛分为 5 个区，再加上氹仔、路环各 1 个区，共有 7 个区。澳门人口约 59.2 万（截至 2017 年年末），以华人为主，占 97%，其他主要为葡萄牙人和菲律宾人，是世界人口密度最高的地区之一，汉语和葡萄牙语是现行官方语言，市民沟通普遍讲广东话，英语在澳门也很流行。

［交通与资源］

港珠澳大桥连接香港大屿山、澳门半岛和广东省珠海市，工程路线起自香港国际机场附近的香港口岸人工岛，向西接珠海 / 澳门口岸人工岛、珠海连接线，止于珠海洪湾，总长约 55 千米，使澳门与内地的联系更为方便快捷。水路交通方面，自 20 世纪中期路氹连贯公路和嘉乐庇大桥相继通车后，澳门的沿海运输和内地运输更加便利。澳门半岛西岸的内港码头，是广州沿海等地货运、渔船和渡轮使用的码头，共 34 个泊位。至于外港运输方面，主要是使用港澳码头和九澳港，由澳门港务局负责管理。航空交通方面，泛美航空公司曾在 1937 年 4 月 18 日开通美国至澳门航线，后因日军发动太平洋战争爆发而中断。如今，澳门与香港之间有快速的运输船队，每隔 15 至 30 分钟来往一班船，航程大约 60 分钟。从澳门还可以乘直升机到香港，只需 20 分钟。澳门国际机场自 1995 年 11 月建成启用后，每天有大约 60 班飞机，飞往 10 多个国家及中国内地 10 多个城市。

三、台湾省

［地理与气候］

台湾是中国第一大岛屿，位于祖国东南沿海的大陆架上。东临太平洋，西隔台湾海峡，与福建省相望，距离最近处（台湾新竹—福建平潭）仅 130 千米。南靠巴士海峡与菲律宾群岛相对，北向东海，总面积约 3.6 万平方千米，包括台湾本岛及兰屿、绿岛、钓鱼岛等 21 个附属岛屿和澎湖列岛 64 个岛屿。

台湾地处热带及亚热带气候交界处，气候冬季温暖，夏季炎热，雨量充沛。岛内多山，高山和丘陵占全部面积的 2/3 以上。台湾是个多地震的地区，也是我国台风过境最频繁的省份。

［区划与人口］

台湾地区现行行政区划为2个省（台湾省、“福建省”）、6个“直辖市”（台北市、新北市、桃园市、台中市、台南市、高雄市），其中台湾省下辖11个县、3个市，“省会”位于南投县南投市中兴新村；“福建省”下辖2个县，“省会”位于金门县金城镇。台湾岛人口约2343.4万（截至2014年年底），作为“亚洲四小龙”之一，以高科技电子产业为主，制造业与高新技术产业发达，半导体、IT、通信、电子精密制造等领域全球领先。台湾的货币是台币。

［交通与资源］

台湾铁路资源较为丰富，全部铁路运输系统长度约1066.6千米。台北捷运、高雄捷运分别于1996年、2008年开始营运。在台北都会区、高雄都会区，捷运（地铁）是主要的铁路运输工具，而台中捷运和桃园捷运仍继续建设中。2007年全长345千米的台湾高速铁路系统投入运营。高速铁路的建设缩短了各都会区间的车程，使台北市至高雄市往返所需最短时间降至90分钟。台湾的公路分为“国道”、省道、市道、县道、区道和乡道。公路与桥梁总长度约4.7万千米，绝大部分集中在西部。最长的两条是连接北部至南部的道路系统——1978年通车、全长373千米的中山高速公路和1997年通车、全长432千米的福尔摩沙高速公路。在东部发达地区则通过快速公路连接，台北市至宜兰县建设了含贯穿雪山山脉的雪山隧道的蒋渭水高速公路。航空方面，台湾多数大城与离岛都设有机场。各大都市间及各离岛之间皆有常态班机往来，形成便利的航空网。最主要的航空公司有中华航空和长荣航空。海运方面台湾四面环海，海上交通发达，国际贸易仰赖海上运输，目前有7座国际商港，分别为高雄港、基隆港、台中港、花莲港4座主要港和苏澳港、台北港、安平港3座辅助港。高雄港位于高雄市，是台湾第一大港，港口货物吞吐量约占台湾整体港口货物吞吐量的1/2。

台湾的矿产资源较为贫乏。台湾岛发现的矿产资源约有110种，具实际开发价值的不过20多种，自产能源只有少量煤、天然气，金、银、铜、铁等金属矿产也较少，主要储藏于北部火山岩地区及中央山脉，其中部分有价值的矿藏经长期开采，储量大幅减少，有的已经枯竭，因此台湾省是中国矿产资源和储量最少的省份之一。

台湾雨量充沛，河川众多，加上受地形影响，大多数河流河床流经许多峡谷，形成河流落差大，水势湍急，因此蕴藏的水力资源丰富。独流入海的大小河川达 608 条。

台湾农耕面积约占土地面积的四分之一。台湾盛产稻米，种植多分布在西部的平原地区，一年有两至三熟，米质好，产量高，种植面积和产量均占农业生产的首位，也是中国主要稻产区之一。主要经济作物是樟脑、蔗糖、茶、菠萝和香蕉，其中台湾樟脑产量居世界首位。台湾素有“水果王国”的美称，水果种类繁多。花卉产值也相当可观。

台湾拥有丰富的森林资源。台湾山脉海拔较高，从山下至山上气候的垂直分异明显，使得台湾森林树种十分丰富，有“亚洲天然植物园”的美誉。台北的太平山、台中的八仙山和嘉义的阿里山是著名的三大林区，木材储量多达 3.26 亿立方米，树木种类近 4000 种，经济价值较高的有 300 多种，其中尤以台湾杉、红桧、樟、楠等名贵木材闻名于世，樟脑和樟油产量更是占世界总量的 70%，居世界首位。

台湾四面环海，渔业资源丰富，被称为天然的“海洋生物牧场”。东部沿海渔期终年不绝。西部海底为大陆架的延伸，较为平坦，底栖鱼和贝类丰富，近海渔业、养殖业都比较发达。台湾有经济价值的捕捞鱼类有 20 多种，占重要地位的有鲔鱼（金枪鱼）、鲻鱼、鲣鱼等。海藻类主要有石花菜、海苔与鸡冠菜等，其中以石花菜最为重要。台湾省的珊瑚非常知名，产量曾占世界市场的 80% 左右。

第二章 全国各省市自治区及港澳台地区旅游资源

本章导读

【本章概述】 本章主要介绍了全国各省市自治区及港澳台地区旅游资源和文化艺术资源概况，包括自然与人文旅游资源基本概况与特点、各地的世界遗产、国家5A级旅游景区方面的相关知识。

【学习要求】 熟悉列入《世界遗产名录》的中国遗产地景观；列入《人类非物质文化遗产代表作名录》的遗产项目；中国各省市自治区的5A级旅游景区；中国历史文化名城、全国重点文物保护单位、国家级旅游度假区和国家级生态旅游区情况。

第一节 华北地区各省市自治区旅游资源

一、北京市

[**旅游资源**]

北京是中国历史文化名城，具有丰富的旅游资源，且以丰厚的人文旅游资源见长。全市拥有7处世界遗产：长城、故宫、周口店“北京人”遗址、颐和园、天坛、明十三陵和大运河；7家国家5A级旅游景区：故宫博物院、天坛公园、颐和园、八达岭—慕田峪长城旅游区、明十三陵景区（神路—定陵—长陵—昭陵）、恭王府景区和北京奥林匹克公园（鸟巢—水立方—中国科技馆—国家奥林匹克森林公园）；124 处全国重点文物保护单位；2 处国家生态旅游示范区：南宫国家生态旅游示范区、野鸭湖国家生态旅游示范区；2 处国家级风景名胜区：八达岭—十三陵、石花洞；5 处国家地质公园：石花洞、延庆硅化木、十渡、黄松峪、密云云蒙山。

北京故宫，明朝时叫大内宫城，清朝时叫紫禁城。这里原为明、清两代的皇宫，住过 24 个皇帝，建筑宏伟壮观，完美地体现了中国传统的古典风格和东方格调，是中国乃至全世界现存最大的宫殿，是中华民族宝贵的文化遗产。世界遗产天坛以其布局合理、构筑精妙而扬名中外，是明、清两代皇帝“祭天”的地方。

北京现存著名的庙宇有：佛教的法源寺、潭柘寺、戒台寺、云居寺、白塔寺等；道教的白云观等；伊斯兰教的北京牛街礼拜寺等；藏传佛教的雍和宫等；天主教西什库天主堂、王府井天主堂等；基督教的缸瓦市教堂、崇文门教堂等。

北京中轴线是指元、明、清时北京城的中轴线，北京的城市规划具有以宫城为中心、左右对称的特点。北京的中轴线南起永定门，北至钟鼓楼，长约 7.8 千米。从南往北依次为：永定门、前门箭楼、正阳门、中华门、天安门、端门、午门、紫禁城、神武门、景山、地安门、后门桥、鼓楼和钟楼。从这条中轴线的南端永定门起，就有天坛、先农坛、太庙、社稷坛、东华门、西华门、安定门、德胜门以中轴线为轴对称分布。中国著名建筑大师梁思成曾经说:“北京独有的壮美秩序就由这条中轴线的建立而产生”。永定门、中华门、地安门都在中华人民共和国成立后被拆毁，后重新修建了永定门城楼。

北京城池是中国历史上最后两代王朝明和清的都城城防建筑的总称，由宫城、皇城、内城、外城组成，包括城墙、城门、瓮城、角楼、敌台、护城河等多道设施，曾经是中国存世最完整的古代城市防御体系。北京城门是明清北京城各城门的总称。根据等级以及建筑规格的差异，分为宫城城门、皇城城门、内城城门、外城城门四类。皇城有四门分别是天安门、地安门、东安门、西安门；而内城有九门分别是正阳门、崇文门、宣武门、朝阳门、阜成门、东直门、西直门、安定门、德胜门。所以人们常称老北京是“四九城”。

北京是“博物馆之都”，注册博物馆多达151座，国家博物馆为世界最大的博物馆，故宫博物院是世界五大博物馆之一。

［**文化艺术**］

“京味文学”是北京最具特色的文化现象。老舍是京味文学的代表，小说和话剧创作的成就很高，他留下的《骆驼祥子》《四世同堂》《茶馆》《龙须沟》等作品至今影响甚广，其作品也多次被改编成电视剧、电影、话剧。除了老舍外，代表作家还有刘绍棠，其作品有《中秋》《峨眉》《蒲柳人家》《春草》《地火》等；京派小说传人，被称为“中国最后一个士大夫”的汪曾祺，也创作了诸如《大淖记事》《受戒》《羊舍的夜晚》等京味儿十足的优秀作品。

北京是中国电影最大票仓城市，影院数、银幕数全国最多。“中国影都”怀柔区影视生产能力占全国60%，拥有目前全球最大面积的影视摄影棚，是全国乃至全亚洲最大的影视拍摄及后期制作基地，自1997年正式投入使用以来，这里已累计拍摄《大宅门》《大染坊》《还珠格格》《铁齿铜牙纪晓岚》《康熙微服私访记》等影视作品600多部。

北京的民间曲艺自古以来就相当繁荣，流传至今的有：评剧，习称“蹦蹦戏”或“落子戏”；单弦，原为八角鼓中的一种演唱形式，以一人操三弦自弹自唱而得名；岔曲，是八角鼓、单弦的主要曲调，用作曲牌联套体的曲头和曲尾，同时也可以单独演唱；太平鼓，明、清两代开始在京西宛平县盛行；快板书，是曲艺品种，因沿用数来宝的击节乐器两块大竹板儿和五块小竹板儿而得名；京韵大鼓，由河北省沧州、河间一带流行的木板大鼓发展而来；梅花大鼓，又名梅花调，脱胎于清末流传在北京北城一带的“清口大鼓”；花钹大鼓，清乾隆年间由山西传入；北京琴书，前身是清代流行于河北安次区一带及北京郊区农村中的五音大鼓，以三弦、四胡、扬琴等乐器伴奏；北京曲剧，由八角鼓发展而来的戏曲剧种，原称曲艺剧；北京皮影戏，又称灯影，以驴皮、羊皮等材料制成各种人物、景物、动物、道具等，用灯光在幕布后衬出这些影像，配上音乐、唱词，由提影人操纵表演；河北梆子，清道光年间形成。京剧是中国的“国粹”，已有200多年的历史，清乾隆五十五年（1790年）四大徽班进京后与北京剧坛的昆曲、汉剧、弋阳、乱弹等剧种经过五六十年的融汇和演变成为京剧，是中国最大的戏曲剧种，其剧目之丰富、表演艺术家之多、剧团之多、观众之多、影响之深，均为全国之冠。

二、天津市

［**旅游资源**］

天津旅游资源丰富。拥有世界文化遗产1处：黄崖关古长城；国家5A级旅游景区2处：南开区天津古文化街旅游区（津门故里）、蓟州区盘山风景名胜区；全国重点文物保护单位27处；有国家生态旅游示范区1处：盘山国家生态旅游示范区；包括独乐寺、大沽口炮台、望海楼教堂、义和团吕祖堂坛口遗址等。近年来，新建的周恩来邓颖超纪念馆、平津战役纪念馆、天津科技馆，已成为爱国主义教育基地和青少年科技教育场所。

天津的旅游资源主要分布在以下四个区域：一是市区：有天后宫（始建于元代，中国最北妈祖庙，世界三大妈祖庙之一）、大悲禅院、天津文庙（始建于明代）、挂甲寺、五大道租界区、意式风情区（内部有曹禺故居、梁启超饮冰室、曹锟故居等）、其他诸多名人故居、西开天主教堂、望海楼天主教堂、基督教诸圣堂、天津犹太会堂、天津清真大寺、天津鼓楼、广东会馆、和平路金街、天津之眼摩天轮、天津津湾广场、天津热带植物观光园、天津水上公园、天津博物馆（银河广场）、天津奥林匹克体育中心（俗称水滴）、天塔湖风景区、天津图书大厦、周恩来邓颖超纪念馆、平津战役纪念馆等；二是蓟州区：盘山风景区、蓟州区独乐寺、黄崖关长城风景区、盘山烈士陵园、九龙山国家森林公园、九山顶自然风景区、八仙山国家级自然保护区等。中外闻名的蓟州区中上元古界地质剖面，层序齐全，构造简单，叠层石和微体化石丰富，厚度达万米，被联合国地质科学联合会确认为世界标准地层剖面，1984年被批准为我国第一个国家级地质剖面自然保护区；三是滨海地区：天津海滨旅游度假区、东疆人工沙滩、潮音寺、海河外滩公园等。天津古海岸与湿地自然保护区，总面积200多平方千米。渤海湾西岸的贝壳堤作为古海岸遗迹，保存完整，为国内外罕见。宁河的七里海是典型的潟湖湿地生态系统，生物物种繁多；四是其他地区：霍元甲纪念馆、天津中华医圣文化苑、杨村小世界游乐园、宝成奇石园、华石园、龙泉山游乐园、元古奇石林风景区、华蕴博物馆、武清区南湖游乐园、杨柳青博物馆（石家大院，位于西青区）、安家大院、小站练兵场（袁世凯练兵之地）、大沽口炮台等。

近年来，天津整合特色旅游资源，着力开发建设海河旅游观光带和市中心综合旅游区、滨海观光度假旅游区、蓟州区山野名胜旅游区、津西南民俗生态旅游区、津西北现代休闲娱乐区。精心打造“近代中国看天津”城市旅游品牌，建设大沽烟云、小站练兵、洋务溯源、莱茵小城、欧陆风韵、东方巴黎、金融名街、意奥风情、扶桑市井、老城津韵、津卫摇篮、杨柳古镇12个旅游主题板块。

［**文化艺术**］

天津文化繁荣，名人辈出。天津人查为仁（1695~1749年）是清代诗人，曾结纳国内著名文人学者，如杭世骏、江沆、厉鹗等著名文学家、经学家、诗坛领袖等，他们或吟诗作赋，或挥毫书画，或埋头经史，或著书立说，或鉴赏金石、书画、图籍，产生了大量诗词、文章、书法、绘画作品，使天津古代文学艺术事业进入了极盛时期。查为仁与厉鹗合笺的《绝妙好词笺》被收入《四库全书》，并著有《庶塘未定稿》9卷、《外集》8卷、《莲坡诗话》3卷等。天津清代诗人梅成栋（1776~1844年）是当时天津诗坛公认的领袖，著有《欲起竹间楼存稿》《四书讲义》《管见篇》《吟斋笔存》等，辑有《津门诗抄》。

出生于天津的当代著名作家、画家冯骥才（1942年~ ），早年在天津从事绘画工作，后专职文学创作。创作了大量优秀散文、小说和绘画作品。他是新时期“伤痕文学”代表作家，1985年后以“文化反思小说”对文坛产生深远影响。其《雕花烟斗》《逆光的风景》《摸书》《高女人和她的矮丈夫》《炮打双灯》《神鞭》《三寸金莲》等优秀小说作品，奠定了冯骥才在中国当代文学史上的崇高地位。他的《珍珠鸟》《好嘴杨巴》《刷子李》《维也纳生活圆舞曲》《花的勇气》《挑山工》《献你一束花》《日历》《泥人张》《花脸》《维也纳森林的故事》等作品，被选入多种版本的中小学语文教材，受到广泛好评。

天津人、画家张兆祥（1852~1908年），多才多艺，通晓西洋照相技法和诗文书画，尤擅写生，画花鸟，并吸收郎世宁西洋画法，开一代画坛新风，自成一派。其作品传世甚少，尤为宝贵，藏于天津市艺术博物馆的《石榴花》，色彩浓艳，风姿绝伦，堪称珍品。

天津民间艺术家张明山（1826~1906年），是泥人张第一代。他经过成年累月的细心揣摩与刻苦实践，对捏塑泥人技术终获独门秘诀，形神毕肖，栩栩如生。其作品有古装仕女、戏曲角色和各行业人像，其中有些作品曾获巴拿马赛会一等奖和南洋各地展览会奖状、奖牌20多件。

天津京剧演员孙菊仙（1841～1931年），早年是武秀才，而立之后由业余爱好京剧而下海从艺，师事程长庚，唱老生，嗓音洪亮，唱腔淳朴苍劲，形成自己的艺术风格，世称孙派，与汪桂芬、谭鑫培齐名。孙戏以《完璧归赵》《逍遥津》《骂杨广》等著名。孙菊仙不仅演技高超，品德也为人敬仰，不以名角自居，不卖高价票，90岁高龄时，还在津、京两地为慈善事业举行义演。晚年终于天津故居。

天津书法家华世奎（1863～1941年），曾是清内阁阁丞，民国成立之后，以遗老自居，终生不剪辫子。其书法走笔取颜字之骨，气魄雄伟，骨力开张，功力甚厚。手书的天津劝业场五字巨匾，字大1米，苍劲雄伟，是其代表作。居近代天津四大书法家之首。

天津是北方曲艺的重要发源地。京韵大鼓、梅花大鼓、天津时调、相声、快板书等日趋成熟，出现了名噪全国的艺人，形成独特的风格和流派。在天津以唱京韵大鼓而出名的女艺人，有更姑娘、富贵卿、汪金兰、林红玉、赵宝翠、张金环、桑鸿林、小彩舞等。2008年，京韵大鼓入选第二批国家级非物质文化遗产名录。骆派京韵大鼓的优秀传人陆倚琴、刘春爱被认定为该遗产的传承人。天津相声的表演特色自成一派，以讽刺见长，火爆热烈，富于幽默感，说逗俱佳。被誉为“中国相声泰斗”的马三立（1914～2003年），是一位德艺双馨的人民艺术家，擅使“贯口”和文哏段子。马三立在长期的艺术实践中潜心探索，创立了独具特色的“马氏相声”，是当时相声界年龄最长、辈分最高、资历最老、造诣最深的“相声泰斗”，深受社会各界及广大观众的热爱与尊敬。马氏相声雅俗共赏，在天津更是形成了“无派不宗马”的说法。《说瞎话》《老头醉酒》《汽车喇叭声》《查卫生》《吃饺子》《逗你玩（儿）》《马虎人》《学外语》等都是其著名作品。

三、河北省

［**旅游资源**］

河北历史悠久，文化发达，旅游资源较为丰富。现拥有世界文化遗产4

处：河北承德避暑山庄及周围寺庙、清东陵（河北遵化市）、清西陵（河北易县）、长城（河北段）；中国历史文化名城5座：承德市、保定市、正定县、邯郸市、山海关区；国家5A级旅游景区9家：承德避暑山庄及周围寺庙、白洋淀、野三坡、西柏坡、清东陵、娲皇宫、广府古城、白石山和山海关；全国重点文物保护单位275处；国家级风景名胜区10处：承德避暑山庄外八庙风景名胜区、秦皇岛北戴河风景名胜区、野三坡风景名胜区、苍岩山风景名胜区、嶂石岩风景名胜区、西柏坡—天桂山风景名胜区、崆山白云洞风景名胜区、太行大峡谷风景名胜区、响堂山风景名胜区、娲皇宫风景名胜区；国家地质公园11个：涞源白石山国家地质公园、秦皇岛柳江国家地质公园、阜平天生桥国家地质公园、赞皇嶂石岩国家地质公园、涞水野三坡国家地质公园、临城国家地质公园、武安国家地质公园、兴隆国家地质公园、迁安—迁西国家地质公园、承德丹霞地貌地质公园、邢台峡谷群地质公园；另外，还有中国优秀旅游城市10座，国家级森林公园26个，国家级自然保护区13处。

众多的文物古迹形成了河北深厚的文化底蕴和独具魅力的文物旅游资源。清代的清西陵是清代帝王陵寝之一，共有陵寝14座，是一处典型的清代古建筑群。承德避暑山庄是我国现存最大的园林，也是清代皇帝夏日避暑和处理政务的场所，为我国著名的古代帝王宫苑。明代金山岭长城地势险要，视野开阔，设防严谨，建筑雄伟，是我国万里长城的精华地段。曾被国务院公布为第三批全国重点文物保护单位，被国家定为一级旅游景点，国家级风景区。种类齐全的地形地貌和温和宜人的气候，造就了河北独特的自然风光。北戴河海滨冬无严寒、夏无酷暑，暑期平均气温只有24.5℃，成为驰名中外的旅游避暑胜地。嶂石岩是太行山中最为雄险与灵秀的地段，有着丹崖、碧岭、奇峰、幽谷等独特的山岳景观。以雄、险、奇、秀著称的天桂山，山上古建原为崇祯皇帝归隐行宫，后改为青龙观道院，又称“北武当”。

［**文化艺术**］

广袤的土地和悠久的历史孕育了绚丽多彩的民俗文化和民间艺术。定窑、邢窑、磁州窑和唐山陶瓷是中国历史上北方陶瓷艺术的典型代表。蔚县剪纸、廊坊景泰蓝、曲阳石雕、衡水内画鼻烟壶、易水古砚、武强年画、丰宁布糊画、白洋淀苇编、辛集皮革、安国药材等名扬中外；河北梆子、老调、皮影、丝弦等饶有特色；沧州武术、吴桥杂技、永年太极、保定康长寿之道独具魅力。

河北具有古老的传统戏曲。金、元杂剧就是在河北省境内盛行之后，南下传播到江浙一带的。明清以来，弋阳、昆山、梆子、二黄等戏曲声腔，先后在河北盛行。目前，在河北流行的剧种有30多个，其中河北土生土长的有26个，代表性的有河北梆子、保定老调、安国老调、平调落子、新颖调、横歧调、哈哈腔、四股弦剧、评剧、唐剧、唐山皮影、保定皮影、南辛庄木偶戏、固义傩戏、丝弦戏、坝上二人台、海兴南锣等。

河北民间曲艺曲种有西河大鼓、乐亭大鼓、任丘大鼓、晋州龙鼓、赞皇旗鼓、安国架鼓、高邑腰鼓、常山战鼓、藁城金钹战鼓、沧州木板大鼓、木版书、十不闲以及单弦、评书、相声、数来宝、快板书、三句半等30余种。

河北民间歌舞包括民歌、吹歌、歌舞等形式与内容。河北乡村古乐目前完整保留下来的主要有邢台市广宗的太平道乐、巨鹿道教音乐班打醮科仪音乐、廊坊市固安县屈家营音乐会、军卢村义和团音乐。这四种音乐的共同特点是虽然都属于宗教音乐，却完全体现着民族文化传统，均可以称为儒、释、道三家并用的庄重典雅音乐。河北民间美术包括历代书法碑帖、寺墓壁画、民间绘画等内容。

河北省历史悠久的手工艺品，数量众多，艺术成就丰厚。不仅有历史悠久的传统陶艺，如定窑、磁州窑、邢窑和黑陶等，还有巧夺天工的雕刻艺术，如石雕、骨雕、木雕、贝雕等；还有惟妙惟肖的装饰工艺，如滕氏布糊画、花丝、花丝首饰、花丝摆件。

中国有民间武术129个拳种，其中52个发源于河北省。这52个拳种主要分布于沧州、邯郸、保定、唐山、廊坊、衡水、邢台等地。现存规模和影响较大的有沧州的八极拳、劈挂拳、燕青拳，邯郸永年的杨式、武式太极拳，廊坊的八卦掌、邢台的梅花拳、深州的形意拳等。

河北杂技已有2000多年的悠久历史。中国杂技之乡有多个，就历史、民间基础与国内外影响而言，河北吴桥是最负盛名的。河北吴桥是“杂技摇篮”发祥地，享有“杂技之乡”的盛誉，驰名中外。现在全国各地的杂技团体与世界各国家的杂技团，都有吴桥籍杂技艺人，故国内杂技界有“没有吴桥人不成杂技班”之说。

四、山西省

［**旅游资源**］

山西省位于黄河中游，黄土高原的东部。是中华民族文明的发祥地之一，素有“中国古代艺术博物馆”“文献之邦”的美称，现有世界遗产4个：平遥古城、大同云冈石窟、五台山、长城（山西段）；国家5A级旅游景区8个：云冈石窟景区、五台山风景名胜区、皇城相府生态文化旅游区、绵山风景名胜区、乔家大院文化园区、平遥古城、雁门关景区、临汾市洪洞县洪洞大槐树寻根祭祖园；国家历史文化名城6座：平遥县、大同市、新绛县、代县、祁县、太原市；全国重点文物保护单位452处；国家级风景名胜区6个：五台山风景名胜区、恒山风景名胜区、黄河壶口瀑布风景名胜区、北武当山风景名胜区、五老峰风景名胜区、碛口风景名胜区；国家地质公园7个：壶关太行山大峡谷国家地质公园、宁武万年冰洞国家地质公园、五台山国家地质公园、陵川王莽岭国家地质公园、平顺天脊山地质公园、永和黄河蛇曲地质公园、榆社古生物化石地质公园；国家级自然保护区6个；国家级森林公园19个。

人文旅游资源方面：山西悠久的历史价值，给我们留下众多的古代建筑——宫观寺院、历代古塔、石窟造像、彩塑壁画、古城关隘、文化遗址、出土文物、传世珍宝。

寺庙宫观：山西现存古代建筑，其数量之多和历史价值、艺术价值之高都居全国之首。其中唐代的有五台南禅寺大殿、佛光寺东大殿和芮城广仁王庙等，五代的有平顺大云院、平遥镇国寺万佛殿等，宋、辽、金代的有近百处，其中有代表性的是宋代的晋祠圣母殿，高平游仙寺、崇明寺、开化寺、大雄宝殿，辽金的大同华严寺建筑群，大同善化寺，朔州崇福寺、应县净土寺正殿，五台佛光寺文殊殿，晋城青莲寺大雄宝殿，长子崇庆寺万佛殿，汾阳太符观和文水武则天庙等。山西元代以后的古建筑保留更多。元代的永乐宫、广胜寺的建筑和壁画均为艺术珍品；北魏始建而重建于明代的悬空寺惊险奇特，中外独有；更有四大佛教名山之首的五台山建筑群，作为净土宗道场的玄中寺，被誉为“东方彩塑艺术宝库”的平遥双林寺，全国武庙之首的解州关帝庙等，都是明清时期的艺术杰作。

石窟造像：山西境内规模较大的石窟有北朝时期19处。以全国三大石窟之一的大同云冈石窟为最，太原天龙山石窟、龙山石窟、长治羊头山石窟、平定开河寺石窟也具有较高的艺术价值。

城垣关隘：山西是历代兵家必争之地，内外长城延伸到山西的大同、朔州、忻州、晋中、吕梁、阳泉等8个地、市境内，约计3500千米。有雁门关、平型关、宁武关、娘子关、偏关等重要关隘。山西古城垣较为完整的有平遥城和娘子关城。

古文化遗址：山西发掘出具有较高研究价值的古文化遗址多处。属于旧、新石器时代的有芮城西侯度遗址及合河遗址、襄汾丁村遗址、沁水下川遗址等，夏代以后的重要古遗址和墓葬有太原罗城春秋墓、侯马晋国古都遗址、朔州汉墓群、高平长平之战遗址、晋阳古城遗址等。文物、考古部门从这些古遗址古墓葬中发掘出大量钱币、陶器、石器、木器等珍贵文物。

［**文化艺术**］

山西文坛巨匠如星，璀璨照人。初唐四杰之一王勃，唐宋八大家之一柳宗元，唐代诗坛的王之涣、王维、王昌龄、白居易、温庭筠等，以夺目精丽的绝艳名篇，托起了唐诗的鼎盛灿烂，赢得了天下敬仰，万世流芳；北宋高贤司马光；"警枕"上写出中国历史巨篇《资治通鉴》；金元词冠元好问，"丧乱诗"可与杜甫媲美；"元曲四大家"中，山西人荣膺三位，其中，关汉卿以其华彩大作《窦娥冤》为代表，被尊崇为中国戏曲的开山鼻祖；小说家罗贯中创作的中国第一部章回小说《三国演义》家喻户晓；卫夫人、柳公权、荆浩、马远、米芾、傅山等，也以高韵传神的书画珍品，灿烂于中国艺术的浩渺星空。

20世纪是一个大变革的时代，山西涌现出一大批中国现代文学史上的经典作品，如赵树理的小说《小二黑结婚》《李有才板话》等，以及其他形式的艺术作品，如话剧《春风吹到诺敏河》等，晋剧《打金枝》《破洪洲》等，歌剧《不死的人》，舞剧《黄河儿女情》等，这些艺术作品形成了山西文化艺术的亮丽的风景线。曲艺创作方面，鼓词《石不烂赶车》、潞安鼓书《拙老婆》、相声《推广普通话》等都广受好评。美术创作方面，优秀作品代表有《毛主席派代表访问老根据地人民》《新农县表演》《丰收》《创业图》等。

五、内蒙古自治区

［**旅游资源**］

内蒙古拥有丰富的旅游资源，不仅有独特的草原文化、浓郁的民俗风情、悠久的历史古迹、壮美的自然风光和边境口岸，还有大草原、大沙漠、大森林、大湖泊、大湿地、大温泉、大口岸、大民俗、大冰雪等壮美的自然风光。内蒙古现有世界遗产 2 项：元上都遗址、长城（内蒙古段）；国家 5A 级旅游景区 5 个：鄂尔多斯市达拉特旗响沙湾旅游景区、鄂尔多斯市伊金霍洛旗成吉思汗陵旅游区、呼伦贝尔市满洲里市中俄边境旅游区、兴安盟阿尔山·柴河旅游景区、赤峰市克什克腾旗阿斯哈图石阵旅游区；全国重点文物保护单位 139 处；国家生态旅游示范区 1 处：兴安盟阿尔山国家生态旅游示范区；国家级风景名胜区 1 个：扎兰屯风景名胜区；中国历史文化名城 1 个：呼和浩特；国家地质公园 6 个：四子王地质公园、鄂尔多斯地质公园、二连浩特国家地质公园、阿拉善沙漠国家地质公园、阿尔山国家地质公园和克什克腾国家地质公园。

内蒙古拥有四大品牌旅游区：敕勒川现代草原文明核心区（呼包鄂巴）、环京津冀草原风情旅游区（乌锡赤）、大兴安岭全生态旅游区（呼伦贝尔、兴安盟、通辽）、阿拉善秘境探险旅游区（乌海、阿拉善）。内蒙古的三级品牌旅游线路有：一级品牌线路是国家统筹推介的丝绸之路、万里茶道、黄河、长城等旅游线路；二级品牌线路是基本贯穿自治区全境或大部分盟市的旅游线路，如万里北疆风景线（东西大通道）、草原马道、黄河“几”字湾大漠风情线、蒙古源流黄金线；三级品牌线路是从万里草原天路各节点引出，如阿海满“金三角”四季游、红山文化游、科尔沁文化游、“两个文明”（农耕文明与游牧文明）体验游、“三都”草原图腾狼道、蒙医康体游、藏传佛教研学游、鲜卑溯源、匈奴探秘等。

［**文化艺术**］

辽阔的内蒙古草原，自古以来就是我国北方各民族世代繁衍生息的地方。千百年来，蒙古、汉、满、回、达斡尔、鄂伦春、鄂温克等各民族人民在这片古老大地上创造了丰富灿烂的文化。这里的文学艺术以其鲜明和独具特色的区域个性、多样的创作手法和表现形式、浩繁庞大的创作数量以及丰富多彩的主题内容，在中华民族文学史上占有极其重要的地位。作为整个中华民族文艺宝库的重要组成部分，蒙古族文学遗产也得到了保存、整理。民族典籍《蒙古秘史》因历经战乱，原文本早已失传，而它的汉文音译本却被编入《永乐大典》完整地保存下来。同样，《格斯尔传》的后半部也是中华人民共和国成立后才从北京发现，并整理成一个珍贵的版本。早在蒙古文字出现以前，蒙古民间的神话传说《化铁熔山》就描写了部落间的掠夺仇杀、熔铁开路的集体劳动和他们的生活场景；而口口相传的长篇叙事史诗《江格尔》《勇士谷诺干》则歌颂了同丑恶的社会势力或自然力量进行斗争的英雄。文学名著《蒙古秘史》（旧译《元朝秘史》），展现了12～13世纪蒙古草原上诸部征战的场面。蒙古族文学史上第一篇历史小说《乌巴什洪台吉》和传记文学作品《黄金史》，以及脱胎于藏族同名史诗的长篇英雄史诗《格斯尔传》等都充分显示了各民族传统文学艺术的相互联系和相互影响。在中华民族从黑暗迈向光明的艰难时刻，民间叙事诗《嘎达梅林》《格瓦桑布》；控诉封建统治者的《“狂人”沙格德尔的故事》；塞外文豪荣祥的作品；杨曙晓写的《冷楚诗钞》；杨植霖、章叶频、武达平、韩燕如等的抗日诗文；解放战争时期的歌剧《血案》等，都是这一时期的典型代表。由我国现代舞蹈的创始人吴晓邦创作的蒙古族第一个现代舞《希望》，著名舞蹈家贾作光编导的《牧马》《哈库麦》《鄂伦春舞》等，也在同时受到中外人士的充分肯定。1949年的10月1日，由著名舞蹈家表演的蒙古舞蹈《牧羊舞》《鄂伦春舞》登上了开国大典的舞台。随后《鄂尔多斯舞》《马刀舞》《筷子舞》《盅碗舞》等一大批表现民族精神、反映蒙古族人民新生活的舞蹈也家喻户晓，而《草原上升起不落的太阳》《敖包相会》《草原晨曲》等一批激情洋溢、旋律优美、富有民族特色的歌曲也很快传遍祖国大地。这一时期，诗歌《我们雄壮的呼声》《你好春天》，小说《科尔沁草原的人们》《草原之子》《红路》《茫茫的草原》，以及话剧《金鹰》、电影剧本《鄂尔多斯风暴》、京剧《巴林怒火》、晋剧《席尼喇嘛》等，深为全国各族人民所熟悉，一些代表性作品还走出国门，走向了世界。

第二节　东北地区各省旅游资源

一、辽宁省

［**旅游资源**］

辽宁省旅游资源较为丰富。截至2017年2月，辽宁省拥有世界文化遗产4项：沈阳故宫、盛京三陵、长城（辽宁段）和中国高句丽王城、王陵及贵族墓葬；国家5A级旅游景区5家：沈阳植物园、大连老虎滩、大连金石滩、本溪水洞、鞍山千山。全国重点文物保护单位126处；有国家生态旅游示范区1处：大连市西郊森林公园国家生态旅游示范区；国家级风景名胜区9处：千山、鸭绿江、金石滩、兴城海滨、大连海滨—旅顺口、凤凰山、本溪水洞、青山沟、医巫闾山；国家地质公园7处：朝阳古生物化石、朝阳鸟化石、本溪、大连冰峪沟、大连滨海、锦州古生物化石和花岗岩、葫芦岛龙潭大峡谷；国家历史文化名城1座：沈阳。

辽宁地貌特色鲜明，历来不乏名山大川的沟壑纵横和雄伟之姿，也有风光旖旎的江海湖泊，更有山珍遍地的森林景观。国家5A级旅游景区千山以自然风光的壮丽和深厚的佛教文化闻名于世。著名的千山弥勒大佛，是自然造化的全国特大石佛之一，端坐于千朵莲花之中，为千山增添了神秘的色彩。青山沟风景区青山环抱、层峦叠嶂，被誉为“神仙住过的地方”。丹东是中国海岸线的北端起点，位于东北亚的中心地带，与朝鲜隔江相望。丹东生态环境极佳，水质优良，林木茂盛，资源丰富，夏无酷暑，冬无严寒，是支撑辽东半岛一把天然绿伞，被誉为“中国最大最美的边境城市”。

地质地貌奇特的辽宁，有世界上最大的湿地红海滩奇观，有亿万年前形成的化石奇景，有地下溶洞的景象万千。红海滩位于辽宁盘锦，总面积20余万亩，成为一处自然环境与人文景观完美结合的纯绿色生态旅游系统。本溪水洞是亚洲最长的地下水溶洞，素有“九曲银河”之称，它是数百万年前形成的大型石灰岩充水溶洞，洞内深邃宽阔，地下暗河水流终年不竭。

［**文化艺术**］

辽宁的文学创作古已有之，但形成较大影响的是抗战时期的“东北作家群”。它是指“九一八”事变以后，一群从东北流亡到关内的文学青年在左翼文学运动推动下共同自发地开始文学创作的群体。他们的作品反映了处于日寇铁蹄下的东北人民的悲惨遭遇，表达了对侵略者的仇恨、对父老乡亲的怀念及早日收回国土的强烈愿望。他们的作品具有粗犷宏大的风格，写出了东北的风俗民情，显示出浓郁的地方色彩。萧军是“东北作家群”的领军人物，知名的左翼作家，他 1925 年参军入伍，在部队里学习了古文和旧诗的写作，1933 年出版了第一部小说、散文合集《跋涉》，1934 年夏天来到青岛后完成成名作《八月的乡村》，1951 年调至北京市“文物组”当文物研究员，先后写出了《五月的矿山》《吴越春秋史话》等大量作品。

辽宁极具民间特色的艺术形式有二人转、辽剧、海城高跷秧歌等。二人转，史称小秧歌、双玩艺、蹦蹦，又称过口、双条边曲、风柳、春歌、半班戏、东北地方戏等，植根于民间文化，属走唱类曲艺；辽剧，又称辽南戏，源于营口盖州农村祭祀娱人的一种主要演出形式，演出时照本宣唱，唱腔曲调吸收、借鉴了河北省皮影的成分，唱腔以板式变化体为主。海城高跷秧歌属于大鼓高跷，是辽南高跷的一支，经过 300 多年的不断演变，已经形成了融舞蹈、杂技、音乐、小戏为一体的民间艺术。

二、吉林省

［**旅游资源**］

吉林省的旅游资源较为丰富。拥有世界文化遗产 1 处：中国高句丽王城、王陵及贵族墓葬；中国历史文化名城 2 座：吉林、集安；国家 5A 级旅游景区 6 家：长白山、伪满皇宫、净月潭、长影世纪城、六鼎山、世纪雕塑公园；全国重点文物保护单位 74 处；有国家生态旅游示范区 1 处：长春市莲花山国家生态旅游示范区；有长白山旅游度假区；国家级风景名胜区 4 处：松花湖、八大部—净月潭、仙景台、防川；国家地质公园 5 家：吉林靖宇火山矿泉群、吉林长白山火山、吉林乾安泥林、吉林抚松、吉林四平；还有吉林省长白山国家级旅游度假区。吉林市是冰雪体育旅游城市。独具特殊魅力的中国北方冬季的吉林雾凇，是天造地设、奇丽壮观的自然美景，为北国风光之最，名列中国四大奇观之一。

［**文化艺术**］

吉林文学创作可谓群星灿烂：以杨泰师、王孝廉为代表的诗歌和散文创作展现了渤海国时期较为繁荣的文学创作景象；耶律倍和元好问的诗歌创作书写了辽金时期文学的多元与活力；而“满族说部”、《蒙古秘史》和戏剧《虎头牌》则反映了元明时期吉林的英雄史诗和史传文学以及戏剧创作的兴盛；清代文学创作更加多样，从歌谣、祭词、传说、故事到曲艺、诗词、散文等文学样式不仅作品数量多，而且内容丰富，各民族文学相互交融，共同发展；“吉林三杰”的诗歌创作表现了吉林近代文人的忧患情怀，以说部《碧血龙江传》为代表的叙事文学则表现了吉林近代文学的爱国主义精神；“九一八”事变后，以抗日为主题的各种形式的文学创作成为吉林现代文学的主线，反帝爱国、抵抗侵略者的时代特征融入世界反法西斯文学的洪流中；进入当代后，吉林文学从作家创作视角到创作方法都达到了前所未有的广阔性和丰富性，各门类的文学创作都取得了令人瞩目的成就。

吉林秧歌是一种舞蹈、歌唱、戏剧的三者综合，以舞为主的民间艺术。从表演形式上可分为地秧歌、高跷秧歌、寸子秧歌以及抬杆、背杆、橛杆等多种表现形式。通常还把耍龙灯、舞狮子、跑旱船、推车、打霸王鞭等民间舞蹈结合在一起。地秧歌是几种秧歌中最为普及、最灵活的一种。

吉林省的民间艺术工艺也同样多姿多彩，如树雕、剪纸、乡村民间画、根须画、葫芦艺、微雕、石雕、偶人、核雕、砚雕、奇石、树皮画、泥塑、铁艺、刺绣、松花湖浪木根雕、松花湖奇石、满族剪纸、吉林彩绘雕刻葫芦、黄柏木刻象棋、泥玩具、绢花、吉林手工彩绘木雕等。

三、黑龙江省

［**旅游资源**］

黑龙江旅游资源较为丰富。拥有中国历史文化名城2座：哈尔滨、齐齐哈尔；国家级风景名胜区3处：镜泊湖、五大连池、太阳岛；国家5A级旅游景区5家：哈尔滨太阳岛、五大连池、镜泊湖、汤旺河区林海奇石景区、漠河北极村；全国重点文物保护单位48处；有国家生态旅游示范区2处：伊春市汤旺河林海奇石国家生态旅游示范区、哈尔滨市松花江避暑城国家生态旅游示范区。还拥有国家级自然保护区15处，省级自然保护区35处和国家级森林公园 54 处。

黑龙江是中国火山遗迹较多的省区之一，火山活动为其创造了著名的旅游资源，如五大连池市的五大连池、温泉及熔岩地貌，镜泊湖的吊水楼瀑布及火山口森林、熔岩隧道等。黑龙江省大部分区域处于中温带，山区冬季雪量大，雪期长（120 天左右），雪质好，适于滑雪旅游，滑雪资源主要集中在四大区域：哈尔滨市、伊春市、牡丹江市和大兴安岭地区。

黑龙江还保留着不少人类历史悠久的文化遗存，如昂昂溪遗址和新开流遗址、唐代渤海国上京龙泉府遗址、金代上京会宁府遗址。以农耕为主的满族、朝鲜族，以捕鱼为生的赫哲族，以狩猎为生的鄂伦春族和以牧业为主的蒙古族、达斡尔族，这些民族保留着北方少数民族所特有的民俗风情，成为黑龙江省重要的民俗旅游资源。

［**文化艺术**］

黑龙江省是北魏和辽、金、清朝的发祥地，其文化源流可归结为鲜卑文化、渤海文化、金源文化和满族文化。

鲜卑文化：存留在大兴安岭嘎仙洞的摩崖石刻，是北魏太平真君四年（443 年），派中书侍郎李敞等人前往“祖庙石室”进行“告祭”，在石室壁上刊刻的祝文。祝文揭示了北魏祖先拓跋鲜卑的起源。嘎仙洞出土的石镞、骨镞等狩猎工具和獐、狍等野生动物骨骼表明了拓跋鲜卑曾经创造的狩猎文化形态。

渤海文化：渤海时期，出现了黑龙江历史上的几个“第一”：第一个国立图书馆、第一所大学，收受了第一个外国留学生。现宁安市渤海镇保存了上京龙泉府、兴隆寺、石灯幢、兽头石刻、渤海墓葬等遗址遗迹，还有见之于历史文献的书、表、牒、笺、碑文等，均为艺术创作、文化旅游、工艺美术制作、科研等诸多领域提供了丰富资源。

金源文化：狭义指女真民族以阿什河流域阿城为中心创造的文化，即金上京地区或金代早期文化。广义是指整个金代文化，《满族源流考》称“白山黑水，其名始见于《北史》，而显著于金源”。阿城是金源文化肇兴之地，金王朝开国之都。据专家称，以阿城南郊的金上京城为中心，阿什河流域及哈尔滨周边地区已发现并认定的金代古城达 170 余座。从金上京历史博物馆、阿骨打陵址、亚沟摩崖石刻、道教松峰山遗址、大岭墓葬群等遗址遗迹看，以阿城为中心的早期文化遗存是研究金初原生态文化、金初文化与中原文化融合的重要资源，也是广义金源文化研究重要组成部分。

满族文化：满族文化博大精深，《大清律》全面总结了封建社会的历代法治。《四库全书》堪与明朝《永乐大典》相比。随着满族势力的不断发展壮大，满文成为权威的官方文字，留下了大量的上谕诰敕、大臣疏奏、公文往来、档案记事等多种文本，具有极高的史料价值。西清的 8 卷本《黑龙江外记》，分记山川、疆域、卡伦设置、种族人口、官制兵制、风俗市易、谪戍人物等，保存了许多珍贵的历史资料。

黑龙江在文学创作方面可谓是名家迭出。中国近现代史上黑龙江籍最杰出的女作家萧红，与张爱玲、吕碧城、石评梅并称“民国四大才女”，被誉为“20 世纪 30 年代的文学洛神”。

黑龙江极具特色的民间舞蹈是贝伦舞，它起源于古代锡伯族人艰苦渔猎生活中模仿生活、生产姿势的一种古老舞蹈。男性跳贝伦舞的动作粗犷，张扬出阳刚之气；女性跳贝伦舞的动作则优雅，渗透出阴柔之美。如今，在保留原始舞姿风貌的基础上，经过现代人的再创造，拓展出了行礼舞、找媳妇舞和仿形舞等 10 多种“贝伦”舞蹈样式。中绕手、拍胸、揉肩和涮腰等 20 多种舞蹈动作造型独特，灵活多样。在婚姻嫁娶、朋友聚会等各种联欢场所，贝伦舞都极受欢迎。

黑龙江的木雕、根雕、浮雕、蜡画、烫画、花泥画、树皮画、布艺、锻雕等民间工艺美术也颇具特色，广受欢迎。

第三节　华东地区各省市旅游资源

一、上海市

［**旅游资源**］

上海可以说是中国近现代史的“缩影”，许多重大的历史事件和革命活动在这里发生并影响全国。上海是历史文化名城，有全国重点文物保护单位 29 处；有国家生态旅游示范区 2 处：明珠湖 · 西沙湿地国家生态旅游示范区、东滩湿地国家生态旅游示范区。上海还云集了万国建筑，外滩风格各异的建筑群及近年新建的东方明珠、金茂大厦等都引起了海内外人士的关注。如今的上海早已成为一座融古色古香和现代潮流于一体的旅游中心城市。

上海拥有国家 5A 级旅游景区 3 家：浦东新区东方明珠广播电视塔，浦东新区上海野生动物园，浦东新区上海科技馆；人文景观主要是革命遗址，如中共一大会址、中共二大会址；有名人故居，如孙中山故居、鲁迅故居等。位于上海西南郊、紧靠龙华古镇的龙华寺，是上海历史最长、规模最大的古刹，矗立于龙华寺前的龙华塔则是上海市区唯一的古塔，该塔被誉为申城“宝塔之冠”。与龙华寺一样蜚声中外的玉佛寺创建于 1882 年，建筑宏伟。豫园原为明代上海人潘允端的私人花园，有大小景点 30 多处，1982 年 3 月被评为全国重点文物保护单位。著名的景区还有嘉定孔庙、古漪园、秋霞圃、松江唐经幢、方塔、醉白池、青浦曲水园、淀山湖，自然景观有秀丽葱翠的佘山等，其中松江的唐经幢是现存上海最古老的地面建筑。金茂大厦在 88 层楼设有观光厅，高度 340.1 米，是目前国内最高最大的观光厅，荣膺上海大世界基尼斯之最。东方明珠广播电视塔高 468 米，位居亚洲第一、世界第三的高塔和左右两侧的南浦大桥、杨浦大桥一起，形成双龙戏珠之势，成为上海改革开放的象征。虽说上海的郊区不及市区繁华，没有南京路步行街那样的购物天堂，但却坐拥着如朱家角、枫泾这样的江南古镇。2016 年 6 月 16 日开幕的上海迪士尼度假区位于上海国际旅游度假区核心区内，是中国大陆首个、亚洲第三个、全球第六个迪士尼度假区。

［**文化艺术**］

上海文学主要是海派文学。海派文学大体的特点有五个方面：一是小说注重可读性，迎合大众口味，是一种“轻文学”；二是展示半殖民地大都市上海的生活百态：夜总会、赌场、酒吧、投机家、交际花等，着重病态生活的描写；三是首次提出“都市男女”这一海派常写的新的主题，造成一种“新式的肉欲小说”；四是重视小说形式的创新；五是对都市文明既有幻灭，又有欣赏。海派文学最杰出的代表是“民国四大才女”之一的张爱玲，其小说有《金锁记》《倾城之恋》《霸王别姬》等，散文有《迟暮》《秋雨》《天才梦》等，电影剧本有《不了情》《人财两得》《太太万岁》等，文学论著有《红楼梦魇》《〈海上花列传〉评注》等，她的书信也被人们作为著作的一部分加以研究。

海派特色的滑稽戏产生于抗日战争中期，由上海的曲艺“独角戏”接受了中外喜剧、闹剧和江南各地方戏曲的影响而逐步形成的新兴戏曲剧种。因为方言隔阂，只流行于上海、江苏、浙江的许多地区。一人演出的滑稽曲艺称作“独角戏”。比较著名的滑稽演员有王无能、江笑笑、刘春山、严顺开、周柏春、姚慕双、杨华生和王汝刚等。沪剧（旧时也称申曲）是用上海话演唱的上海本地戏曲。上海说唱、浦东说书等也是上海特色曲艺。

上海是中国近代流行乐的发源地之一，上海音乐学院是当时亚洲顶尖的音乐学府，当时上海的流行乐曾一度风靡东南亚，部分歌曲被美国歌手用英文翻唱后曾一度创下连续数月雄踞美国流行歌曲排行榜冠军的传奇。大量歌曲至今脍炙人口，如《夜上海》《夜来香》《何日君再来》《天涯歌女》《上海滩》等都已成不朽经典。

电影传入中国从上海开始。从 1896 年到 1898 年，一个美国商人先后在上海福建北路唐家弄的徐园、泥城桥下的奇园以及天花茶园等处，短期放映美、法等国的短片，如《俄国皇帝游历法京巴里府》等，并在当时《申报》上刊登电影广告，引起轰动。1931 年，华光片上有声电影公司在日本完成中国第一部片上发音影片《雨过天晴》。1949 年前，中国的电影业基本集中于上海，而在上海有过制片活动的电影企业，总数约 200 家。

二、江苏省

［**旅游资源**］

江苏拥有丰富的旅游资源，自然景观与人文景观交相辉映，可谓是“吴韵汉风，各擅所长”。江苏的山虽不高，但多负盛名，其中有常州溧阳南山竹海，南京钟山，镇江北固山、金山，金坛和句容交界处的茅山，南通狼山，苏州天平山，徐州云龙山，新沂马陵山和连云港花果山等。截至 2017 年 2 月，江苏有世界遗产 3 处：苏州古典园林、明孝陵、京杭大运河（江苏段）；有国家 5A 级旅游景区 23 家：苏州园林、周庄、中山陵、水浒城、秦淮河—夫子庙、常州环球恐龙城、扬州瘦西湖、南通濠河、泰州溱湖、苏州金鸡湖、镇江三山、无锡鼋头渚、常熟沙家浜、溧阳天目湖、句容茅山、淮安周恩来故里、盐城中华麋鹿园、徐州云龙湖、连云港花果山和常州武进春秋淹城等。有全国重点文物保护单位 225 处；有国家生态旅游示范区 2 处：

泰州市溱湖湿地国家生态旅游示范区、常州市天目湖国家生态旅游示范区；有国家级风景名胜区 5 处：太湖、南京钟山、云台山风景名胜区、扬州瘦西湖、镇江三山；国家级旅游度假区 4 处：汤山温泉、天目湖、阳澄湖半岛、无锡市宜兴阳羡；中国历史文化名城 13 个：南京、苏州、扬州、徐州、镇江、常熟、淮安、无锡、南通、宜兴、泰州、常州、高邮；国家地质公园 4 处：苏州太湖西山、六合、江宁汤山方山和连云港花果山。

江苏的水兼江河湖海，中国第一大河——长江横穿东西，江面辽阔。世界上最古老的运河——京杭大运河纵贯南北。我国第三大淡水湖——太湖及第四大淡水湖——洪泽湖烟波浩渺，苏南第二大湖泊——西太湖，碧波万顷。连云港的海滨浴场，南通盐城的湿地滩涂则是江苏的沿海旅游资源。江苏的名泉有“天下第一泉”镇江中泠泉，“天下第二泉”无锡惠山泉，苏州虎丘的“天下第三泉”及憨憨泉。

［**文化艺术**］

江苏历史上文化名人辈出，灿若繁星。政治家、军事家有孙武、伍子胥、刘邦、项羽、韩信等，科学家有祖冲之、沈括、徐光启、徐霞客等，文学家有刘勰、李煜（南唐后主）、范仲淹、秦观、范成大、施耐庵、吴承恩、曹雪芹、吴敬梓、冯梦龙、刘鹗等，艺术家、书画家有顾恺之、张旭、米芾、唐寅、文徵明、祝枝山和以郑板桥为代表的“扬州八怪”，还有思想家顾炎武等。《水浒传》《西游记》《红楼梦》《儒林外史》等古典名著均出自江苏籍作者之手或与江苏有关。张謇、荣宗敬、荣德生、刘国钧等著名实业家，是我国近代民族工业的重要创始人。近代和当代著名的科学家有华罗庚、周培源、茅以升、钱伟长等，文化名人有柳亚子、朱自清、叶圣陶等，著名书画家有徐悲鸿、刘海粟、钱松喦、林散之等，著名表演艺术家有梅兰芳、周信芳、赵丹等。老一辈无产阶级革命家周恩来、张太雷、恽代英、瞿秋白等都是江苏籍。

江苏绘画艺术以山水画、水印木刻版画和水彩水粉画见长，被称为“江苏三水”。东晋无锡顾恺之善画人物，有“画绝”之称。王羲之书法艺术出神入化，被后人尊为“书圣”。梁吴县张僧繇擅作壁画，成语“画龙点睛”就和他有关。唐苏州张旭运笔纵横捭阖，世人尊之为“草圣”。晚唐苏州杨惠之创“塑壁”新技法，被称为“塑圣”。常熟黄公望、无锡倪瓒和王蒙、吴镇并称元代山水画四大家。据统计，明代中国知名画家约 4000 人，江苏一省就有 1700 多人，几乎占有半壁江山。

江苏素有“二胡之乡”美誉，“江南丝竹”是最富代表性的民间音乐。古琴艺术在中国具有突出地位，先后形成常熟虞山琴派、扬州广陵琴派、南京金陵琴派等重要的地方性音乐流派。江苏流传至今的民歌有 12800 余首，有六合民歌《茉莉花》、二胡演奏曲《二泉映月》等，广为流传。历史上产生过大小曲种 50 余种，现尚存 20 余种，苏州评弹（苏州评话、苏州弹词）、扬州评话、扬州弹词、扬州清曲、徐州琴书、南京白局都是代表性曲种。

江苏民间舞蹈种类丰富，秧歌舞、花鼓舞、龙舞、狮舞、灯舞、傩舞、高跷等，有深厚的文化内涵和鲜明的地域特点，具有代表性的有 70 多个品种、1600 多个舞蹈。

三、浙江省

［**旅游资源**］

浙江旅游资源较为丰富。截至 2017 年年初，浙江有世界遗产 3 处：西湖、江郎山、中国大运河（杭州段）；有 17 家国家 5A 级旅游景区：西湖、雁荡山、普陀山、千岛湖、乌镇、奉化溪口—滕头、东阳横店影视城、嘉兴南湖、西溪湿地、鲁迅故里—沈园、开化根宫佛国文化旅游区、湖州南浔古镇景区、台州天台山景区、台州神仙居景区、嘉兴西塘古镇旅游景区、江山江郎山 · 廿八都旅游区和宁波市海曙区天一阁 · 月湖景区。有全国重点文物保护单位 230 处；有国家级旅游度假区 4 处：东钱湖旅游度假区、太湖旅游度假区、湘湖旅游度假区、安吉灵峰旅游度假区。有国家生态旅游示范区 2 处：衢州市钱江源国家生态旅游示范区、宁波市滕头国家生态旅游示范区；截至 2013 年，浙江有世界非物质文化遗产 2 项：龙泉青瓷传统烧制技艺、中国蚕桑丝织技艺（浙江、江苏、四川三省联合申报）；国家地质公园 3 个：临海、雁荡山、新昌硅化木；还有国家级历史文化名城 9 座；有国家级重点风景名胜区 19 个；国家级自然保护区 10 个。

［**文化艺术**］

浙江文学是中国文学的重要组成部分。浙江的文人创作起步较晚，六朝以后浙江文学逐步兴起。谢灵运开创了中国古代山水诗派，对后世影响深远。南宋时期，陆游的作品不仅量大而且质优，史所罕见。陈亮、吴文英、王沂孙、周密、张炎等均为南宋词坛大将。元明清时期，以赵孟頫、杨维桢、张岱、徐渭、袁枚、朱彝尊等为代表的诗文影响很大。清初洪昇的《长生殿》是戏剧瑰宝，晚清龚自珍、王国维等皆为一代大家。进入民国后，浙江的现代文学可谓荦荦大观。1918 年 5 月鲁迅在《新青年》上发表《狂人日记》，开现代小说之先河，他的《呐喊》《彷徨》是非常重要的白话小说集。郁达夫的《沉沦》是中国现代文学史上的第一本白话短篇集。茅盾是著名的现代长篇小说作家，他的《子夜》《腐蚀》《霜叶红似二月花》等鸿篇巨制影响巨大。1922 年在杭州成立的湖畔诗社是我国第一个新诗社；徐志摩、戴望舒、夏衍、施蛰存、艾青、穆旦等都是中国新诗史上的重要诗人。中华人民共和国成立初期，浙江作家许钦文、陈学昭、冀汸等均有建树。改革开放后浙江在中、长篇小说创作上成就显著，王旭烽和麦家的小说先后获得茅盾文学奖。

浙江是“中国戏曲的摇篮”，人才辈出，佳作迭出。高则诚、徐渭、王骥德、李渔等一批杰出的浙江籍剧作家、戏曲理论家，彪炳史册。《琵琶记》《长生殿》和四大南戏——《荆钗记》《白兔记》《拜月亭》《杀狗记》等一批不朽的传世之作至今仍流播舞台。越剧在戏曲百花园中一枝独秀，随着越剧“小百花”的崛起和《西厢记》《五女拜寿》等艺术精品的涌现，浙江戏剧舞台生机勃勃。

浙江是中国电影的发源地。盛行于宋、元时期浙江的灯影戏（皮影戏），被世界电影历史学家认定为电影发明的先导。清朝末年，外国人开始在杭州、宁波、温州等地放映西洋影戏，并开办西洋影片店，放映电影。在中国早期知名的电影人士中，浙江籍的占了 1/3，如电影实业家张石川、张元济、邵醉翁和电影艺术家夏衍等。宁波人张石川与广东人郑正秋合作于 1913 年导演拍摄了《难夫难妻》，这是中国人拍摄电影故事片的开端。

四、安徽省

［**旅游资源**］

安徽的旅游资源较为丰富。拥有世界遗产 3 处：黄山、西递和宏村古民居群、京杭大运河（通济渠—新汴河）；国家级重点风景名胜区 10 处：黄山、九华山、天柱山、琅琊山、齐云山、采石矶、巢湖、花山谜窟、太极洞、花亭湖；拥有亳州、歙县、寿县、安庆和绩溪5座国家级历史文化名城；国家5A级旅游景区11家：黄山市黄山风景区、池州青阳县九华山风景区、安庆潜山县天柱山风景区、黄山皖南古村落—西递宏村、六安市天堂寨、宣城市绩溪龙川景区、阜阳市颍上八里河景区、黄山市古徽州文化旅游区、合肥市三河古镇景区、芜湖市方特旅游区、六安市万佛湖景区；有全国重点文物保护单位129处；有国家级旅游度假区1处：合肥市巢湖半汤温泉养生度假区；国家生态旅游示范区1处：黄山市黄山国家生态旅游示范区；国家地质公园13个，包含黄山、齐云山、大别山（六安）、天柱山等。还有国家级自然保护区6个、国家级森林公园29个、国家重点文物保护单位56处。安徽江河湖泉兼有。长江横穿东西，江面辽阔。我国五大淡水湖之一巢湖，及被称为"东方日内瓦湖"的太平湖烟波浩瀚，皖北第一大湖泊——龙子湖，碧波万顷。宿州的黄河故道是安徽的湿地旅游资源。安徽的名泉极多，有江南第一泉——圣泉、天下第七泉——白乳泉。

［**文化艺术**］

安徽是中国史前文明的重要发源地之一，文化底蕴深厚，源远流长，曾培育出道教文化、建安文学、桐城派、北宋理学、徽文化等，涌现出老子、庄子、管子等一批著名历史人物。产生于淮河流域的老庄道家学派，与儒家学说一起构成我国传统文化两大支柱；徽文化是明清时期最有影响的文化流派。新安理学是中国思想史上具有重大影响的学派，其奠基人程颢、程颐及集大成者朱熹的祖籍均在安徽新安江畔。朱熹亦自称"新安朱熹"。桐城派的形成，始于方苞，经刘大櫆、姚鼐而发展成为一个声势显赫的文学流派，有1200余位桐城派作家、2000多部著作。安徽是名人辈出的省份。其中有：现代的文化名人陈独秀、胡适、陶行知、朱光潜、吴作人等；晚清的李鸿章、丁汝昌、刘铭传、詹天佑等。

安徽被称为中国戏曲之乡，地方戏种现存30余种，影响较大的有黄梅戏、徽剧等。黄梅戏，旧称黄梅调或采茶戏，是中国五大戏曲剧种之一。徽剧是京剧的主要源流之一，池州的傩戏号称"戏剧活化石"，淮河两岸流行的花鼓灯被誉为"东方芭蕾"。

安徽的商帮文化一向发达。徽商，是指以乡族关系为纽带所结成的徽州商人群体，又称新安商人。徽州人经商的历史非常悠久，早在东晋时期就有新安商人活动的记载，此后各朝代均有发展，弦歌不绝。明朝成化、弘治年间，徽州商人的经济实力逐渐增强，规模日益庞大，形成徽州商帮，其商业资本之巨，从商人数之众、活动区域之广、经营行业之多、经营能力之强，都是其他商帮所无法匹敌的，其强盛势头一直持续到清朝中叶，引领中国商业发展潮流 300 余年，对当时的社会经济、政治、文化等方面产生了深远影响。道光之后，徽商逐渐趋于衰落，虽然还有为数甚多的徽商奔波于全国各地，但是他们在商界的影响力已大不如前，徽州商帮遂成为历史名词。徽商名人很多，其中以胡雪岩最为著名。胡光墉（1823 ~ 1885 年）清代著名徽商，字雪岩，绩溪县湖里村人。胡光墉早年家境贫苦，经同乡引荐，前去杭州阜康钱庄当学徒，由于工作勤恳、言行稳重，而且善于经营，颇受钱庄主人赏识。庄主临死之前，考虑到自己没有后代，决定将钱庄赠送给胡光墉，他于是摇身一变成为富商。此后，胡光墉开始以商人身份涉足政治活动。1861 年，当太平军与杭州清军激战时，他组织一批人从上海采运军火和粮食运往杭州。1862 年，他协助左宗棠与法国人联组"常捷军"。1866 年，又协助左宗棠创办了福州船政局，并为左宗棠办理采运事务，代借内外债白银 1250 多万两。由于胡光墉为左宗棠及湘军竭心尽力，因而在左宗棠等人的推荐下，被授予江西候补道职务，并且依靠湘军的势力，在全国广设当铺和银号，成为富甲江南的官商。

五、福建省

［**旅游资源**］

福建现有世界文化与自然双遗产武夷山、世界文化遗产福建土楼、世界自然遗产与世界地质公园泰宁，世界地质公园宁德白水洋等独具特色的旅游资源。中国历史文化名城 4 座：福州、泉州、漳州、长汀。拥有国家 5A 级旅游景区 9 家：鼓浪屿、武夷山、泰宁、土楼（永定·南靖）、屏南县（白水洋·鸳鸯溪）、清源山、太姥山、三坊七巷、古田；有全国重点文物保护单位 137 处；国家级风景名胜区 19 个：武夷山、清源山、鼓浪屿—万石山、太姥山、桃源洞—鳞隐石林、金湖等；国家地质公园 12 个：漳州国家地质公园、大金湖国家地质公园、晋江深沪湾国家地质公园、福鼎太姥山国家地质公园、宁化天鹅洞群国家地质公园、屏南白水洋国家地质公园等；另外，福建还有8座中国优秀旅游城市、16个国家级自然保护区、29个国家森林公园、137个全国重点文物保护单位。1处国家级旅游度假区：福州市鼓岭旅游度假区；2处国家生态旅游示范区：南平市武夷山国家生态旅游示范区、龙岩市梅花山国家生态旅游示范区；自然保护区、森林公园、风景名胜区的面积占全省土地面积的8%，形成了人与自然和谐共处的良好环境。福建文化旅游资源灿烂多元，悠久的历史孕育了闽南文化、客家文化、妈祖文化、闽越文化、朱子文化、海丝文化六大精品文化，以及茶文化等一批内涵深刻、特色鲜明的地域文化。福建宗教多元，佛教、道教、伊斯兰教等遗址广为分布，泉州有“世界宗教博物馆”之称，妈祖、陈靖姑、保生大帝、清水祖师等民间信仰在海峡两岸影响很大。闽剧、莆仙戏、梨园戏、高甲戏、芗剧等是福建五大地方剧种。此外还有20多种民间小戏分布于全省各地。

［**文化艺术**］

柳永，北宋著名词人，福建崇安人，是第一位在中国文学发展史上取得卓著地位的闽中作家。在明代，猛烈抨击传统文学思想、具有强烈变革精神的文学家李贽，号卓吾，晋江人。他的思想具有极大的叛逆性和战斗性。他一生著述很多，诗文结为《李温陵集》20卷。清嘉庆、道光、咸丰三朝，闽中作家和诗人的成就超过顺治至乾隆，如梁章钜、林则徐、张际亮、林昌彝及魏秀仁，在全国文坛上名声甚重。近代福建作家在全国享有盛誉的有陈衍，著有《石遗室诗话》等。还有著名翻译家林纾，一生翻译了40余种世界名著。冰心，原名谢婉莹，福建长乐人，现代女作家、儿童文学家。她的作品主要以歌颂母爱和自然为内容，主要作品有诗集《繁星》和《春水》等。

福建最主要的五大剧种是：闽剧、莆仙戏、梨园戏、高甲戏、芗剧。闽剧俗称福州戏，流行于福州方言地区及宁德、建阳、三明等地；莆仙戏主要流行于莆田、仙游两县及邻县的兴化方言区；梨园戏流行于泉州等闽南方言区；高甲戏流行于闽南方言区，源于明代泉州地区民间街头装扮游行；芗剧也称“歌仔戏”，流行于闽南漳州地区。福建地方戏保存了全国最多的南戏剧目和中原古剧，被称为“南戏遗响”和中原古剧的“活化石”。特别是莆仙戏、梨园戏在传统剧目、音乐曲牌、角色行当等方面都与南戏关系密切。梨园戏不仅保留了大量宋元南戏剧目，在音乐和演奏上也都保留了唐代古乐的结构特点和演奏遗风。

六、江西省

［**旅游资源**］

江西旅游资源丰富。截至2017年，有国家5A级旅游景区11家，包括庐山、井冈山、三清山、龙虎山、婺源江湾、景德镇、瑞金、明月山、大觉山和龟峰、南昌市东湖区滕王阁；有全国重点文物保护单位128处；有国家级旅游度假区1处：宜春市明月山温汤旅游度假区；有国家生态旅游示范区2处：上饶市婺源国家生态旅游示范区、吉安市井冈山国家生态旅游示范区；有庐山、井冈山、三清山等14处国家级风景名胜区；有南昌、赣州、景德镇、瑞金4个中国历史文化名城，有庐山世界地质公园等5处国家地质公园。

江西的旅游资源可以概括为：红色摇篮、绿色家园、古色厚土。

红色摇篮概括来说是“四大摇篮一座丰碑一条小道”。中国革命摇篮井冈山，位于吉安市，是中国革命圣地，国家级风景名胜区、国家5A级旅游景区、中国优秀旅游城市。人民军队摇篮南昌——军旗升起的地方、国家级历史文化名城、中国优秀旅游城市。共和国摇篮瑞金，位于赣州市，红色故都、中央红军长征出发地。中国工人运动摇篮安源，位于萍乡市，中国工人运动和秋收起义策源地。血染的丰碑赣东北革命根据地（上饶）。小平小道，位于南昌市，中国改革开放总设计师从这里走出。

绿色家园概括说是“一湖清水、三颗明珠、四大世界遗产、六座名山、一个最美乡村”。一湖清水——鄱阳湖。三颗明珠——柘林湖、仙女湖、陡水湖。四大世界遗产——庐山、三清山、龙虎山、龟峰。六座名山——武功山、明月山、三百山、大觉山、灵山、三爪仑。一个最美乡村——婺源，中国旅游强县，境内拥有1个国家5A级旅游景区、6个国家4A级旅游景区，被誉为“中国最美的乡村”。

古色厚土概括说是“七个千年、十大历史名人”。七个千年：①千年瓷都——景德镇，国家级历史文化名城、中国优秀旅游城市，其中昌江区古窑民俗博览区为国家5A级旅游景区。②千年宋城——赣州，世界最大的客家人聚居地、国家级历史文化名城、中国优秀旅游城市。③千年药都——樟树，位于宜春市，江西四大古镇之一，自古号称“药不到樟树不齐、药不过樟树不灵”。④千年名楼——滕王阁、浔阳楼、郁孤台、八境台。滕王阁，位于南昌市，江南三大名楼之一；浔阳楼，位于九江市，因九江古称浔阳而得名，又因水浒宋江曾在此题反诗而闻名；郁孤台，位于赣州市，是赣州悠久历史和灿烂文化的一个象征；八境台，位于赣州市章水和贡水合流处，登临台上赣州八景一览无余。⑤千年书院——白鹿洞书院、鹅湖书院、白鹭洲书院。白鹿洞书院，位于九江市，中国古代四大书院之一，享有“海内第一书院”之誉；鹅湖书院，位于上饶市，江西古代四大书院之一，因两次“鹅湖之会”而闻名天下；白鹭洲书院，位于吉安市，江西古代四大书院之一。⑥千年古村——流坑古村、理坑古村、渼陂古村、钓源古村、竹桥古村，流坑古村，位于抚州市乐安县，被誉为“千古一村”；理坑古村，位于上饶市婺源县，中国历史文化名村；渼陂古村，位于吉安市青原区，中国历史文化名村；钓源古村，位于吉安市吉州区；竹桥古村，位于抚州市金溪县。⑦千年古寺——九江市能仁寺、庐山东林寺、九江市永修县真如寺、吉安市青原山净居寺、鹰潭市龙虎山天师府，九江市能仁寺，是市区内现存最大的古建筑群，始建于南唐；庐山东林寺，始建于东晋，为佛教净土宗发源地；九江市永修县真如寺，始建于唐，为中国佛教“三大样板丛林”之一；青原山净居寺，始建于唐，我国南方的主要佛场之一；龙虎山天师府，是历代天师起居之所，号称“南国第一家”。

［**文化艺术**］

江西是古代书院的起源地，唐代德安义门东佳书院和高安桂岩书院是中国设立最早的书院之一。宋代白鹿洞书院名列中国四大书院之一，华林书院延四方讲席，鹅湖书院首创学术自由争辩之风，白鹭洲书院以人才辈出、延续办学 800 年而著称。江西曾涌现出徐孺子、陶渊明、欧阳修、曾巩、王安石、黄庭坚、朱熹、文天祥、汤显祖、宋应星、八大山人、陈寅恪、詹天佑等一大批学识渊博、才华横溢的历史名人。他们或思想深邃，独树一帜；或政绩卓著，留史青古；或技艺超群，影响深远；或正气凛然，名垂青史。在不同的文化层面上、不同的历史进程中，彰显出知识的光辉。

第二次国内革命战争时期，中国共产党领导人民群众先后在江西建立了大片革命根据地。其中著名的有赣西井冈山革命根据地、湘赣革命根据地、赣东北革命根据地（后发展为闽浙赣革命根据地）以及包括铜鼓、修水、万载、宜丰等县的湘鄂赣革命根据地。当时的中央革命根据地在赣南和闽西地区的有 21 县，中华苏维埃共和国临时中央政府设在瑞金，故瑞金有“红都”之称。

明初形成的弋阳腔是南戏高腔源头，演变成京剧、川剧等 40 多种戏曲。明代汤显祖的《临川四梦》代表中国古典戏剧最高水平，被誉为“东方莎士比亚”。清代蒋士铨称乾隆年间第一曲家。江西因盛产茶叶在清中期逐渐形成的采茶戏。民歌种类丰富，有号子、渔歌、山歌等，以兴国山歌最为著名。

七、山东省

［**旅游资源**］

山东是中国旅游资源大省，全省旅游景点千余处，世界遗产 4 处，其中孔子故里曲阜“孔府、孔庙、孔林”被联合国教科文组织列为世界文化遗产。孔庙以“建筑时间最久远、保存最完整”被誉为“天下第一庙”。孔府作为中国封建社会中延续时间最长、最具东方建筑风格的官衙与内宅二合一贵族庄园，号称“天下第一家”。孔林是世界上规模最大、延时最久、墓葬最多、保存最完整的家族古墓群。“五岳独尊”泰山以其雄伟壮丽的风光和蕴含丰富的文化，被誉为“中华之魂”，被列为世界自然和文化双遗产。2014 年 6 月，大运河被列为世界文化遗产，大运河流经山东省枣庄、济宁、泰安、聊城、德州 5 市 16 个县（市、区），全长 643 千米。齐长城，始建于春秋时期，完成于战国时期，西起黄河河畔，东至黄海海滨。作为中国长城的一部分，被列为世界文化遗产。山东还拥有国家级风景名胜区 5 处：泰山风景名胜区、青岛崂山风景名胜区、胶东半岛海滨风景名胜区、博山风景名胜区、青州风景名胜区；中国历史文化名城 10 座：济南、曲阜、青岛、聊城、邹城、临淄、泰安、蓬莱、烟台、青州；国家 5A 级旅游景区 11 家：泰山、蓬莱、三孔、崂山、刘公岛、龙口市南山、台儿庄古城、济南市天下第一泉景区、沂蒙山、青州古城、威海华夏城；有全国重点文物保护单位 191 处；国家级自然保护区 7 处；国家级森林公园 42 处；国家地质公园 13 处；国家级旅游度假区 3 处；国家生态旅游示范区 1 处：烟台市昆嵛山国家生态旅游示范区；国家级非物质文化遗产 173 项。

山东省省会济南素有“泉城”之称，“家家泉水，户户垂杨”“四面荷花三面柳，一城山色半城湖”的美景名扬四海。著名的青岛啤酒产地青岛，是

2008年北京奥运伙伴城市，与“人间仙境”烟台，甲午海战之地、“最适合人类居住的范例城市”威海，海滨城市日照连成一片，构成中国东部唯一的黄金海滨城市群。齐国故都淄博是齐文化的发源地，东周殉马馆、齐国历史博物馆等文物古迹丰富，并开发了原山国家森林公园、陶瓷博物馆等景点。国际风筝都潍坊，每年举办大型国际风筝会，杨家埠木版年画、风筝乡土气息浓厚，民俗风情特色浓郁；历史文化名城青州龙兴寺出土的1000多年前的窖藏佛教造像，被称为20世纪中国考古十大发现之一。中华民族的“摇篮”黄河，流经山东570千米，汇入渤海。黄河入海口自然风光原始独特。此外，山东还有水泊梁山遗址、枣庄万亩石榴园、菏泽五万亩牡丹花、微山湖十万亩荷花，令人叹为观止。

［**文化艺术**］

山东的历史文化源远流长、辉煌灿烂。山东是中华文化的重要发祥地之一，历史悠久，人杰地灵。孔子在这里诞生，泰山从这里崛起，黄河由这里入海。这里有中国最早的文字和最早的讲坛，有中国最早的城邦和最古老的长城，这里还是陶瓷和丝绸的发源地。山东独具特色的齐鲁文化，在中国传统文化中占有重要地位。山东不仅诞生了中华民族的人文始祖轩辕黄帝，还出现过一大批至今仍然对中华文化产生重要影响的历史名人。至圣孔子、亚圣孟子、科圣墨子、书圣王羲之、医圣扁鹊、工圣鲁班、农圣贾思勰、智圣诸葛亮、世界短篇小说之王蒲松龄等也都出生在山东。古代著名山东籍军事家孙武的《孙子兵法》，至今仍然是中外军界和商界推崇的经典。

山东是三国时期蜀汉丞相诸葛亮、东晋著名书法家王羲之和清代短篇小说家蒲松龄的故乡，诸葛亮的《出师表》挚诚感动天下，成为后世公文写作的典范；王羲之的《兰亭序》被誉为“天下第一行书”；蒲松龄因作《聊斋志异》获誉“世界短篇小说之王”。山东是中国较早有戏剧活动的地区之一。隋代齐倡名动全国，到了唐代参军戏在山东流行。宋杂剧形成后亦波及山东，金末元初产生用北曲演唱的戏曲形式即元杂剧，山东是主要流行地区之一，元人钟嗣成的《录鬼簿》和明初贾仲明的《录鬼簿续篇》中记载的山东籍戏曲作家共28人，能歌擅唱者4人。戏曲到明清时进入蓬勃发展时期。李开先的《宝剑记》和孔尚任的《桃花扇》成就突出。现代戏曲剧30多种，可分为梆子腔系、弦索腔系、肘鼓子腔系和民间歌舞及说唱形成的戏曲剧种等。

山东秧歌各处流行，其中影响最大的“鼓子秧歌”“胶州秧歌”和“海阳秧歌”并称为“山东三大秧歌”。秧歌多在大年正月期间表演。

第四节　华中地区各省旅游资源

一、河南省

［**旅游资源**］

河南省旅游资源较为丰富。现拥有世界遗产5项：洛阳龙门石窟、安阳殷墟、登封“天地之中”历史建筑群（少林寺、东汉三阙）、中国大运河（河南段）、丝绸之路（河南段）；国家5A级旅游景区13家：龙门石窟、安阳殷墟、嵩山少林寺、云台山、白云山、清明上河园、老君山、伏牛山、红旗渠、尧山—中原大佛、龙潭大峡谷、遂平县嵖岈山、商丘市永城市芒砀山汉文化旅游景区；国家重点文物保护单位357处；国家级旅游度假区1个；国家生态旅游示范区2处：焦作市云台山国家生态旅游示范区、平顶山市、尧山·大佛国家生态旅游示范区；中国历史文化名城8座；国家风景名胜区9个；国家地质公园15个；全国家级自然保护区13个；国家级森林公园31个。

河南省的自然旅游资源主要有山岳旅游资源、水体旅游资源、生物旅游资源等。山地面积占河南省土地面积的26.6%，山岳旅游资源十分丰富，沿省界呈半环状分布着三大山系，分别是豫西北的太行山、豫西的秦岭山系、豫西南的大别山。河南省地表河流纵横，水系复杂，境内大小河流1500余条；水体旅游资源主要有南阳的丹江水库、小浪底水库、陆浑水库、宿鸭湖水库、开封包公湖、鲁山县的三汤大型温泉、云台天瀑等；生态旅游资源值得一提的是花卉旅游，如千年帝都洛阳，每年的4、5月份举办中国国际牡丹文化节，吸引了无数中外游客纷至沓来。开封的菊展也是游人如织。目前河南省的动物旅游资源主要包括猕猴、大鲵、鸟类等。

河南省地处黄河中下游流域的中原腹地，是中华民族历史文化的重要发源地。8000年前的裴里岗文化遗址、6000年前的仰韶文化遗址、5000年前的龙山文化、炎黄文化遗址，可以证明中原地区很早就已经进入了人类社会的早期文明。中国的八大古都，河南就占有4座。洛阳被称为九朝古都，先后有13个王朝在此建都，累计时间达1500多年，是当时政治经济文化的中心。著名的旅游景点有龙门石窟、白马寺、关林、古墓博物馆等。开封古时称为汴梁，是一座有2300多年历史的七朝古都，因其历史的更迭及黄河水患形成了“开封城城摞城，地下埋着几座城”的特殊景观。著名景点有清明上河园、龙亭、开封府、大相国寺等。安阳是河南省的北大门，素有豫北咽喉、四省要道之称，举世闻名的殷商文化以及最早的文字甲骨文诞生于此。著名景点有殷墟、岳飞庙、袁林等。

河南文物储备量极高，地下文物居全国第一，地上文物居全国第二，馆藏文物130万余件，如出土于河南安阳的司母戊大方鼎举世闻名，现存于中国历史博物馆。展现北宋时期汴京繁荣景象的名仕佳作《清明上河图》现存于中国故宫博物院。存放于河南省博物院的镇院之宝莲鹤方壶、武则天除罪金简、贾湖骨笛、中华第一剑玉柄铁剑等也是极具代表性的馆藏文物。

［**文化艺术**］

在中国文学史上，河南文学曾长期占有极其重要的地位。安阳出土的甲骨文负载着我国最早的散文，其中已有诗歌的萌芽。最早的散文总集《尚书》和诗歌总集《诗经》，都是经过东周洛阳的朝廷史官整理编辑成书的。河南是中国古代歌谣特别是《诗经》中作品产生最多的地区。我国最早的哲学著作《周易》是文王拘囚在今河南汤阴时整理推演而成。上古的神话宝库《山海经》，是洛阳人根据当时流传最多的河洛地区神话资料编写而成。春秋战国时期的河南，涌现出一大批文化巨人，老子的哲学诗、庄子的散文、韩非子的寓言等，既是中国文化的元典，也是中国文学的奠基之作。到了汉代，辞赋是最具代表性的文学形式，西汉洛阳贾谊的《吊屈原赋》开汉代骚体抒情赋的先河，确立了汉代骚体赋的基本形式；东汉南阳张衡的《二京赋》是汉大赋中的极品，其《归田赋》则开抒情小赋之先声。汉魏时期的“建安七子”中的阮瑀、应玚，以及蔡琰，都是河南人。西晋时期“竹林七贤”中有四位是河南人。左思所写《三都赋》轰动一时，留下了“洛阳纸贵”的历史佳话。东晋以后，河南的士族大批南迁，其中阳夏（今河南太康）的成就最突出的当数谢灵运、谢惠连、谢朓的山水诗，其他如新蔡（今属河南）干宝的《搜神记》，长社（今河南长葛）钟嵘的《诗品》和宗炳的《山水画序》、宗测的《衡山记》、殷芸的《小说》以及范晔的《后汉书》等，不仅以丰富特殊的内容取胜，而且创造了崭新的文学体式，开后世文学的先河。隋唐时代的中国文学迎来了空前的繁荣时期。在唐代留名的2000多名作家中，河南作家多至400余人。盛唐时期的杜甫是巩县（今河南巩义市）人。晚唐成就最高的诗人李商隐，是怀州河内（今河南沁阳）人。诗歌之外，成就最大的文学门类是散文。散文领域最引人注目的是“古文运动”。古文运动的领袖人物之一则是“文起八代之衰”的河阳人（今河南孟州）人韩愈。宋代是中国文学的新变时期。孟元老的《东京梦华录》、岳珂（岳飞之孙）的《捏史》、金盈之的《醉翁谈录》，堪称宋人笔记、小说中的上品。

河南有光辉灿烂的戏曲文化，被称为“戏曲之乡”，主要有豫剧、曲剧、越调、大平调、宛梆、杯梆、杯调、落腔、道情戏、四平调、柳琴戏、坠剧、豫南花鼓戏、蒲剧、大弦戏、京剧、二夹弦等。《花木兰》《穆桂英挂帅》《七品芝麻官》《朝阳沟》等剧目家喻户晓。豫剧代表作有《小二黑结婚》《刘胡兰》《冬去春来》等。有名的豫剧表演艺术家有常香玉、阎立品、马金凤等。河南剪纸历史悠久，早在宋代，剪纸就已在民间广泛流行，还出现了以此为生的剪纸艺人，而且技艺已经达到了较高的水平。

河南的牡丹文化也广传海内外。早在《隋志·素问篇》中就有“清明次五日，牡丹华”，以记载隋朝洛阳人的赏花场面。中国洛阳牡丹文化节前身为洛阳牡丹花会，始于1983年，由文化和旅游部和河南省人民政府主办。

河南少林武功是中国传统武术的一个重要组成部分，名扬四海，在我国武术史上，占有重要的一页，是正宗的中国功夫。“中国功夫惊天下，天下功夫出少林。”少林武功起源于河南嵩山少林寺，是中国体系最庞大的武术门派，集北派武术之大成，汇外家武术之精华，武功套路高达700种以上，已成为中华武术的象征，与古代的茶叶、丝绸、瓷器一样，成为中国的文化符号。

二、湖北省

［**旅游资源**］

湖北山水风光独特，自然景观异彩纷呈，文化沉淀丰富，文物古迹众多。截至2017年年初，湖北有武当山古建筑群、钟祥明显陵、咸丰唐崖土司遗址、神农架4处世界遗产；有秭归端午习俗、黄石西塞神舟会、鄂州雕花剪纸、沔阳雕花剪纸等4个项目被列入《人类非物质文化遗产代表作名录》；全国重点文物保护单位148处；有国家级风景名胜区7处，分别是：武汉东湖风景名胜区、武当山风景名胜区、大洪山风景名胜区、隆中风景名胜区、九宫山风景名胜区、陆水风景名胜区、神农架风景名胜区；有恩施州神龙溪纤夫文化旅游区、宜昌市三峡人家风景区、十堰市武当山风景区、武汉市东湖景区、宜昌市长阳清江画廊景区、宜昌市三峡大坝—屈原故里文化旅游区、武汉市黄鹤楼公园、湖北省神农架旅游区、恩施大峡谷、黄陂木兰文化生态旅游区和咸宁市赤壁市三国赤壁古战场景区11家国家5A级旅游景区；有荆州、武汉、襄阳、随州、钟祥5座国家级历史文化名城；湖北省武当太极湖旅游度假区为国家级旅游度假区。神农架为国家生态旅游示范区。

湖北省共有1500多处旅游景观。雄伟的长江三峡驰名世界；道教名山武当山被誉为道教“第一山”；号称“华中屋脊”和“绿色宝库”的神农架是重要自然保护区，不仅珍稀动物种多，“野人之谜”更令人关注。神农架、武当山、明显陵和咸丰唐崖土司遗址分别被联合国教科文组织列入“人与自然保护圈计划”。长江三峡、黄鹤楼、葛洲坝被评为“中国旅游胜地四十佳”。发掘于枣阳市的距今约6000年的雕龙碑遗址将中国文明上溯了1000年。被誉为“东方第八大奇迹”的编钟出土于随州擂鼓墩；堪称古代世界青铜冶炼技术顶峰的铜绿山古矿冶遗址和越王勾践剑、商代盘龙城出土于荆楚大地；工艺精湛的战国漆绘、木雕制品和古代丝绸大都出土于荆州江陵；中国古代四大发明家之一的毕昇故里，以其独特的文化内涵著称于世。

湖北人文旅游景观具有时代跨度大、历史价值高的特点，这里既有古人类长阳人遗址，屈家岭文化遗址，又有众多的古三国胜迹和楚都遗址“纪南城”；既有辛亥革命遗址起义门、阅马场，又有中央农民运动讲习所旧址及“八七会议”会址。文物古迹与革命胜迹遍布湖北全省，从随州炎帝庙、秭归屈原故里、纪南故城、昭君故里、武汉古琴台、黄鹤楼、三国赤壁直到武汉起义军政府旧址、京汉铁路工人运动“二七”纪念馆，可以了解中国历史上的许多重大历史事件。

湖北历史悠久，文化发达，中华始祖炎帝就诞生在湖北。楚文化根基深厚，特色鲜明，影响很大。仅江陵县就有楚城遗址5座，楚文化遗址73处。宗教文化在湖北发育充分，明朱棣“北建故宫，南修武当”，形成了武当山九宫九观，堪称我国道教文化的宝库。三国历史烟云陈迹，以荆州古城、赤壁、当阳、隆中等为代表的三国文化是湖北旅游文化的又一特色。辛亥革命始于鄂而波及全国，使得湖北具有深厚的近代文化底蕴。全省拥有国家级文物保护单位20处，省级历史文化名城4座（鄂州、黄州、荆门、恩施），省级文物保护单位达365处。近年来，湖北省大力推广“灵秀湖北”旅游主题形象，深入开展了“灵秀湖北”旅游主题宣传活动，并推出“灵秀湖北”十大旅游名片：长江三峡、武当山、黄鹤楼公园—辛亥首义、神农架、随州炎帝神农故里、武汉东湖—省博物馆、大别山红色旅游、三国文化、咸宁温泉、恩施大峡谷—利川腾龙洞。

［**文化艺术**］

湖北是中华民族灿烂文化的重要发祥地之一。湖北早期文化的代表是江汉地区的屈家岭文化遗址，这里出土大量新石器时代的石器和陶器，其中的蛋壳彩陶、壶形器和带谷壳的红烧土具有很高的研究价值，反映出当时农耕、水利、渔猎、手工业、纺织业已经发展到相当的程度，是楚文化发展的源头。春秋战国时期，楚国铜器生产达到登峰造极的地步，铁器生产得到改善和推广，丝织、刺绣、髹漆、采矿、水陆交通、城市建设、商品交易等各行各业欣欣向荣。精神文化方面的成就更是异常突出，从哲学到文学，产生了老子、庄子、屈原等一批名垂青史的大家；历经800年，政治、经济、文化都达到一个鼎盛时期，创造了辉煌灿烂的楚文化，对中华民族的文化发展做出了重大贡献。秦汉时期，荆楚地区医学、数学等都取得了很高的成就。唐代，经济发展带来文化的兴盛，出现了一批著名诗人、学者，如孟浩然、皮日休、岑参、陆羽等，李白、杜甫、白居易等游历荆楚都留下了大量瑰丽诗篇。宋元时期，培育了著名的书法家米芾。

湖北地方文化汇东西南北之长，承楚文化之魂，具有悠久的文化历史，创造和发展了富有楚文化传统的多种艺术形式，大致可分为戏曲、说唱、歌舞等几大类。湖北现有22个地方剧种，其中最具影响力的是汉剧、楚剧和荆州花鼓戏。这些地方剧种乡土气息浓厚，语言质朴，通俗易懂，为中外宾客所喜闻乐见。

三、湖南省

[旅游资源]

湖南历史悠久，物产丰富，风光秀丽，名胜古迹众多。截至2017年年初，湖南有武陵源、崀山丹霞地貌、湖南土司遗址三处世界遗产；有湖南昆剧、汨罗江畔端午习俗、湖南皮影戏三个项目被列入《人类非物质文化遗产代表作名录》；有邵阳市崀山景区、长沙市花明楼景区、长沙市岳麓山旅游区、湘潭市韶山旅游区、岳阳市岳阳楼—君山岛景区、张家界武陵源—天门山旅游区、衡阳市南岳衡山旅游区、郴州市东江湖旅游区8个国家5A级旅游景区；有全国重点文物保护单位183处；有衡山风景名胜区、武陵源（张家界）风景名胜区、岳阳楼—洞庭湖风景名胜区、韶山风景名胜区、岳麓风景名胜区等19个国家级风景名胜区；有中国历史文化名城3座，分别是长沙、岳阳、凤凰；湖南省灰汤温泉旅游度假区为国家级旅游度假区；长沙市大围山和郴州市东江湖为国家生态旅游示范区。

湖南的旅游资源以名山、名水、名城、名人为特色。湖南有古建筑及历史纪念建筑物51处，古遗址、古墓葬、古碑刻70余处。湖南名胜古有“潇湘八景”美誉（潇湘夜雨、平沙落雁、烟寺晚钟、山市晴岚、江天暮雪、远浦归帆、洞庭秋月、渔村夕照）。西部的张家界，集大自然奇、险、秀、幽于一身，1992年被联合国教科文组织列入世界自然遗产名录；中部南岳衡山，有“五岳独秀”之称，是中国南方著名佛教禅林和避暑胜地；北部洞庭湖，昔日号称“八百里洞庭”，为中国第二大淡水湖，水天一色，景色壮观。南岳衡山是中华五岳之一，岳阳楼是江南三大名楼之一。此外，伟人故里韶山、佛教圣地大乘山、千年学府岳麓书院、凤凰古城、常德桃花源等景区景点光彩夺目，受到了越来越多海内外游客的青睐。湖南还是名人辈出之地，曾哺育出魏源、曾国藩、毛泽东等对中国历史有重大影响的人物，许多地方留有他们当年活动的遗迹。

[文化艺术]

战国屈原在开创一个与《诗经》风格迥异的南方楚辞文学流派的同时，也奠定了湖南文学的基石。到魏晋时期，湖南出现了刘巴、蒋琬等本土作家。唐代是我国古代诗歌的鼎盛时期，湖南文学也渐有起色，较著名的作家有诗人欧阳询、李群玉、胡曾以及散文家刘蜕等。当时著名诗人李白、孟浩然、王昌龄、杜甫、韩愈、柳宗元、李商隐等都曾流寓湖南，并留下了很多不朽之作。宋元明时期湖南著名的文学人物有周敦颐、欧阳玄、李东阳等。在近代，湖南出现了以魏源、何绍基、曾国藩等为代表的宋诗派。

新文化运动时期，正在长沙求学、后来成为中国现代文学著名作家的田汉、丁玲、谢冰莹、白薇等人，都曾在此接受过新文化的洗礼，并形成了他们最初的人生观和独特的创作倾向。而田汉等人远涉重洋，旅美、旅欧或旅日，在接受西方或异域文化熏陶的同时，还以其独特的生命历程和青春才华开拓了湖南文学创作的新领域。发出“心灵上负着时代苦闷的创伤的青年女性的叛逆的绝叫者”（茅盾《女作家丁玲》）的声音而走上文坛的是丁玲，代表作有《梦珂》《莎菲女士的日记》《太阳照在桑干河上》等。

抗日战争时期，大批文化、文学名流如郭沫若、茅盾、闻一多、朱自清等聚集长沙，著名湘籍作家如田汉、沈从文、张天翼、周立波等也返回家乡，致力抗战文学的建设。在抗战文学的建设中，湖南籍作家张天翼、谢冰莹的创作成就尤为引人注目。张天翼的《华威先生》、谢冰莹的《从军日记》和《新从军日记》，以及她的散文长卷《女兵自传》，都曾蜚声中外。沈从文是“京派”作家中一名最重要的代表，他的作品为读者创造出了一个中国现代文学史上独一无二的充满野性与灵气的“湘西世界”。周立波是湖南现代文学“茶子花”派的创始人，也是湖南文学界的一面旗帜。代表作有长篇小说《暴风骤雨》《铁水奔流》《山乡巨变》等。杨沫是我国当代文学史上一位杰出的女作家，代表作有《青春之歌》等。1958 年问世的历史话剧《关汉卿》、1960 年发表的历史京剧《谢瑶环》则代表了田汉戏剧创作的最高水平。被郭沫若称之为诗词中的“泰山北斗”的《毛泽东诗词》，以中国文学最传统、最精粹的体裁形式，真实记录了中国人民在风云变幻的国际环境中的前进步伐，激越地抒发了一代伟人光辉的生命活动和壮阔的革命情怀。在首届茅盾文学奖评选中，莫应丰的《将军吟》和古华的《芙蓉镇》双双折桂。文学作品的大面积获奖，成就了“文学湘军”的美誉。

湖南是华夏文明的重要发祥地之一。坐落于株洲市的炎帝陵成为凝聚中华民族的精神象征；明永州九嶷山为舜帝陵寝之地；凤凰古南方长城、岳麓书院、岳阳楼，是湖南悠久历史的浓缩与见证。其中，出土于宁乡黄材镇的四羊方尊，是目前世界上发现的最精美的商代青铜器，也是中国仍存最大的商代青铜方尊；长沙马王堆汉墓的发掘震惊世界，出土的素纱禅衣薄如蝉翼，仅重 49 克；长眠其中已 2100 多年的辛追夫人出土后仍保存完好。悠久的历史孕育了灿烂的文化，湖南自古有“古道圣土”“屈贾之乡”和“潇湘洙泗”的美誉。

湖南艺术文化多姿多彩。湘绣、滩头木版年画、皮影戏等 99 项民俗艺术被列为国家非物质文化遗产目录；花鼓戏、昆剧、湘剧、祁剧和常德丝弦等民间歌舞享誉中外；湘西苗族的巫傩文化、德夯苗寨风情、以茅古斯和摆手舞为特色的土家情调等民俗别具一格。

第五节　华南地区各省自治区旅游资源

一、广东省

［旅游资源］

广东省拥有丰富的旅游资源。广东有韶关丹霞山、开平碉楼与古村落 2 处世界遗产；有粤剧、古琴艺术（岭南派）、广东剪纸、陆丰皮影戏 4 个项目列入《人类非物质文化遗产代表作名录》；有广州长隆旅游度假区、深圳华侨城旅游度假区、广州白云山景区、梅州梅县雁南飞茶田景区、深圳观澜湖高尔夫景区、清远连州地下河景区、韶关丹霞山景区、佛山西樵山景区、惠州罗浮山风景区、佛山市德顺区长鹿旅游休博园、海陵岛大角湾海上丝路旅游区、孙中山故里旅游区、惠州市惠城区惠州西湖旅游景区 13 家国家 5A 级旅游景区；有全国重点文物保护单位 98 处；有肇庆星湖风景名胜区、西樵山风景名胜区、丹霞山风景名胜区等 8 个国家级风景名胜区；有广州、潮州、佛山等国家级历史文化名城 8 座；有国家级旅游度假区 2 处：华侨城旅游度假区、河源巴伐利亚庄园；国家生态旅游示范区 1 处：韶关市丹霞山。

广东海岸线绵长，多温泉，地貌形态复杂，丹霞山为丹霞地貌典型，肇庆岩溶地貌发育明显，西樵山熔岩地貌构成美景，汕头海蚀地貌奇特，鼎湖山自然保护区为北回归线上的绿洲。岭南园林别具一格，顺德清晖园、番禺余荫山房、东莞可园、佛山梁园合称为四大名园。而近代史迹数量多，分布广。从鸦片战争起，历次革命斗争中的名人故居、重要遗址、陵园等不胜枚举。近来各改革开放城市的建设和发展也成为旅游吸引力之一。

广东旅游资源种类多样，主要有：罗浮山、西樵山、丹霞山等山峦风光；飞沙滩、大梅沙、小梅沙等滨海沙滩；惠州西湖、肇庆星湖、湛江湖光岩等湖泊水库；九泷十八滩、三榕峡、大鼎峡等川峡险滩；七星岩、宝晶宫、古佛岩等岩溶奇景；从化温泉、银盏温泉、金山温泉等温泉；光孝寺、开元寺、佛山祖庙等宗教寺庙；佗城、珠玑巷、西汉南越王墓博物馆等文物古迹；黄花岗七十二烈士墓、中山纪念堂、孙中山故居等近现代史迹；六榕塔等古塔；可园、余荫山房、清晖园等古园林及仿古园林；锦绣中华微缩景区、中国民俗文化村、世界之窗等游乐园和主题公园；端砚、石湾陶瓷、刺绣等工艺品；观澜湖高尔夫球场等高尔夫球场。

[**文化艺术**]

岭南文化是悠久灿烂的中华文化的重要的有机组成部分，是祖国文化百花园中的一朵奇葩。它由三大部分构成：一是固有的本土文化；二是南迁的中原文化；三是舶来的域外文化。岭南文化主要有广府文化、客家文化、潮州文化、雷州文化等分支。

广东的戏曲剧种有粤剧、潮剧、广东汉剧、粤北采茶戏、粤西白戏等，以粤剧、潮剧、广东汉剧三种流行最广、影响最大、观众最多。粤剧是岭南最重要的地方剧种，流行于粤语方言地区。粤剧唱腔优美、多样化，具丰富的表现力和感染力，影响遍及粤语华人地区，有“南国红豆”的盛誉。粤剧2009年被列入《人类非物质文化遗产代表作名录》。广东音乐又称粤乐，其实是指广府音乐，它是中国民间音乐的一颗璀璨明珠，是我国传统丝竹乐的一种。代表性剧目有《步步高》《雨打芭蕉》《平湖秋月》等。

岭南建筑文化极具特色。广州骑楼形式多样，保存完整，是粤派骑楼的代表；客家围屋（也称为围龙屋、围屋、转龙屋、客家围龙屋）是中华客家文化中著名的特色民居建筑；开平碉楼具有突出的历史、艺术和科学价值。岭南园林呈现浓厚的地方民间色彩，由自然景观所形成的自然园林和适合于岭南人生活习惯的私家园林，它不同于北方园林的壮丽、江南园林的纤秀，而具有轻盈、自在与敞开的岭南特色。

南粤民众在岭南大地上繁衍生息了十余万年，他们创造了许多具有地域特点的民风民俗，虽然岭南是全国改革开放、科技发展的前沿阵地，但是这些古老的习俗惯制并未在现代化的风云中黯然失色，仍然是岭南的象征。例如：龙舟竞渡、舞狮舞龙艺术、飘色等。岭南工艺美术有着强烈的地方文化特色。广绣、广彩、端砚、石湾陶塑、潮州金漆木雕等，无不包含独特的艺术个性，体现丰富的岭南文化内涵。

二、广西壮族自治区

［**旅游资源**］

广西山川秀丽，历史悠久，旅游资源得天独厚。截至 2017 年年初，广西有左江花山岩画文化景观、广西桂林、环江（中国南方喀斯特 2014 年增补项目）3 处世界遗产地；广西“壮族霜降节”作为中国“二十四节气”的扩展项目被列入《人类非物质文化遗产代表作名录》；有桂林漓江风景区、兴安县乐满地度假世界、桂林独秀峰·靖江王城景区、南宁市青秀山旅游区、桂林市两江四湖·象山景区和崇左市大新县德天跨国瀑布景区 6 个国家 5A 级旅游景区；有全国重点文物保护单位 66 处；有漓江风景名胜区、桂平西山风景名胜区、宁明花山风景名胜区 3 个国家级风景名胜区；有国家级历史文化名城 3 座，分别是桂林、柳州、北海；有国家级旅游度假区 1 处：桂林阳朔遇龙河旅游度假区；有国家生态旅游示范区 2 处：贺州市姑婆山、柳州市大龙潭公园风景区；有北海冠头岭国家森林公园、桂林国家森林公园等 12 个国家级森林公园。

广西桂林山水绝佳，桂林、阳朔一带的石灰岩峰林，曾被明代旅行家徐霞客誉为“碧莲玉笋世界”。广西壮族自治区洞穴众多且景观优美，素有“无山不洞，无洞不奇”之称。比较著名的有旱洞型的桂林芦笛岩、七星岩等。位于中越交界归春河上游的德天瀑布闻名遐迩，其瀑面宽 100 多米，高约 80 米，呈三叠状飞泻而下，水声轰鸣，势若奔马，非常壮观。

广西壮族自治区历史悠久，古人类、古建筑、古文化遗址、古水利工程、石刻、墓葬等古文物及革命斗争纪念遗址众多。比较著名的有年代久远的柳州白莲洞等古人类遗址；著名的古建筑有桂林王城、容县真武阁、柳州柳侯祠等。近现代的一些革命活动纪念地，如太平天国的发祥地——桂平金田村、百色红七军军部、龙州红八军军部旧址、抗战时期的八路军驻桂林办事处等都具有考察、参观和瞻仰的价值。

广西民族文化旅游资源极为丰富。如壮族的铜鼓、壮锦、绣球、干栏式建筑、花山崖壁画，侗族风雨桥、鼓楼等民族建筑，瑶族、苗族等民族的医药，以及丰富多彩的民族民间文学、音乐、舞蹈等文化艺术品。此外，民族的节庆、风土人情也是吸引游客的亮点。如壮族的三月三歌节、瑶族的达努节和盘王节等。壮族的歌、瑶族的舞、苗族的节、侗族的楼和桥是广西民族风情旅游中令游客流连忘返的四大绝品。广西的文化创意产业（《印象·刘三姐》、大明山骆越文化主题园、伊岭岩壮乡之旅等），使广西旅游业的发展如虎添翼。

［**文化艺术**］

在几千年的历史长河中，广西各族人民创造了丰富灿烂的民族文化。春秋时期，铜鼓作为一种打击乐器，已出现在骆越人（壮族先民）的生活当中。左江沿岸大量的崖壁画，说明早在旧石器时代晚期广西古代的民族已有相当高的文化水平。1972 年发现于广西北流市六靖镇的汉代云雷纹大铜鼓，被誉为“铜鼓之王”。该鼓现陈列于南宁市广西博物馆内，是世界上最大的铜鼓。陈钦，西汉末年出生于苍梧，是广西最早的学者，著有《陈氏春秋》（今已失传）一书，为左氏学博士。

20 世纪 50 年代，代表广西文化艺术最高水平的民间歌舞剧《刘三姐》享誉国内外。抗战时期，以“文化城”桂林为中心，抗日救亡文化运动在广西蓬勃开展，影响全国。在当时的民国广西省政府顾问马君武博士和著名戏剧家欧阳予倩的主持下，以改良桂剧为先锋，有力地推动了广西文化艺术向前发展。三月三歌节，又称三月歌圩，是壮族盛大的传统歌节。桂剧是广西主要的地方剧种。少数民族戏剧和地方戏种有壮剧、彩调剧、邕剧、苗剧、毛南剧等。广西少数民族舞蹈比较出名的有“扁担舞”“铜鼓舞”“绣球舞”“芦笙舞”等。

三、海南省

［**旅游资源**］

海南省旅游资源丰富，特色鲜明。截至 2017 年年初，海南境内共有三亚南山文化旅游区、三亚南山大小洞天旅游区、保亭县呀诺达雨林文化旅游区、分界洲岛旅游区、海南槟榔谷黎苗文化旅游区、三亚市蜈支洲岛旅游区6个国家5A级旅游景区；有全国重点文物保护单位24处；国家级旅游度假区1处：三亚市亚龙湾旅游度假区；三亚热带海滨风景名胜区为国家级风景名胜区；海口（含琼山）为国家级历史文化名城。2009年，“黎族传统纺染织绣技艺”被列入亟须保护的《非物质文化遗产名录》。

海南省的海岸带景观在海南岛长达1500多千米的海岸线上，沙岸占50%～60%。多数地方风平浪静，海水清澈，沙白如絮，清洁柔软；岸边绿树成荫，空气清新；海水温度一般为18℃～30℃，阳光充足明媚，一年中多数时候可进行海浴、日光浴、沙浴和风浴。自海口至三亚东岸线就有60多处可辟为海滨浴场。环岛沿海有不同类型滨海风光特色的景点，在东海岸线上，还有一种特殊的热带海涂森林景观——红树林和一种热带特有的海岸地貌景观——珊瑚礁，均具有较高的观赏价值。已在琼山区东寨港和文昌市清澜港等地建立了4个红树林保护区。

海南岛有海拔1000米以上的山峰81座。颇负盛名的有五指山、东山岭、太平山等，均是登山旅游和避暑胜地。海南有乐东县尖峰岭、昌江县霸王岭、陵水县吊罗山和琼中县五指山4个热带原始森林区，其中以尖峰岭最为典型。

海南已建立若干个野生动物自然保护区和驯养场，有昌江县霸王岭黑冠长臂猿保护区、东方市大田坡鹿保护区、万宁市大洲岛金丝燕保护区、陵水县南湾半岛猕猴保护区、屯昌县养鹿场等。

海南省大河、瀑布、水库风光各具特色，滩潭相间，蜿蜒有致，河水清澈，是旅游观景的好地方，尤以闻名全国的“万泉河风光”最佳。大山深处的小河或山间小溪，洄于深山密林之中，山间中大石叠置，瀑布众多。

海南的火山、溶洞、温泉资源也很有特色。历史上的火山喷发，在海南岛留下了许多死火山口。最为典型的是位于琼山区的石山。海南有不少千姿百态的喀斯特溶洞，其中著名的有三亚的落笔洞、保亭的千龙洞、昌江的皇帝洞等。岛上温泉分布广泛，隆温泉、南平温泉、蓝洋温泉等，适于发展融观光、疗养、科研等为一体的旅游。

海南具有历史意义的古迹主要有：为纪念唐、宋两代被贬谪来海南岛的李德裕等5位历史名臣而修建的五公祠，北宋大文豪苏东坡居琼遗址——东坡书院以及为纪念苏氏而修建的苏公祠，为巡雷琼兵备道焦映汉所修建的琼台书院，丘濬（明代名臣）之墓，海瑞（明朝大清官）之墓，受汉武帝派遣率兵入海南的伏波将军为拯救兵马而下令开凿的汉马伏波井，以及崖州古城、韦氏祠堂、文昌阁等。革命纪念地有琼崖纵队司令部旧址、嘉积镇红色娘子军纪念塑像、金牛岭烈士陵园、白沙起义纪念馆等，还有宋庆龄故居及陈列馆等。

海南是全国唯一的黎族聚居区。黎族颇具特色的民族文化和风情，有独特的旅游观光价值。

［**文化艺术**］

漫长的海南历史展示出具有海南特色的古代贬官文化、海南革命文化。海南是中国历史悠久、文化灿烂的地区之一。它并非一些人所说的蛮荒之地和“文化沙漠”。在悠久的华夏文明中，海南历史文化源远流长，独树一帜，从远古到现代，它都是中华文明中重要的分支，是中国历史文化精华的一部分。海南有《鹿回头》《大力神》《黎母神话》等十大经典神话传说。它们在历史的长河中为“南海明珠”添上了神秘而迷人的色彩。我们从这古老的文学形式中感受先人们的智慧与胸怀，沿着神话传说的印迹，追寻海南岛历史文化的无穷魅力。

海南有十大最值得关注的文化遗产：黎族树皮布制作技艺、黎族打柴舞、黎族钻木取火、黎族传统纺染织绣技艺、昌江黎族泥条盘筑法制陶技艺、黎族骨簪、临高人偶戏、黎族茅草屋、南洋骑楼、秀英炮台。海南代表性的传统节日有军坡节（公期）、换花节、“三月三”、龙水节、儋州民歌节等。

第六节　西南地区各省市自治区旅游资源

一、重庆市

［**旅游资源**］

重庆旅游资源丰富，两江环抱的重庆，如一艘巨舰直逼江心；依山而建的街衢，过峦旋嶂，雄伟壮观。清代名吏张之洞咏赞“名城危踞层岩上，鹰瞵鹗视雄三巴”，表达了重庆的磅礴气势。故而重庆素有“山城”之称。重庆终年和风轻拂，林木葱翠，山川俊秀。市区高阜园林，别具风格。枇杷山公园耸峙居中，是瞭望重庆市区、欣赏重庆市区夜景的最佳处。

截至 2017 年 2 月，重庆拥有世界遗产 2 项：大足石刻和重庆武隆；拥有国家 5A 级旅游景区 8 家：大足区大足石刻景区、巫山区小三峡—小小三峡旅游区、武隆县喀斯特旅游区（天生三硚、仙女山、芙蓉洞）、酉阳土家族苗族自治县桃花源旅游景区、綦江区万盛黑山谷—龙鳞石海风景区、南川区金佛山景区、江津区四面山景区、云阳县龙缸景区。有全国重点文物保护单位 55 处；国家级旅游度假区 1 处：仙女山旅游度假区；国家生态旅游示范区 1 处：天生三桥 · 仙女山国家生态旅游示范区；长江三峡、四面山、缙云山、金佛山、芙蓉江、天坑地缝、潭獐峡等已被列为国家级重点风景名胜区。拥有武隆岩溶、黔江小南海、云阳龙缸等 6 个国家地质公园。重庆市仙女山为国家旅游度假区。巫山龙骨坡古猿人遗址、大足石刻、涪陵白鹤梁水文碑林等被列为全国重点文物保护单位。重庆的革命遗迹很多。红岩革命纪念馆、歌乐山革命烈士纪念馆为中外人士瞻仰。

重庆钟灵毓秀的山川地理孕育了融山、水、林、泉、瀑、峡、洞为一体的奇特壮丽的自然景观。从而体现了重庆旅游资源丰富，最负盛名的立体画廊长江三峡奇峰陡立、峭壁对峙，以瞿塘雄、巫峡秀、西陵险而驰名，千姿百态，各具魅力。唐代大诗人李白以“朝辞白帝彩云间，千里江陵一日还。两岸猿声啼不住，轻舟已过万重山”放歌三峡，留韵千秋。神奇的自然地理还造就了有天然基因宝库之称的南川金佛山、全球同纬度地区唯一幸存最大的原始森林江津四面山等自然资源富集之地，乌江、嘉陵江、大宁河等江河峡谷风光，以及长寿湖、小南海、青龙湖等湖泊风光。被誉为“山城花冠”的重庆南山公园，奇花异草，千姿百态，争芳斗艳，四季飘香。市郊南温泉公园、北温泉公园，温汤宜人，岩壑幽深，景色迷人。四面山自然风景区，配置成趣，尽人揣猜，移步异景，游人恍若置身艺术画廊之中。驱车大足，唐末两宋以来的 5 万多尊摩崖石刻雕像一饱眼福。由重庆乘船顺流东下，可饱览川江的小山城长寿，巴国古都涪陵，传说中的阴曹地府丰都。登上拔江耸翠的石宝寨，立祠江边的云阳张桓侯廊等风物文迹，再经蜀后先主刘备托孤的白帝城，进入夔门，就可以尽情地欣赏“长江小三峡”和“长江三峡”的风光。

［**文化艺术**］

巴渝文化是长江上游最有鲜明个性的民族文化之一。巴渝文化起源于巴文化，它是指巴族和巴国在历史的发展中所形成的地域性文化。巴人一直生活在大山大川之间，大自然的险恶环境，使他们练就出一种顽强、坚韧和彪悍的性格，因此巴人以勇猛、善战而称。巴人的军队参加周武王讨伐商（殷）纣王战争，总是一边唱着进军的歌谣，一边跳着冲锋的舞蹈，勇往直前，古代典籍称之为“武王伐纣，前歌后舞”。

春秋战国时代，巴族的民歌也相当有名。《昭明文选》就有关于巴山调广为民间传唱的记载：“客有歌于郡中者，其下始于下里巴人，国中属而和者数千人。”巴山调在楚国尚有千人和唱的壮观景象，在巴国本地就更不用说了。作为山歌的巴山调，亦称竹枝词，经民众创作和传唱，文人受其影响而纷纷效仿。唐代大诗人刘禹锡就曾仿民歌作《竹枝词》9首。其中有一首民歌作品“杨柳青青江水平，闻郎江上踏歌声。东边日出西边雨，道是无晴却有晴”，以天气的晴、雨巧妙隐喻男女恋情而为广大民众所喜爱。自刘禹锡之后，竹枝词开始成为一种富有民歌味的诗体形式，保存在我国历代诗词集中，足见巴山调对我国文学创作的重大影响。

重庆文化发达，名人辈出。被评为重庆十大历史文化名人的有：南宋高僧道隆，明代爱国女英雄秦良玉，清代教育家李惺，清末书画家竹禅和杨裕勋，清末医学家程琪芝，近代实业家张森楷，辛亥革命先烈张增爵，近代教育家向楚，现当代著名作家巴金等。其中，巴金的名作“激流三部曲”（《家》《春》《秋》）和《寒夜》曾产生广泛影响。还有近代著名的资产阶级革命宣传家邹容也是重庆人，他的《革命军》一书被章太炎称许为“义师先声”。

重庆至巫山这段千里川江上，航道弯曲狭窄，明礁暗石林立，急流险滩无数。旧社会江上船只多靠人力推挠或拉纤航行，少则数十人多则上百人的江上集体劳动，只有用号子来统一指挥。因此，在滚滚川江上，产生了许多歌咏船工生活的水上歌谣——川江号子。国际友人称其为“江河音乐”。独特的巴渝文化，铸就了重庆这块土地上深厚的文化底蕴，文化英才不断涌现，文化佳作业绩辉煌，文化艺术空前活跃。

二、四川省

［旅游资源］

四川省是著名的旅游资源大省，旅游资源极其丰富，拥有美丽的自然风景、悠久的历史文化和独特的民族风情，具有数量多、类型全、分布广、品位高的特点，其资源数量和品位均在全国名列前茅。截至 2017 年 3 月，全省有世界遗产 5 处，其中自然遗产 3 处：九寨沟、黄龙、四川大熊猫栖息地；自然和文化双重遗产 1 处：峨眉山—乐山大佛；文化遗产 1 处：青城山—都江堰。拥有中国历史文化名城 8 个：成都、自贡、宜宾、阆中、乐山、都江堰、泸州、会理。拥有国家 5A 级旅游景区 12 家：青城山—都江堰、峨眉山、九寨沟、黄龙、乐山大佛、北川旅游区、阆中古城、汶川旅游区、小平故里、剑门蜀道剑门关景区、朱德故里景区、泸定县海螺沟景区。有全国重点文物保护单位 229 处；世界级地质公园 2 处（兴文和自贡），国家级地质公园 16 处，国家级旅游度假区 2 处：四川省邛海旅游度假区和成都天府青城康养休闲旅游度假区；国家生态旅游示范区 2 处：西昌市邛海、巴中市南江光雾山；国家级非物质文化遗产名录 120 项。

四川地处内陆，虽无海洋景观，但水系发达，境内主要河流有金沙江、雅砻江、岷江等大小支流。四川的江河大多穿切山岭造成峡谷，水流湍急。如金沙江虎跳峡，急流险滩，乱石穿空；青衣江峡谷绿水环绕，山清水秀，水光山色，浑然一体。四川西南部，地壳褶皱剧烈，河流深切，山高谷深。泸沽湖、邛海等天然大湖水光潋滟，山色葱茏，绚丽多姿，是四川著名的风景胜地。

四川是闻名世界的“熊猫故乡”。大熊猫是中国特产的野生动物，主要生活在中国青藏高原东部边缘、四川盆地西缘一带的高山峡谷中，全国的大熊猫大部分生活在四川。西方世界对大熊猫的认识开始于四川宝兴。世界最大的大熊猫保护机构——中国（卧龙）保护大熊猫研究中心在四川。世界最大的大熊猫人工繁育机构——成都大熊猫繁育研究基地（成都熊猫生态公园）在四川。

［**文化艺术**］

四川省文化丰富，多元并存。境内除本土的巴蜀文化和西部藏区文化外，只要跨出盆地，便与楚文化、秦陇文化、滇文化、夜郎文化、藏彝文化区域路途相接，促成了与四方文化的交流渗透，形成巴蜀文化多元、兼容、开放的特点。

四川文学名家辈出，源远流长。四川人司马相如（前 179~前 117 年），汉代著名辞赋家，散文名篇《难蜀父老》以解答问题的形式，阐明了和少数民族相处的道理，文字苍劲优美，说理透彻。其汉赋代表作有《子虚赋》《上林赋》《大人赋》等名篇。他与卓文君自由恋爱的故事也成为千古美谈。

蜀郡成都人扬雄（前53～18年）是西汉末年最著名的辞赋家，他侍从成帝祭祀游猎，写下著名的《甘泉赋》《羽猎赋》《长扬赋》《河东赋》“四赋”。梓州射洪县人陈子昂（661～702年），开初唐一代诗风，代表作为《感遇诗》38首、《蓟丘览古》7首和《登幽州台歌》。《登幽州台歌》最为著名：“前不见古人，后不见来者。念天地之悠悠，独怆然而涕下。”

李白（701～762年），5岁时随父入蜀，居于绵州彰明（今四川江油市境）县青莲乡，因自号青莲居士。20岁以后，开始在蜀中漫游，曾登峨眉、青城诸名山，游三峡、过白帝城，饱览四川锦绣壮美的山河，写下《蜀道难》《峨眉山月歌》《登锦城散花楼》《上皇西巡南京歌》《朝发白帝城》等以四川为题材的诗歌名篇。

诗圣杜甫从唐肃宗乾元二年（759年）至唐代宗大历四年（769年），客居四川整整10年，正是当朝内忧外患之际。在成都浣花草堂（今杜甫草堂）、夔州两地共写诗700多首，占他一生诗作的一半。他的诗从不同角度真实地反映了当时人民的疾苦，记录了当时的政治、军事活动及社会经济状况。

宋代四川文学界最有成就的当推四川眉山人苏洵和苏轼、苏辙三父子。当时文人称苏洵为老苏，苏轼、苏辙被称为大苏和小苏，合称“三苏”。苏轼的诗题材广泛，才情横溢，是北宋最有名望的诗人，后人把他和黄庭坚一起并称为“苏黄”，保存到现在的诗作还有4000多首，有“坡仙”“诗神”之誉。“出新意于法度之中，寄妙理于豪放之外”。苏轼的词对后世影响更大，是豪放词派的创始人，名作《念奴娇》《水调歌头》等开豪放词派的先河，后人常把他和另一个豪放词人辛弃疾一起并称为“苏辛”，并尊其为“词圣”。他的词流传到现在的还有300多首。苏轼在赋的创作上也是宋代的佼佼者，他的赋体物写志、缥缈多姿，前后《赤壁赋》《黠鼠赋》《飓风赋》是流传千古的代表作。

四川新都人杨慎（1488～1559年），被誉为“明代著述第一人”，所写诗文具有浓郁的浪漫主义色彩，现存的诗约有2300首，代表作有《临江仙》《宿金沙江》《竹枝词》等。

德阳罗江人李调元（1734～1813年），清代著名文学家和戏剧理论家，著作有《雨村诗话》《雨村曲话》《雨村剧话》《南越笔记》《井蛙杂记》等。李调元是编撰川剧剧本的第一人，改编过川剧《春秋配》《花田错》等，还亲自在家训练伶童、组织演唱，是川剧创始人之一。

在四川文化艺术中最具特色的是川剧变脸。川剧是传统戏曲剧种之一，流行于四川东中部、重庆及贵州、云南部分地区。川剧脸谱，是川剧表演艺术中重要的组成部分，是历代川剧艺人共同创造并传承下来的艺术瑰宝。川剧变脸是川剧表演的特技之一，用于揭示剧中人物的内心及思想感情的变化，即把不可见、不可感的抽象的情绪和心理状态变成可见、可感的具体形象——脸谱。“变脸”始于清乾隆嘉庆年间，技艺成形于20世纪，王道正是川剧变脸的代表性人物，被誉为“化装和角色变幻的世界大师”，曾先后应邀到新加坡、中国香港献艺，表演川剧“变脸”绝活。

三、贵州省

[**旅游资源**]

贵州特殊的喀斯特地质地貌、原生的自然环境、浓郁的少数民族风情，形成了以自然风光、人文景观和民俗风情交相辉映的丰富旅游资源。贵州拥有世界遗产2处：贵州赤水丹霞地貌和贵州土司遗址，世界非物质文化遗产1项：贵州侗族大歌；拥有国家5A级旅游景区6家：安顺市镇宁布依族苗族自治县黄果树瀑布景区、安顺市西秀区龙宫景区、毕节市黔西县百里杜鹃景区、黔南布依族苗族自治州荔波县樟江景区、贵阳市花溪区青岩古镇景区、铜仁市梵净山（江口·印江）旅游区。有全国重点文物保护单位71处；国家级旅游度假区1处：遵义市赤水河谷旅游度假区；国家生态旅游示范区2处：黔南州樟江、毕节市百里杜鹃。截至2014年，拥有贵州关岭化石群国家地质公园、贵州兴义国家地质公园、贵州织金洞国家地质公园等国家地质公园8处。拥有黄果树、龙宫、织金洞等国家级风景名胜区18处。国家历史文化名城2处，中国历史文化名镇8处，中国历史文化名村15处。

此外有众多的古墓群、古城垣、古岩画、古代寺庙和革命遗址等。贵州的自然风光有一种独特韵味，其山层峦叠嶂，秀峰林立，各具风姿；其水蜿蜒于崇山峻岭，奔腾穿泻于深峡幽谷；喀斯特溶洞遍布全省各地，可谓“无山不洞，无洞不奇”。风化的石灰岩和白云岩，挺拔林立，千姿百态。灵秀的湖水给这个山区省份增添了几分妩媚。贵州西部的草海，绿如碧玉，风景优美，被誉为“高原上的明珠”。看壮观的黄果树瀑布、“大自然的奇迹”龙宫、别有洞天织金洞、湖光山色红枫湖、山水名胜阳河、风光秀丽的赤水十丈洞瀑布，以及瑰丽多姿的“小七孔”。

贵州有着悠久的历史、灿烂的文化，一代代勤劳勇敢的贵州人民留下了众多令人叹为观止的名胜古迹。安顺云山屯古建筑群位于安顺城东七眼桥，是明代汉族移民的古村寨，保存着较为完好的屯门、屯墙和哨棚。雷山郎德上寨古建筑群位于雷山县城北门外，是苗族古老村寨，以吊脚楼为特色。福泉明城墙位于福泉市城区，始建于明洪武十四年（1381 年），后一扩再扩，逐渐形成城中有河、河外有城的特殊形制，当地民谚谓之曰:“里三层，外三层，城墙围水小西门。”内外三城城城相连，上下贯通，气势壮观。

贵州还是个具有光荣革命传统的地方。第二次国内革命战争时期，中国工农红军红七军、红八军、红三军、红六军团、红二军团、中央红军先后进入贵州开展革命活动，足迹遍及全省 68 个县（市、区、特区）的山山水水。贵州省较重要的红色文化资源约 600 处，主要包括遵义会议、黎平会议、猴场会议、强渡乌江、娄山关战役、四渡赤水等长征文化旅游精品，还保存有邓恩铭、王若飞、周达文、周逸群等老一辈无产阶级革命家故居。以“历史转折，出奇制胜”为主题形象的“黔北黔西红色旅游区”，已被列入全国 12 个“重点红色旅游区”；贵阳—凯里—镇远—黎平—通道—桂林线；贵阳—遵义—仁怀—赤水—泸州线和张家界—桑植—永顺—吉首—铜仁线“三条红色线路”被列入全国 30 条《红色旅游精品线名录》；遵义会议纪念馆等 11 处被列入《全国红色旅游经典景区名录》。

［**文化艺术**］

贵州拥有丰厚而又独特的文化艺术。其中的夜郎文化是贵州最独特的历史文化。夜郎国是春秋至西汉时期西南少数民族地区最强大的两个国家之一，曾被汉武帝赐予王印。秦汉时期，夜郎的势力范围更广。在西汉昭帝（前 76 年）时，夜郎共辖 17 个县，面积达 20 余万平方千米，比现在贵州省的面积还大。现在贵州省的绝大部分地区以及邻省（区）的部分地区，都是当时夜郎的辖地。夜郎王又称“竹王”，以竹为姓，目前贵州省内各地和贵阳附近的少数民族如仡佬族、苗族、布依族以及彝族等少数民族都有奉竹为神灵的传统，贵阳境内有不少地方建有“竹王祠”。可以说，夜郎文化是贵州文化的源头，现代的贵州人既受夜郎文化的熏陶，也创造和发展了“夜郎文化”。

贵州历史上文化名人辈出，在文学创作上取得了一定的成就。汉代的盛览和尹珍是最早的两位文化名人，被称为“贵州文坛之祖”。明代，贵州诗坛群星璀璨。据《黔诗纪略》一书统计，至今仍可见其作品的贵州诗人达300余人，其中影响较大的有王训、孙应鳌、谢三秀和杨文聪4人。尤以谢三秀、杨文聪二人成就最高，被誉为“黔中二隽”。清代，贵州文人频出，贵阳花溪的周起渭既是《康熙字典》的编纂人之一，又是著名诗人。

贵州戏曲形式多样，丰富多彩，有黔剧、花灯戏、傩戏等。黔剧是贵州地方剧种，流行于贵阳、毕节、遵义、安顺、黔西南等地区，著名剧目有《秦娘美》《奢香夫人》等。傩戏大致可分为巫傩和军傩两大类。军傩流行于安顺市和贵阳市一带，是明代调北征南的明朝汉族军队带入贵州的。开始时流行于军队中，是一种练兵习武活动。后来逐渐变成民间带有宗教色彩的娱乐活动，并传入布依族和仡佬族等民族中。傩戏的剧目多为武戏，表演正史故事，主要有《薛仁贵征东》《薛丁山征西》《五虎平西》《精忠传》等。

四、云南省

[**旅游资源**]

云南旅游资源十分丰富，已经建成一批以高山峡谷、现代冰川、高原湖泊等为特色的旅游景区。全省有景区、景点200多个，拥有丽江古城、三江并流、云南石林、红河哈尼梯田4处世界遗产地；拥有昆明、大理、丽江、建水、巍山、会泽6座中国历史文化名城；拥有国家风景名胜区12处：云南石林、大理、西双版纳、三江并流、昆明滇池、丽江玉龙雪山、腾冲地热火山、瑞丽江—大盈江、宜良九乡、建水、丘北普者黑、泸西阿庐古洞；拥有国家5A级旅游景区8家：昆明市石林彝族自治县石林风景区、丽江市玉龙纳西族自治县玉龙雪山景区、丽江市古城区丽江古城景区、大理白族自治州大理市崇圣寺三塔文化旅游区、西双版纳傣族自治州勐腊县中科院西双版纳热带植物园、迪庆藏族自治州香格里拉县普达措国家公园、昆明市盘龙区昆明世博园景区、保山市腾冲县火山热海旅游区；有全国重点文物保护单位132处；拥有阳宗海、西双版纳和玉溪抚仙湖3家国家级旅游度假区；国家生态旅游示范区2处：西双版纳自治州野象谷、玉溪市玉溪庄园；石林、澄江动物群、腾冲火山等6处国家地质公园；还有禄丰县黑井镇、会泽县娜姑镇白雾街村等8座国家历史文化名镇名村。

云南省元阳县的哀牢山南部的梯田景观，是哈尼族人世世代代留下的杰作，已被列入世界遗产名录。哈尼族梯田随山势地形变化，因地制宜进行开垦。梯田大者有数亩，小者仅有簸箕大，往往一坡就有上百公顷。梯田规模宏大，气势磅礴，绵延整个红河南岸的红河、元阳、绿春及金平等县，仅元阳县境内就有113平方千米梯田，是红河哈尼梯田的核心区。

香格里拉位于云南省西北部的滇、川、藏“大三角”区域，是国家“三江并流”风景名胜区的一颗明珠，地处迪庆香格里拉腹心地带。是一片人间少有的完美保留自然生态和民族传统文化的净土，素有“高山大花园”“动植物王国”“有色金属王国”的美称。是一个以藏族为主体、地域辽阔、资源丰富的县份。

茶马古道是指存在于中国西南地区，以马帮为主要交通工具的民间国际商贸通道，是中国西南民族经济文化交流的走廊，茶马古道是一个非常特殊的地域称谓，是一条世界上自然风光最壮观、文化最为神秘的旅游绝品线路，它蕴藏着开发不尽的文化遗产。茶马古道源于古代西南边疆的茶马互市，兴于唐宋，盛于明清，第二次世界大战中后期最为兴盛。茶马古道分川藏、滇藏两路，连接川滇藏，延伸入不丹、尼泊尔、印度境内，直到西亚、西非红海海岸。川藏茶马古道，东起雅州边茶产地雅安，经打箭炉（今康定），西至西藏拉萨，最后通到不丹、尼泊尔和印度，全长4000多千米，已有1300年历史，具有深厚的历史积淀和文化底蕴，是古代西藏和内地联系必不可少的桥梁和纽带。滇藏茶马古道大约形成于6世纪后期，它南起云南茶叶主产区普洱，中间经过今天的大理白族自治州和丽江市、香格里拉进入西藏，直达拉萨。有的还从西藏转口印度、尼泊尔，是古代中国与南亚地区一条重要的贸易通道。

［**文化艺术**］

云南省是一个多民族的省份，语言文字丰富多彩。云南各民族的语言分别属于汉藏语系和南亚语系。各民族除回族、满族、水族通用汉语外，其余都有自己的语言，先后改进和创制了彝族、哈尼族、傣族、苗族、壮族、傈僳族、佤族、拉祜族、纳西族、景颇族、白族、瑶族、独龙族13种民族文字；现在使用的民族文字共22种。纳西族的东巴文是一种兼备表意和表音成分的图画象形文字。其文字形态比甲骨文还要原始，属于文字起源的早期形态，但亦能完整记录典藏。东巴文源于纳西族宗教典籍兼百科全书的《东巴经》。由于这种文字由东巴（智者）所掌握，故称东巴文。东巴文有1400多个单字，词语丰富，能够表达细腻的情感，能记录复杂的事件，亦能写诗作文。2003年，东巴古籍被联合国教科文组织列入《世界记忆名录》。

纳西古乐源于汉族的洞经音乐和皇经音乐，相传为宋乐，目前保留下来的只有来源于洞经音乐的那部分，传闻原有汉族经文配唱，传到纳西族民间后，逐渐变为单纯的乐曲，纳西古乐由《白沙细乐》《洞经音乐》《皇经音乐》组成（皇经音乐现已失传），融入了道教法事音乐，儒教典礼音乐，甚至唐宋元的词、曲牌音乐，形成了它独特的灵韵，被誉为“音乐化石”。纳西古乐最具欣赏性的地方是其“稀世三宝”。第一件宝贝是古老的曲子；第二就是古老的乐器，乐师们手上所持乐器，皆有上百年历史；第三就是古老的艺人。据考证，这种古乐起源于14世纪，它是云南省最为古老的音乐，也是中国或世界最古老的音乐之一。

滇剧于明末至清乾隆年间先后传入云南而逐渐发展形成的，流行于云南90多个县市的广大地区和四川、贵州的部分地区。主要是一些反映白、傣、佤、哈尼等少数民族斗争生活的剧目，如《蝴蝶泉》《望夫云》《版纳风光》《独手英雄》《佤山前哨》《牛皋扯旨》《闯宫》《送京娘》和已摄制成影片的《借亲配》等。中华人民共和国成立以后培养起来的知名演员有万象贞、周惠侬、李廉森、邱云苏、李少虞、王玉珍等。

丽江壁画是明代纳西族社会大开放的产物，它的绘制从明初到清初，先后延续了300多年。其中的大宝积宫，现存壁画558幅，是丽江壁画收藏最多的地方。壁画融汉、藏、纳西文化一体，众教合一，展示了藏传佛教和儒、道等生活故事。白沙壁画对各种宗教文化和艺术流派兼收并蓄，独树一帜。绘画布局周密，用笔严谨，色彩艳丽，造型准确，人物形象逼真，明显吸取了东巴画粗犷、色彩对比强烈、线条均匀、笔法洗练等特点。丽江壁画中所涉及的题材比较广泛，对奔跑的骏马、盛开的荷花、山林田野、花鸟草虫等自然风光都有描绘，这些画都明显展示了画家敏锐的观察能力和积极入世的思想情感。

沧源崖画是我国目前发现的最古老的崖画之一，产生于3000多年前的新石器时代晚期。已发现崖画地点11处，分布于云南省沧源佤族自治县的勐省、曼帕、丁来、吴良等10处海拔2000米以上的山崖上。是用手指或羽毛等蘸抹红色颜料绘成。颜料可能是用动物血调和赤铁矿粉制作的。崖画主要是狩猎、采集等生产活动及娱神等宗教活动的场面。还有战争凯旋图，上绘干栏式房屋建筑及手持兵器、驱赶猪羊胜利而归的人们。所画粗犷古朴，是研究南方古代民族历史的重要资料。

明朝著名航海家、外交家郑和，是云南昆阳（今晋宁昆阳街道）人。1405～1433年，七下西洋，完成了人类历史上伟大的壮举。

云南籍音乐家聂耳，是中华人民共和国国歌《义勇军进行曲》的作曲者。他创作了《毕业歌》《大路歌》《卖报歌》等数十首革命歌曲。他的音乐创作具有鲜明的时代感、严肃的思想性、高昂的民族精神和卓越的艺术创造性，为中国无产阶级革命音乐的发展指明了方向。

五、西藏自治区

[**旅游资源**]

西藏独特的高原地理环境和历史文化，催生了数量众多、类型丰富、品质优异、典型性强、保存原始的旅游资源。全国165个旅游资源基本类型中，西藏有110个，在全国旅游资源系统中处于不可替代的重要地位。西藏共有各级各类风景名胜资源点1424处，目前可供游览的景点300多处。西藏拥有世界文化遗产1处：布达拉宫—大昭寺—罗布林卡；入选《人类非物质文化遗产代表作名录》2项：藏戏、《格萨尔》；拥有国家5A级旅游景区4家：布达拉宫、大昭寺、巴松错、扎什伦布寺；全国重点文物保护单位55处；国家级旅游度假区1处：林芝市鲁朗小镇旅游度假区；国家地质公园3处，即易贡、札达土林、羊八井；国家级风景名胜区4处，即纳木错—念青唐古拉山、雅砻河、唐古拉山—怒江源、土林—古格；国家森林公园9个，即巴松错、色季拉、玛旁雍错、然乌湖、姐德秀、班公错、热振、尼木、比日神山；中国历史文化名城3座，即拉萨市、日喀则市、江孜县；历史文化名镇2处，即山南市昌珠镇、日喀则市萨迦镇。

西藏自然旅游资源丰富，主要有：以喜马拉雅山脉为主的雪山风光区域、藏北羌塘草原为主的草原风光区域、藏东南森林峡谷为主的自然生态风光区域、阿里神山圣湖为主的高原湖光山色风光区域等。

西藏人文旅游资源也非常丰富，现有1700多座保护完好、管理有序的寺庙，形成了独特的人文景观。主要有以拉萨布达拉宫、大昭寺、罗布林卡为代表的藏民族政治、经济、宗教、历史、文化中心的人文景观区；以山南雍布拉康、桑耶寺、昌珠寺、藏王墓群为代表的藏文化发祥地人文景观区；以日喀则扎什伦布寺、萨迦寺为代表的后藏宗教文化人文景观区；以藏北"古格王朝古都遗址"为主的文物古迹人文景观区；以昌都康区文化为代表的"茶马古道"历史文化人文景观区等。

［**文化艺术**］

西藏藏族人民在悠久的历史岁月中创造了灿烂的藏族文化。藏族的英雄史诗《格萨尔王传》，已用多种文字在世界各地传播。《格萨尔王传》有六七十部，150多万行，是世界上最长的史诗。它叙述格萨尔王为了拯救人类，下凡投胎于贫苦牧民家中，长大后赛马获胜称王，称王后东征西伐、降妖伏魔，最后升天的故事。史诗塑造了格萨尔的英雄形象，深受人民喜爱。

藏文古籍非常丰富。14世纪编成的藏文《大藏经》，包括的书达4500多种，分为《甘珠尔》《丹珠尔》两大部类，两大部类下又分为10种（"十明学"）。藏族历史和文学作品也十分丰富，著名史书如《巴协》《布顿佛教史》《西藏王统记》《红史》《青史》等，传记文学有《米拉日巴传》等。

藏医藏药已有1600多年的悠久历史，是祖国医学宝库中的一颗明珠。相传很早以前藏族群众就流传"有毒就有药"的说法。藏区最早流行的一种医学叫"本医"，主要靠放血、火疗、涂摩等治病。唐代宇妥·云丹贡布主持编写了藏医最有名的古代医学经典《居希》，即《四部医典》。他还编著过30多部医学论著，从而使藏医有了一个完整的体系。1689年，藏族著名学者第巴桑杰加措编著《蓝琉璃》，成为通行全藏的对《四部医典》的注解本。不久他又召集名画家洛扎·丹增罗布等，收集各地药物标本，绘成了《四部医典》所用的79幅独特的彩色藏医药挂图。还有著名医药家迪马旦增平措所著的《晶珠本草》，记载有药物2294种，对药物形态、产地及用途，做了详细的叙述和说明。

藏戏包括西藏藏戏（阿吉拉姆）、安多藏戏（南木特）、德格藏戏、昌都藏戏4个剧种，各剧种的唱腔、音乐、表演、服饰等具有不同特色。西藏藏戏及安多藏戏流传较广，影响较大。中华人民共和国成立以来，藏戏被搬上舞台，并对唱腔、乐队等进行了改革，丰富了藏戏音乐的表现力。

藏族的历法是五行、阴阳与十二生肖纪年法，能比较准确地辨明行星方位，推算日食、月食发生的时间。在藏历中，详细记载有一年的季节划分，以及适合藏区高原气候的农时节气，同时可粗略预报全年和每个月的天气趋势，季节变化，雨水大小，各种灾害等情况，深受农牧民群众的欢迎。

第七节　西北地区各省自治区旅游资源

一、陕西省

［**旅游资源**］

陕西省旅游资源极为丰富。陕西拥有世界文化遗产3项：秦始皇陵及兵马俑坑、长城（陕西段）、丝绸之路（陕西段）；列入《人类非物质文化遗产代表作名录》1项：西安鼓乐；有全国重点文物保护单位234处；国家5A级旅游景区9家，包括西安市临潼区秦始皇兵马俑博物馆、西安市临潼区华清池景区、延安市黄陵县黄帝陵景区、西安市雁塔区大雁塔—大唐芙蓉园景区、渭南市华阴市华山风景区、宝鸡市扶风县法门寺佛文化景区、商洛市商南县金丝峡景区、宝鸡市太白县太白山旅游景区、西安市城墙·碑林历史文化景区；中国历史文化名城6个，包括西安、咸阳、延安、韩城、榆林和汉中；国家生态旅游示范区2处：西安市世博园、商南县金丝峡；有国家级风景名胜区5处，包括华山风景名胜区、临潼骊山—秦兵马俑风景名胜区、宝鸡天台山风景名胜区、黄帝陵风景名胜区和合阳洽川风景名胜区；国家地质公园8处，即陕西洛川黄土国家地质公园、陕西翠华山山崩国家地质公园、陕西柞水溶洞国家地质公园、陕西延川黄河蛇曲国家地质公园、陕西商南金丝峡国家地质公园、陕西岚皋南宫山国家地质公园、黄河壶口瀑布国家地质公园和陕西耀州照金丹霞国家地质公园；

陕西人文资源特别丰厚，可看到古代城阙遗址、宫殿遗址、古寺庙、古陵墓、古建筑等，如长城、秦始皇兵马俑（世界文化遗产）、乾陵、茂陵等。在陕西，仅古代帝王陵墓就有72座。陕西各地的博物馆内陈列着西周青铜器、秦代铜车马、汉代石雕、唐代金银器、宋代瓷器及历代碑刻等稀世珍宝，它们闪烁着耀眼的历史光环，昔日的周秦风采、汉唐雄风从中可窥一斑。

陕西省的自然资源，有位于华阴市的西岳华山、宝鸡眉县的太白山，还有西安周边的临潼骊山华清池、终南山、翠华山，秦晋交界处的黄河壶口瀑布等。

［**文化艺术**］

陕西是远古文化的摇篮之一。陕西从西周起，就进入了一个新的历史发展时期。周是陕西关中一个古老的部族。周人以周原为活动中心后，就有了文字记事，把卜辞和占卜有关的记事文字刻在骨片上，后来又在青铜器上铸刻铭文。周代的古阴阳历，就是我国最早的历法。秦阿房宫、秦始皇陵、汉阳陵、乾陵等都记录印证了博大精深的陕西古代文化，其中已开发的秦始皇兵马俑坑，就展现了一个巨大的地下雕塑艺术宝库，反映出当时高超的艺术水平，是中国文化史上的一个光辉篇章，号称世界第八大奇迹。

陕西为形胜之地，自古以来，文人荟萃。汉有司马迁，以其“究天人之际，通古今之变，成一家之言”的史识创作了中国第一部纪传体通史《史记》，被公认为是中国史书的典范，该书记载了从上古传说中的黄帝时期，到汉武帝元狩元年（前122年）长达3000多年的历史，是“二十五史”之首，被鲁迅誉为“史家之绝唱，无韵之离骚”。唐有韦庄，其词多写自身的生活体验和上层社会之冶游享乐生活及离情别绪，善用白描手法，词风清丽。与温庭筠同为“花间派”代表作家，并称“温韦”。所著长诗《秦妇吟》反映战乱中妇女的不幸遭遇，在当时颇负盛名，与《孔雀东南飞》《木兰诗》并称“乐府三绝”。在中国现当代文学史上陕西作家影响较大。贾平凹的《秦腔》和陈忠实的《白鹿原》，先后获得茅盾文学奖。

陕西的民间艺术种类繁多，有秦腔，也称为“乱弹”，是陕西地方戏的主要剧种，也是我国现存戏曲艺术中最古老的剧种，是京剧、豫剧、川剧、河北梆子等剧种的鼻祖，其唱腔、道白、脸谱、身段、角色、门类和演技均自成体系。其特点是：慷慨激昂，宽音大嗓。以西安易俗社和陕西省戏曲研究院的秦腔最为著名；有皮影戏，通过灯光把雕刻精巧的皮影映照在屏幕上，由艺人们在幕后操动影人，伴以音乐和歌唱，是一种深受人民喜爱的古老而又奇特的戏曲艺术；有眉户，唱腔音乐有50多个曲牌，可以表现人物在舞台上丰富的情感和曲折的剧情；有农民画，所画内容多取材于人物、动物、花鸟等，构图简洁美观，注重色彩数量，追求强烈的直观效果，乡土风情浓厚，内容健康朴实，给人积极向上的激情；有唐三彩，它是在汉代单色釉陶的基础上创造出来的新品种，是在白底的陶胎上刷上一层无色釉，再用黄、绿、青等色加以装饰烧制而成，其色彩鲜丽、光泽柔和、形象逼真。

二、甘肃省

［**旅游资源**］

甘肃的旅游资源十分丰富，具有沙漠戈壁、名刹古堡、草原绿洲、佛教圣地、冰川雪山、红色胜迹和民族风情等独特景观。截至2017年甘肃拥有世界文化遗产3项：敦煌莫高窟、长城（嘉峪关）、丝绸之路（甘肃段）。拥有国家5A级旅游景区4家：嘉峪关、崆峒山、麦积山、鸣沙山—月牙泉。甘肃花儿、甘南藏戏（部分）被列为“人类口头与非物质文化遗产代表作”。有全国重点文物保护单位131处；有国家生态旅游示范区2处：甘南州当周草原、兰州市兴隆山。还拥有麦积山、崆峒山、鸣沙山—月牙泉国家级风景名胜区3处；张掖、敦煌、武威、天水国家历史文化名城4座；敦煌雅丹、刘家峡恐龙、景泰黄河石石林、平凉崆峒山、和政古生物化石、天水麦积山、张掖丹霞、宕昌官鹅沟、临潭冶力关国家地质公园9处。

甘肃是秦、汉、明三代修筑长城的起点，甘肃境内保存的长城总计超过3600千米，占全国现存总量的60%以上，沿线遗存遗迹十分丰富。在河西走廊，“天下第一雄关”嘉峪关、“长城第一墩”、阳关、玉门关、汉长城等古长城遗存，都已成为游人凭吊历史的旅游名胜。

甘肃是全国红色旅游资源大省。这里不仅是中国工农红军两万五千里长征胜利的结束地，还是中国西部最早红色革命政权的诞生地，也是红军西路军悲壮历史的见证地。艰苦奋斗、百折不挠的红色历史，贯穿了整个中国红色革命事业和解放事业，同时也给甘肃留下了众多宝贵的革命遗址。红军会师纪念地会宁、陕甘边区苏维埃政府旧址、腊子口战役纪念地、红军西路军烈士陵园、哈达铺会议纪念地、“岷州会议”纪念馆、榜罗镇革命遗址、八路军办事处旧址 8 个景区被纳入了全国重点打造的 100 个“红色旅游经典景区”建设目录。

甘肃自古以来就是东西方文化和各类生产要素及商品交换的重要通道，是华夏文明形成的重要源头，文化资源遗存多元而丰富。丝绸之路的甘肃段是新旧石器时代马家窑文化、齐家文化和马厂文化类型的典型区域，是中国出土彩陶规模最大、类型最全和价值最高的地区。“丝绸之路三千里，华夏文明八千年”是甘肃历史悠久、文化厚重的生动写照，也是对甘肃历史文化地位和特色的最好诠释。被视为中国古代高超铸造业象征的东汉青铜器——马踏飞燕，又名马超龙雀、铜奔马，就出土于甘肃省武威市雷台的东汉墓，1983 年被国家旅游局确定为中国旅游标志，并一直沿用至今。

甘肃拥有丝绸之路中国段的精华区段。漫步丝绸之路，可以欣赏天水麦积山石窟、伏羲庙。天水伏羲庙是我国目前规模最宏大、保存最完整的纪念伏羲氏的明代建筑群，是历代官方祭祀伏羲的重要地方，游览全国唯一一座黄河穿城而过的城市——兰州，在兰州的“百里黄河风情旅游线”可以看到有 400 多年历史的古老的提灌工具——黄河水车、全国黄河雕塑艺术品中最具艺术价值的黄河母亲雕像，以及黄河沿岸古老的摆渡工具——羊皮筏子，领略武威气势恢宏的雷台汉墓、“石窟鼻祖”天梯山石窟、举世无双的西夏碑和西藏纳入中国版图的见证地白塔寺，观赏张掖世界最大的室内卧佛大佛寺、河西走廊富饶的绿洲、牧马人的乐园山丹马场和集石窟艺术、祁连山风光和裕固族风情于一体的马蹄寺景区，走近“天下第一雄关”嘉峪关、“世界艺术宝库”莫高窟，以及鸣沙山—月牙泉、玉门关和雅丹国家地质公园等一批世界级的旅游景点，还可以体验戈壁沙漠、雪峰冰川等独特的自然风光，去酒泉东风航天城一探究竟。

源远流长的民族传统文化和奇丽多姿的民俗风情，形成了甘肃旅游的又一特色。藏回风情草原风光旅游线，经临夏回族自治州，到达被称为“九色香巴拉”天堂之地的甘南藏族自治州，沿途可以欣赏临夏浓郁的穆斯林风情、风格各异的清真寺、永靖炳灵寺石窟、和政古生物化石博物馆、临夏永靖黄河三峡、甘南玛曲黄河首曲、中国魅力名镇甘南碌曲郎木寺镇。

［**文化艺术**］

甘肃文学在中华人民共和国成立后得到大力发展，1949年9月12日成立了兰州文协（筹），1950年6月又成立了甘肃文联（筹），随即创办了甘肃第一个文学刊物《甘肃文学》，1958年7月，著名诗人李季、闻捷来甘肃落户，在他们的积极倡导下，中国作家协会兰州分会成立。话剧《在康布尔草原上》《远方青年》，歌剧《红鹰》《向阳川》，陇剧《枫洛池》等戏剧文学，文学刊物《飞天》《驼铃》在全国具有广泛影响。

甘肃是我国戏剧大省。以舞剧《丝路花雨》《大梦敦煌》为代表的文艺精品，已经成为外界认知甘肃的标志之一。陇剧《枫洛池》作为我国经典戏剧曲目入选《当代中国戏曲百部曲》。以“花儿”的格律为基调创立的花儿剧，是一种全新的地方性少数民族剧种。2017年甘肃地方戏曲普查显示，甘肃省现存地方戏曲剧种共13个，其中本土剧种10个：秦腔、陇剧、曲子戏、民勤曲子戏、陇南影子腔、玉垒花灯戏、灵台灯盏头戏、高山戏、半台戏、“南木特”藏戏；外来剧种3个：眉户、京剧、豫剧。

甘肃的佛窟艺术精美绝伦。中国四大石窟，甘肃有两个，即敦煌莫高窟、天水麦积山石窟。敦煌壁画作为敦煌艺术的主要组成部分，包括敦煌莫高窟、西千佛洞、安西榆林窟共有石窟552个，有历代壁画50000多平方米，是我国乃至世界壁画最多的石窟群，内容非常丰富，题材类型有佛像画、经变画、供养人画像、神话题材画、装饰图案画、故事画、山水画等，这些绘画内容除装饰图案而外，一般有情节的壁画，特别是经变画和故事画，都反映了大量的现实社会生活，如：统治阶级的出行、宴会、审讯、游猎、剃度、礼佛等；劳动人民的农耕、狩猎、捕鱼、制陶、冶铁、屠宰、炊事、营建、行乞等；还有嫁娶、上学、练武、歌舞百戏、商旅往来、少数民族、外国使者等各种社会活动，不仅具有艺术价值，还是珍贵的历史文献。天水麦积山石窟，彩绘泥塑精美绝伦，被誉为“东方雕塑陈列馆”。甘肃境内的大量佛教窟龛，自河西向陇东，犹如一颗颗璀璨的明珠，镶嵌于“丝绸之路”甘肃黄金段的每一个重要节点上，把当时甘肃境内佛教文化的辉煌，表现得淋漓尽致。据统计，甘肃境内丝绸之路沿线佛教石窟有70多处，除敦煌莫高窟、天水麦积山石窟外，著名石窟还有：保存有国内最早墨书纪年题记的永靖炳林寺石窟寺，开创于隋唐之前被誉为“莫高窟姊妹窟”的瓜州榆林窟，寺中有国内仅有的大型浮雕飞天的肃南马蹄寺石窟，有些壁画内容可弥补敦煌莫高窟之不足的祁丰文殊寺石窟，创建于十六国北凉王沮渠蒙逊时被誉为“中国石窟鼻祖”的武威天梯山石窟，拥有世界上最大的摩崖浮雕——拉梢寺摩崖浮雕大佛的武山水帘洞石窟，以及始建于北魏的甘谷大像山石窟和庄浪云崖寺石窟等。

三、青海省

［**旅游资源**］

青海的旅游资源博大而丰厚。拥有世界遗产 2 项：可可西里和长城（青海段）；有国家 5A 级旅游景区 3 家：青海湖、塔尔寺和互助土族故土园；人类非物质文化遗产代表作名录 3 项：花儿（甘肃、青海、宁夏、新疆四省区联合申报）、热贡艺术和格萨尔（西藏、内蒙古、青海、四川、甘肃、云南、新疆七省区联合申报）；全国重点文物保护单位 43 处；还有 7 处国家地质公园：尖扎坎布拉国家地质公园、互助嘉定国家地质公园、久治年保玉则国家地质公园、昆仑山国家地质公园、贵德国家地质公园、玛沁阿尼玛卿山国家地质公园、青海湖国家地质公园。

青海省藏族、土族、撒拉族等异彩纷呈的民族歌舞，大型历史藏戏《松赞干布》、大型音画歌舞《秘境青海》等剧目特色鲜明，广受欢迎。还有“青海国际水与生命音乐之旅”等没有国界的音乐；有环青海湖国际公路自行车赛、青海湖国际诗歌节、中国青海三江源国际摄影节等国际性的文化体育活动等也有较高的知名度。

奇异的地貌、丰富的动植物资源、独特的高原气候、众多的名胜古迹，形成了青海三大旅游景区。①东部旅游区：有湟中塔尔寺（5A 级旅游景区）览胜，酥油花、堆绣、壁画被誉为塔尔寺的艺术“三绝”；国家历史文化名城——同仁“热贡艺术”鉴赏，绘画、雕塑、堆绣等艺术精巧绝伦，藏乡“六月会”、土族“於菟”舞、藏戏等民俗、民间舞蹈、戏剧古老神秘；百里油菜花海赏景，百里油菜花海位于门源县、祁连山与大坂山之间的盆地，是中国最大的北方小油菜基地，2013 年荣获“全球十大绝美花海”称号，每年 7 月的门源油菜花旅游节是观赏油菜花的最佳时机；孟达林区观光、柳湾文物考古、土族和撒拉族之乡民俗风情游、尖扎坎布拉国家级森林公园等。②青海湖旅游区：包括日月山寻古、青海湖漫游、鸟岛奇观等，周边还有西海郡古城、新月沙丘、隆宝滩黑颈鹤保护区和金银滩草原（世界名曲《在那遥远的地方》的诞生地）。③西部旅游区：有源头漂流、巴隆国际狩猎场、阿尼玛卿山、昆仑山、新青峰、万丈盐桥、泽库和日石经墙、南八仙风蚀雅丹地貌、青南高原的冻土地貌、黄河谷地大峡谷等。青海省三江源国家级自然保护区是我国面积最大的湿地类型国家级自然保护区。

［**文化艺术**］

青海是中华民族文明的发祥地之一，青海的山脉水系延伸辐射中华大地，构成了中华民族生存繁衍和中华文明形成发展的地理空间。柳湾彩陶、喇家遗址以及沈那、辛店、卡约等远古文化遗迹，说明青海是中华民族形成、发展的重要源头，作为世界非物质文化遗产的昆仑神话，是中国古典神话的主体，也是华夏文明和中华文化的源头之一。昆仑山在中华民族的文化史上具有“万山之祖”的显赫地位，古人称昆仑山为“中华龙脉之祖”。青海还是中华民族文化的交融地之一，处在祖国西北地区的核心部位，是唐蕃古道、丝绸之路南线的必经之地，自古以来就是东西方文明交流的重要地区。

青海是多民族的聚居地，汉、藏、回、蒙古、土、撒拉等民族历史悠久，民俗风情别具一格。①民间文学：格萨尔、拉仁布与吉门索、阿尼玛卿雪山传说、骆驼泉传说、祁家延西；②传统音乐：老爷山花儿会、丹麻土族花儿会、七里寺花儿会、瞿昙寺花儿会、藏族拉伊、青海汉族民间小调、塔尔寺花架音乐、撒拉族民歌、蒙古族民歌、藏族民歌（藏族酒曲）；③传统舞蹈：锅庄舞（玉树卓舞）、土族於菟、弦子舞（玉树依舞）、土族安昭、锅哇（玉树武士舞）等；④传统戏剧：黄南藏戏、青海马背藏戏、河湟皮影戏；⑤民间美术：土族盘绣、塔尔寺酥油花、热贡艺术、灯彩（湟源排灯）；⑥传统技艺：湟中县的加牙藏族织毯技艺、银铜器制作及鎏金技艺、同仁刻版印刷技艺和藏族碉楼营造技艺；⑦民俗：土族纳顿节、热贡六月会、土族婚礼、撒拉族婚礼、那达慕、藏族服饰；⑧曲艺：西宁贤孝；⑨传统医药：藏医药浴疗法、藏药阿如拉炮制技艺、七十味珍珠丸赛太炮制技艺等 41 项列入国家级非物质文化遗产名录。其中，热贡艺术、《格萨尔》史诗已经入选《联合国教科文组织非物质文化遗产名录》项目。热贡艺术发祥于黄南藏族自治州同仁县境内的隆务河流域，因同仁地区在藏语中称为“热贡”而得名，是藏传佛教艺术的重要组成形式，包括唐卡、泥塑、堆绣、雕刻等藏艺形式，以色彩艳丽、线条精致而蜚声海内外。当地年都乎、吾屯、郭玛日等传统村落，家家有画师，户户画唐卡，是安多藏区文化艺术中心。《格萨尔》史诗是世界上唯一一部至今还在不断创造的“活着的史诗”，格萨尔文化的独特性、多样性、活态性特征在国内外享有极高的声誉。青海果洛藏族自治州是格萨尔文化的主要发祥地，被誉为“中国格萨尔文化之乡”，是格萨尔文化资源最富集、表现形式最有特色、文化特征保持最完整、说唱传承人最多、影响力最广泛的地区之一。

四、宁夏回族自治区

［**旅游资源**］

宁夏的旅游资源多姿多彩，“两山一河”（贺兰山、六盘山、黄河）、“两沙一陵”（沙湖、沙坡头、西夏王陵）、“两堡一城”（将台堡、镇北堡、古长城）、“两文一景”（西夏文化、伊斯兰文化、塞上江南景观），体现了深厚的文化底蕴，展示着独特的自然风光。宁夏现有世界文化遗产 1 项：长城（宁夏段）；《人类非物质文化遗产代表作名录》1 项：花儿（与甘肃、青海、新疆等四省区联合申报）；5A 级景区 4 处：沙湖、沙坡头、镇北堡西部影城、水洞沟遗址；有全国重点文物保护单位 34 处；中国历史文化名城 1 座：银川；国家生态旅游示范区 1 处：中卫市沙坡头；国家级风景名胜区 2 处：西夏王陵风景名胜区、须弥山石窟风景名胜区；国家地质公园 2 处：六盘山国家森林公园、宁夏西吉火石寨国家地质公园。

“塞上江南·神奇宁夏”的旅游品牌日益叫响，吸引着中外游客纷至沓来。宁夏首府银川，东依黄河，西靠贺兰山，总面积 9970 平方千米，是中国河套文化和丝路文化交会地带极具吸引力和代表性的优秀旅游城市。境内有名胜古迹、自然旅游景区 60 多处。以银川为中心，近可观西夏王陵及与其咫尺相望的西部唯一的国家葡萄酒原产地保护区——玉泉葡萄庄园，觅西夏文化，品葡萄美酒；游塞北明珠——沙湖，欣赏湖傍金沙，沙环碧水的塞上江南风光，品尝被称为天然“脑黄金”的“沙湖大鱼头”；探游牧民族的艺术画廊——贺兰山岩画、中国史前考古的发祥地——水洞沟遗址，寻访中国最早发掘的旧石器时代文化遗址和我国古代唯一保存最完好的长城立体军事防御体系；逛著名作家张贤亮创办的镇北堡西部影城，这里拍摄了《红高粱》《东邪西毒》《大话西游》等100多部影片，有着“中国电影从这里走向世界”之美誉；赏国家级自然保护区贺兰山苏峪口国家森林公园和国家级湿地保护区阅海、鸣翠湖；紧张刺激的大漠自驾探险、黄河九曲漂流和风味独特的清真美食、时尚浪漫的都市休闲娱乐也会令四方宾朋不虚此行。远可北游宁夏最大的生态旅游景区——石嘴山市的北武当庙景区，南下青铜峡黄河大峡谷旅游区，欣赏闻名遐迩的黄河大坝、壮观的十里长峡、独特的一百〇八塔、神奇的卧佛山，往西行前往中卫的沙坡头（国家5A级旅游景区）和腾格里沙漠湿地·金沙岛旅游区，沙坡头旅游区地处腾格里沙漠东南边缘，集大漠、黄河、高山、绿洲于一身，是中国四大响沙所在地，折返南下可前往同心的清真大寺，固原的六盘山国家森林公园、须弥山石窟风景名胜区、宁夏西吉火石寨国家地质公园。

宁夏将依托370千米的S202省道，打造宁夏旅游“1号公路”，从银川起连通灵武、盐池、韦州、红寺堡、彭阳，直到固原，全长370千米。在这条省道上，由南到北，有全国十大最美梯田——彭阳县梯田、彭阳县乔家渠毛泽东长征宿营地、盐池县革命烈士纪念园、红寺堡的国家扶贫移民遗址、万亩葡萄种植生态园、星罗棋布的葡萄酒庄、一座座特色鲜明的清真寺、同心下马关明长城遗址、盐池县高沙窝镇二步坑行政村兴武营、国家5A级旅游景区——水洞沟景区、灵武市治沙环保生态园等，使S202省道成了一条抒发乡村情怀、传颂红色精神、连接历史文化和展示长城遗址的时光之旅风景道。

［**文化艺术**］

宁夏文化由典型的多元文化组成，是农耕文明与游牧文化的交会处。

贺兰山岩画记录了远古人类在3000年前至10000年前放牧、狩猎、祭祀、征战、娱舞等生活场景，以及羊、牛、马、驼、虎、豹等多种动物图案和抽象符号。揭示了原始氏族部落自然崇拜、生殖崇拜、图腾崇拜、祖先崇拜的文化内涵，是研究中国人类文化史、宗教史、原始艺术史的文化宝库。民间文学（回族民间故事），传统音乐（宁夏回族山花儿、回族民间器乐、北武当庙寺庙音乐），曲艺（宁夏小曲），传统戏剧（秦腔），传统美术（杨氏家庭泥塑、固原砖雕、回族剪纸），传统技艺（贺兰砚制作技艺、滩羊皮鞣制工艺），民俗（回族服饰、同心莲花山青苗水会），传统医药（张氏回医正骨疗法、回族汤瓶八诊疗法、陈氏回族医技十法）等非物质文化遗产入选国家名录。

宁夏回族音乐、舞蹈和武术具有鲜明的民族特色和地域特色，包括宗教音乐和民间音乐两大类。宗教音乐是指回族穆斯林在礼拜和各种宗教活动中咏诵的《古兰经》和赞主词，是在继承伊斯兰传统音乐的基础上发展而成的，既有伊斯兰教音乐的特点，又有回族自己的特点。民间音乐歌曲分为"宴席曲"和"花儿"两大类。宴席曲因多在婚礼和喜庆节日摆宴席请客时演唱而得名。依据内容和形式的不同，它可分为散曲、叙事曲、说唱曲和酒曲四类。演唱形式有独唱、合唱、伴唱、问答、对唱等。除说唱曲只唱歌外，其余三类宴席曲演唱时都有简单舞蹈动作相配合。宴席曲可登大雅之堂，故又称"雅曲"或"家曲"。与之相反，"花儿"被认为是不能登堂入室的"野曲"。在宁夏回族舞蹈中，主要有宴席曲、汤瓶舞和踏脚舞三种民间舞蹈。汤瓶舞由回族生活习俗演变而来。回族有爱清洁的传统，日常生活中的洗浴或者"礼拜"前的洗浴，均离不开汤瓶这一特有的洗浴工具。踏脚舞主要流行于宁夏泾源县境内的园子林，其形式很像一种展现男子阳刚之气的竞技性体育活动，可以看作武、舞交融的结晶。回族武术根源悠久，中国回族穆斯林把练武尊为"逊尔"，意思是高尚的"圣行"。主要的武术形式有：回回十八肘、穆斯林八卦太极拳、伊斯兰汤瓶攻等。

五、新疆维吾尔自治区

［**旅游资源**］

新疆面积辽阔，自然景观独特，著名的景区有高山湖泊天山天池、人间仙境喀纳斯、绿色长廊吐鲁番葡萄沟、空中草原那拉提、地质奇观可可托海以及喀什泽普金胡杨景区、乌鲁木齐天山大峡谷等。在5000多千米古"丝绸之路"的南、北、中三条干线上，分布着数以百计的古文化遗址、古墓群、千佛洞等人文景观，其中交河故城、楼兰遗址、克孜尔千佛洞等蜚声中外。新疆民族风情浓郁，各民族在文化艺术、体育、服饰、居住、饮食习俗等方面各具特色。新疆素有"歌舞之乡"美称，维吾尔族的《赛乃姆舞》《刀郎舞》，塔吉克族的《鹰舞》，蒙古族的《沙吾尔登舞》等民族舞蹈绚丽多姿。

新疆现有世界自然遗产 1 处，即天山；入选《人类非物质文化遗产代表作名录》3 项，即维吾尔木卡姆艺术、《玛纳斯》、花儿（与甘肃、青海、宁夏等四省区联合申报）；国家 5A 级旅游景区 12 处，即昌吉回族自治州阜康市天山天池风景名胜区、吐鲁番市高昌区葡萄沟风景区、伊犁哈萨克自治州阿勒泰地区布尔津县喀纳斯景区、伊犁哈萨克自治州新源县那拉提旅游风景区、伊犁哈萨克自治州阿勒泰地区富蕴县可可托海景区、喀什地区泽普县金胡杨景区、乌鲁木齐市乌鲁木齐县天山大峡谷、巴音郭楞蒙古自治州博湖县博斯腾湖景区、喀什地区喀什市噶尔老城景区、伊犁哈萨克自治州特克斯县喀拉峻景区、巴音郭楞蒙古自治州和静县巴音布鲁克景区、伊犁哈萨克自治州阿勒泰地区哈巴河县白沙湖景区。有全国重点文物保护单位 113 处；有国家生态旅游示范区 1 处：五家渠青湖；国家风景名胜区 5 处，即天山天池风景名胜区、库木塔格沙漠风景名胜区、博斯腾湖风景名胜区、赛里木湖风景名胜区、罗布人村寨风景名胜区；国家历史文化名城 5 座，即喀什、吐鲁番、特克斯、库车、伊宁；中国历史文化名镇名村 2 个，即鄯善县鲁克沁镇、霍城县惠远镇；国家地质公园 4 个，即奇台硅化木—恐龙国家地质公园、天山天池国家地质公园、库车大峡谷国家地质公园、富蕴可可托海国家地质公园。

［**文化艺术**］

新疆各族人民创造了各种神话传说，如关于人类起源创世神话传说，比较著名的有维吾尔族的《库玛尔斯》，哈萨克族的《迦萨甘》，柯尔克孜族的《创世的传说》，塔吉克族的《安拉创造人类》；关于族源的神话传说有维吾尔和乌孜别克族的《乌古斯可汗的传说》，塔吉克族的《公主堡》《汉日天种》，柯尔克孜族的《四十个姑娘》《柯尔乌古孜》等。关于大自然的神话传说更为丰富，如哈萨克族的《赛里木湖的传说》《牛和马的比赛》，塔吉克族的《慕士塔格山的传说》《鹰笛的传说》。塔塔尔族的《水之母》《赫铁儿》，维吾尔族的《神树母亲》等，都脍炙人口。

故事、诗歌是新疆民族民间口头文学中的重要部分。柯尔克孜族《玛纳斯》是一部世代流传、家喻户晓的长篇英雄史诗，经过整理，分 8 个部分共 20 余万行，240 多万字。它先后叙述了传说中的英雄玛纳斯等 8 代人的传奇故事，展示了柯尔克孜人民团结其他兄弟民族，为反对侵略，争取和平和各族人民美好幸福生活而前赴后继，英勇奋战的英雄业绩。从内容上看，它不仅是一部文学巨著，也是一部研究柯尔克孜族古代社会，包括历史、地理、宗教信仰、生活习俗、社会经济、婚姻家庭、音乐艺术和语言文学等内容的百科全书。它与藏族的《格萨尔》、蒙古族的《江格尔》一起，被誉为我国民族文学领域的“三大史诗”。在寓言故事中，维吾尔族的《阿凡提的故事》闻名遐迩，具有很高的文学地位。它是以阿凡提这个虚构的人物为主人公，以讽刺和幽默相结合为特点的众多短小民间故事的汇集。内容取材于社会和人民的日常生活，目的在于歌颂劳动人民的勤劳、勇敢、乐观、机智、富有正义感的品质，揭露和讽刺封建统治者的贪暴与社会不良现象。其构思独特，语言幽默，寓意深刻，耐人寻味，具有强烈的现实主义色彩。

历史文学方面，《福乐智慧》与《突厥语词典》堪称维吾尔族古典文学作品的典范。《福乐智慧》是11世纪中后期喀喇汗王朝政治家、文学家玉素甫·哈斯·哈吉甫用回鹘文创作的一部劝诫性长诗。长诗通过虚构的国王日出和大臣月圆、大臣之子贤明及隐者觉醒4个象征人物之间的对话，表达了作者对一系列社会、自然等问题的看法，是反映当时社会、历史、文化的史诗性的著作。它的学术价值和历史意义已远远超越了纯文学的范围，成为中华民族文学宝库中的珍品之一。《突厥语词典》是11世纪喀喇汗王朝回鹘语言学家、学者马赫木德·喀什噶编著的一部用阿拉伯语注释突厥语的综合性知识辞书。该书通过丰富的语言材料，广泛地介绍了喀喇汗王朝时代维吾尔和突厥语系各民族政治、经济、历史、地理、文化、宗教、哲学、伦理方面的知识和风土人情，是一部研究维吾尔等突厥语系各民族历史、语言、文化等方面极有价值的百科全书。

新疆自古就有“歌舞之乡”的誉称，维吾尔、哈萨克、柯尔克孜、塔吉克、蒙古、锡伯、乌孜别克、塔塔尔等民族都能歌善舞，伴随着丝绸之路的驼铃声，新疆歌舞流传到东亚、中亚、西亚乃至欧洲各地。据我国《史记》《汉书》记载。早在公元前2世纪的汉代，于阗乐就已在汉宫廷演出。龟兹乐舞、疏勒乐舞、高昌乐舞、伊州乐舞和天山以北匈奴族的悦般乐都是见之于史册的乐舞瑰宝。唐代官制的10部乐中，就有出自新疆的《龟兹》《疏勒》《高昌》3部，唐玄奘西行取经途中，曾欣赏过龟兹乐舞，赞叹龟兹是

"管弦伎乐，特善诸国"！古代新疆还产生了苏祇婆、白明达、裴兴奴、何妥、尉迟青、尉迟章等一大批音乐演奏家、作曲家和音乐理论家，他们曾因就职朝廷、掌管音乐、传艺演奏卓有成就而被载入史册。从10世纪起，维吾尔族先民在西域传统音乐的基础上，吸收阿拉伯、波斯音乐的精华，经过长期演化，终于在16世纪初创造了名为《十二木卡姆》的大型音乐杰作。"木卡姆"是大型套曲的意思，《十二木卡姆》就是指十二部大型套曲。全部十二木卡姆共有乐曲、歌曲340余首，以器乐合奏、音乐和歌舞演奏、群众歌舞大联欢的"三部曲"形式演出。一次完整的演出需要24～27小时。

新疆民族体育活动丰富多彩。①刁羊，是新疆各兄弟民族群众普遍喜爱的传统体育活动，特别是哈萨克族、柯尔克孜族、塔吉克族、蒙古族的牧民群众，一般都在节庆或表演时进行。有分队和不分队两种方式。主持人把一只割去头的羊放在指定处。枪响后，甲乙两队共同向羊飞驰而去，先抢到羊的同队队员互相掩护，极力向终点奔驰，双方骑手们施展各种技巧，围追堵截，拼命抢夺。抢着羊先到达终点的为胜方。获胜者按照当地的习俗，将羊当场烤熟，请众骑手共享，称为"幸福肉"。②"姑娘追"（哈萨克语称"克孜库瓦尔"）：是哈萨克青年们最喜爱的一种马上体育游戏，也是男女青年相互表白爱情的一种别致方式。"姑娘追"一般在夏秋季节繁花争艳的草原上举行，远近牧民都骑马前来参观。活动一开始一对对未婚青年男女向指定地点并辔慢行。去时，小伙子可向姑娘任意笑谑或求爱，姑娘只能默默倾听，不能生气；返程，小伙子必须策马急驰，姑娘则在后挥鞭追打。姑娘若追上小伙子可任意鞭打，有时还将帽子抽落在地，惹得观众一阵哄笑。如果姑娘对小伙有情，则会鞭下留情，只见鞭子在小伙子头上转圈虚晃，却不见鞭梢落身，或姑娘故意将鞭抽打到小伙子坐骑的马屁股上。场面热烈，妙趣横生。③达瓦孜（走高绳）：是维吾尔族民间的一种杂技、体育形式，源于古西域"杂戏"，在宽大场地上高高竖起几根木杆，最高的有30多米，从地面到每根木杆的顶端，都用粗绳联系着。随着唢呐鼓乐声起，但见表演者双手横握一根横杆，光着脚踏上绳子，敏捷地向竖杆的顶端走去，一边走还一边做出坐、卧、单脚立等各种姿势，还在绳上蒙眼走绳、倒立走绳、飞身跳绳、踏碟走绳……精彩纷呈。

新疆少数民族在传统科技文化方面也卓有贡献。坎儿井是新疆维吾尔族地区特有的水利灌溉工程。元代维吾尔族农学家鲁明善的《农桑衣食撮要》，是一部以月令体裁写成的讲述农业生产技术的书，内容涉及气象物候，农田水利，作物、蔬菜、瓜类、果树、竹木、桑栽培，蚕饲养，家畜家禽养殖与医疗、养蜂采蜜，粮食和种子保管，副食品加工，衣物保管等。在我国农业技术史上占有重要地位。维吾尔族医学和哈萨克等其他新疆民族医学，是中华民族医学宝库中的重要组成部分，是我国珍贵的民族文化遗产。

第八节　港澳台地区旅游资源

一、香港特别行政区

[旅游景点]

太平山（Victoria Peak）。也称扯旗山，西方人称为维多利亚山，位于香港岛的西北部，海拔554米，是香港的最高点，在山顶可以俯瞰香港全岛及维多利亚港美景。太平山风光秀丽，山顶一带更是官绅名流的官邸所在，也是人们到香港的必游之地。前往太平山顶的最佳交通工具是乘坐山顶缆车。该缆车自1888年开始营运，默默见证了香港城市过去100多年间的变迁。登太平山的最佳时间是黄昏，这时既能观赏到白天的城市景观，又可以静待夜幕低垂时，整个城市在瞬间变幻的一刻。太平山顶上有多个观景台，包括卢吉道观景台、狮子亭、山顶公园以及凌霄阁顶层的摩天台等。

浅水湾（Repulse Bay）。依山傍海，位于香港岛太平山南面，号称“天下第一湾”，有“东方夏威夷”之美誉，是香港最具代表性的沙滩。海湾呈新月形，水清沙细，波平浪静，是游人必到的旅游胜地。浅水湾内遍布豪华住宅，其中包括香港巨商李嘉诚、包玉刚的豪华私宅。著名的景点有影湾园、浅水湾129号等。在浅水湾东南端，有一座极具中国古典色彩的建筑——镇海楼。镇海楼公园内面海矗立着天后娘娘（妈祖）和观音菩萨两尊10多米高的巨大塑像，保佑着渔民和泳客在海上四季平安。

海洋公园（Ocean Park）。是东南亚最大的海洋主题休闲中心，占地91.5公顷，于1977年1月10日开园，是一座集海洋奇观与游乐设施于一体的世界级主题公园。海洋公园分为三部分，分别为位于北面的山下花园、南面的南朗山南麓及大树湾。海洋公园拥有全东南亚最大的海洋水族馆及主题游乐园、亚洲第一个水上游乐中心和全世界第二长的户外电动扶梯等。

迪士尼乐园（Disneyland）。位于香港新界大屿山，占地 126 公顷，于 2005 年投入运营，是全球第 5 座、亚洲第 2 座、中国第 1 座迪士尼乐园。乐园分为 7 个主题园区，分别为美国小镇大街、探险世界、幻想世界、明日世界、玩具总动员大本营、灰熊山谷及迷离庄园，其中灰熊山谷和迷离庄园为全球独有。

黄大仙祠（Wong Tai Sin Temple）。又名啬色园，是一座宏伟的中国式道教寺庙，位于九龙半岛的东北面，是香港香火最旺的地方。每年农历大年初一，市民都要争头炷香。相传祠内所供奉的黄大仙十分灵验，“有求必应”。该祠也是香港唯一一所可以举行道教婚礼的道教宫观。

金紫荆广场（Golden Bauhinia Square）。位于香港湾仔香港会议展览中心新翼人工岛上，是为纪念香港回归祖国而设立的，三面被维多利亚港包围。1997 年 7 月 1 日香港特别行政区成立，中央政府把一座高 6 米的金紫荆铜像赠送给香港，命名为“永远盛开的紫荆花”，寓意香港永远繁荣昌盛，铜像被安放在会展中心旁，面对大海，这个广场也被命名为金紫荆广场。

［**文化艺术**］

香港的文化艺术成就集中表现在影视业发达和流行音乐的繁荣。香港电影业始于 1913 年的首部香港电影《庄子试妻》。第二次世界大战后，大批内地电影人才及资金南下，香港先后成立多家电影公司，使粤语片在 20 世纪 50 年代异常繁荣。其中 1949 年开创的《黄飞鸿》系列电影，连拍 60 多部，成为世界上最长寿的系列电影。涌现出一大批电影明星，如周润发、赵雅芝、张国荣、李小龙、王家卫、吴宇森、徐克、杨紫琼、李连杰、成龙、张曼玉、刘德华、梁朝伟、谢霆锋、郑少秋、周星驰在国际上均享有盛名。每年 3 ~ 4 月间举行的香港国际电影节及香港电影金像奖，是香港电影界每年一度的盛事。20 世纪 80 年代是香港电影的全盛时期，高峰期港产片年产达 300 部电影，超越当时的电影产量曾经全球第一的印度。自 20 世纪 90 年代中后期，随着 VCD、DVD 等科技的发展和普及，香港电影事业开始走向下坡，2004 年只拍摄了 60 部电影。香港电影奖项有：香港电影金像奖，香港电影评论学会大奖，亚洲电影大奖。

香港流行音乐对内地的影响很大。粤语歌是香港早年普及的大众娱乐，20世纪20年代是粤曲的黄金时代，也是香港市民最普遍的娱乐，这时期香港的流行文化与广州一衣带水，并未形成独特的香港文化。20世纪50年代之后，香港汲取上海普及文化，加上欧美多年影响，自20世纪70年代起，许冠杰创造的香港口语演绎法，带动中文歌潮流，对“粤语流行曲”的推行和发展起到了决定性作用。20世纪80年代不仅是香港粤语流行曲百花齐放的日子，也是香港乐坛的全盛时期。当时香港的流行曲引领亚洲中文歌曲潮流，大陆部分地方和台湾地区的居民虽然不懂粤语，也爱听粤语流行曲。许冠杰、顾家辉、黄霑等积极参与歌曲创作，Beyond的成员黄家驹坚持原创音乐极力推动本土音乐，但大体上当时的原创歌仍不多，绝大部分的粤语流行曲是由外地创作歌曲配上中文歌词改编成，而大部分的改编歌是日本人作曲的。20世纪80年代的徐小凤、谭咏麟、张国荣、梅艳芳雄霸香港乐坛，这几位歌手在所有华人地区都有歌迷，更积极参演电影，是票房保证，声色艺俱全。20世纪80年代末至20世纪90年代初红极一时的歌手或乐队还有Beyond、罗文、林子祥、王杰、梅艳芳、徐小凤、陈百强、叶倩文、林忆莲、陈慧娴、关淑怡、李克勤、达明一派、草蜢乐队、王菲和四大天王张学友、刘德华、黎明和郭富城等，这些歌手/组合都在华语乐坛大放异彩。2000年左右，谢霆锋、古巨基、陈奕迅等歌手/组合深深影响了中国内地的流行文化。

二、澳门特别行政区

［**旅游景点**］

大三巴牌坊（Ruins of St. Paul）。为“澳门八景”之一，是澳门的象征，位于炮台山下，左邻澳门博物馆和大炮台名胜，是圣保禄大教堂的前壁遗址。圣保禄大教堂始建于1637年，当时是东方最大的天主教堂，教堂先后经历了3次大火，屡焚屡建。1835年，一场大火烧毁圣保禄大教堂，仅残存了现在的前壁部分。因为它的形状与中国传统牌坊相似，所以取名为“大三巴牌坊”。“三巴”是葡语“圣保禄”的粤语音。大三巴牌坊的建筑由花岗石建成，宽23米，高25.5米，上下可分为五层，自第三层起往上逐步收分，至顶部则是一底边宽为8.5米的三角形山花，整个墙壁是巴洛克式，但也雕刻有中国和日本的牡丹及菊花图案，呈现中西合璧风格。

妈阁庙（A-Ma Temple）。原称妈祖庙，俗称天后庙，是澳门最早的宗教庙宇之一，是澳门三大古刹（妈阁庙、普济禅院、莲峰庙）中历史最悠久的。1488 年为福建商人所建，距今已逾 500 年。妈阁庙位于澳门半岛的西南端，庙内有“神山第一”殿、正觉禅林、弘仁殿、观音阁 4 栋主建筑，前三殿主要供奉天后妈祖，观音阁则供奉观音菩萨。相传 400 多年前，葡萄牙人登陆澳门，在庙门前面的海滩上岸，询问当地居民这里是什么地方，居民以为是问妈阁庙，故答“妈阁”，葡萄牙人以其音译而成“MACAU”，遂为澳门的葡文名称由来。

金莲花广场（Golden Lotus Square）。位于澳门新口岸高美士街、毕仕达大马路及友谊大马路之间。是为庆祝 1999 年澳门主权移交而设立的，是澳门一个著名地标及旅游景点。金莲花广场的大型雕塑“盛世莲花”是 1999 年中华人民共和国中央人民政府为庆祝澳门回归而赠送的，雕塑采用青铜铸造，表面贴金，重 6.5 吨，高 6 米，花体部分最大直径 3.6 米，寓意澳门地区经济永远腾飞。

葡京娱乐场（Lisboa Casino）。澳门以博彩业著称。葡京娱乐场是澳门最具规模的博彩娱乐场，位于苏亚利斯博士大马路。澳门葡京娱乐场在澳门葡京大酒店内，正门向着嘉乐庇总督大桥，通过天桥连接新葡京酒店。场内设有多种博彩方式，不设入场券，可自由进出，但 18 岁以下未成年人及 21 岁以下本地人不准进入。

［**文化艺术**］

澳门文学可追溯到 1590 年，明代以写《牡丹亭》著称的戏剧家汤显祖被贬广东之后，次年特地绕道来到澳门游览，把他对澳门的新奇印象写进题为《香山逢贾胡》等五首诗中。后来他还把“番鬼”（洋商人）、“通事”（翻译官）写进传奇《牡丹亭》。古体诗词在澳门后继有人。他们出版的数种《澳门当代诗词选》，里面的精品完全可以与内地创作争一日之短长。闻一多的《七子之歌·澳门》流传至今。“你可知‘Macau’不是我真姓？/我离开你太久了，母亲！/但是他们掳去的是我的肉体，/你依然保管我内心的灵魂。/那三百年来梦寐不忘的生母啊！/请叫儿的乳名，叫我一声澳门！/母亲，我要回来，母亲！”

三、台湾省

[**旅游景点**]

台北。位于台湾北端，是台湾第一大城市，2014年，台北市划为12个区，总人口约265万（截至2012年）。台北是台湾政治、经济和文化的中心，也是“总统府”所在地。台北属亚热带季风气候，四季不明显。台北是一座历史文化名城，名胜古迹众多，有台北城门、龙山寺、孔庙、圆山文化遗址、台北故宫博物院等。台北故宫博物院外观采用中国宫廷式设计。该博物院收藏品共70万余件，大部分为1949年前从北京故宫博物院运走的文物，翠玉白菜、肉形石和毛公鼎为三大镇馆之宝。101大楼位于台北精华地段的信义商圈，楼高509米，是台湾的标志性建筑。

高雄。是台湾第二大城市，也是台湾最大的国际港口，有“港都”之名。面积2947平方千米，户籍人口达277.9万（截至2013年）。高雄的主要旅游景点有佛光山、六合夜市、高雄美丽岛、驳二艺术特区、打狗英国领事馆、西子湾风景区、爱河、高雄港、渔人码头、瑞丰夜市等。

野柳。野柳风景区位于台湾省基隆市西北方约15千米处，是一个突出海面的岬角。因远望如一只海龟蹒跚离岸，昂首拱背而游，因此称为野柳龟。受造山运动的影响，深埋海底的沉积岩上升至海面，产生了附近海岸的单面山、海蚀崖、海蚀洞等地形，海蚀、风蚀等在不同硬度的岩层上作用，形成蜂窝岩、豆腐岩、蕈状岩、姜状岩、风化窗等世界级的岩层景观。景区分三大区：第一区女王头、仙女鞋、乳石等，第二区豆腐岩、龙头石等，第三区海蚀壶穴、海狗石等，适合做地质教学的田野调查课程。林添桢塑像是纪念其当年舍身救人的英勇事迹。

太鲁阁。太鲁阁公园（Taroko National Park）位于台湾岛东部，地跨花莲县、台中县、南投县三个行政区。园内有台湾第一条东西横贯公路通过，称为中横公路系统。太鲁阁公园的特色为峡谷和断崖。园内的高山保留了许多冰河时期的孑遗生物，如山椒鱼等。太鲁阁亦成为台铁之列车名。其主要的建筑有长春祠、燕子口、靳珩公园、九曲洞、慈母桥、天祥；主要的自然景观有锥麓断崖、流芳桥、大禹岭、布洛湾、砂卡礑步道、绿水合流步道、清水断崖步道、白杨步道、豁然亭步道、莲花池步道、黄金峡谷。太鲁阁是台湾最具特色的自然与人文合一的旅游景观。

日月潭。位于南投县，是台湾最大、最有名的天然湖泊，水域面积达900多公顷，比杭州西湖大1/3左右。日月潭中有一小岛远望好像浮在水面的珠子，以此岛为界，北半湖形状如圆日，南半湖形状如弯月，日月潭因此而得名。

阿里山。位于嘉义县东北，是台湾最理想的避暑胜地。日出、云海、晚霞、森林与高山铁路，合称阿里山五奇，景区素有“神秘的森林王国”之称，拥有长达72千米的森林铁路，阿里山铁路有70多年历史，是世界上仅存的三条高山铁路之一，途经热、暖、温、寒四带，景致迥异。尤其三次螺旋环绕及第一分道的“Z”形爬升，更是难忘的经历。

垦丁。垦丁公园位于台湾省屏东县最南端的恒春半岛，它是台湾本岛唯一的热带地区，终年气温和暖。垦丁公园是台湾唯一拥有海域和陆地的公园，被称为是台湾的天涯海角。最南端突出的两大峡角鹅銮鼻公园和猫鼻头公园是两大热门景点。

［**文化艺术**］

台湾的现代文学有不小成就。日据时期在大陆“五四”新文学运动的影响下产生了台湾新文学运动，赖和被誉为“台湾新文学之父”。1949年后，胡适、林语堂、梁实秋等大陆文学家随国民党政府移居台湾。20世纪50至60年代风行怀乡文学，代表作家有林海音（《城南旧事》）等。同时西方现代文学也是文坛的重要力量，代表作家有白先勇（《台北人》）、王文兴（《家变》）等。20世纪60年代至70年代乡土文学思潮兴起，代表作家有钟肇政（《鲁冰花》）等。20世纪60年代至70年代以后，柏杨、李敖、三毛、余光中、席慕蓉、龙应台、刘墉、古龙、琼瑶、林清玄、张晓风等作家陆续有重要作品问世。21世纪初网络文学蔚然成风，代表作家有九把刀（《等一个人咖啡》）等。

戏剧方面，歌仔戏是台湾最主要的地方戏曲，也是中国地方戏曲剧种中唯一诞生于台湾的剧种。战后早期官方大力扶持、推广京剧（平剧、国剧）等大陆剧种，同时歌仔戏、布袋戏等台湾本土剧种仍是庶民重要的娱乐方式。随着电视的出现，布袋戏、歌仔戏讲求声光效果而重获重视。京剧与话剧融入创新元素，常以小剧场等形式表演，舞台剧表演成为极具活力的艺术活动。

在音乐方面，战后初期台语歌曲一度流行。民间香港的国语流行歌曲和欧美音乐传唱一时。20 世纪 70 年代清新的校园民谣风行，同时台语流行乐坛秀场文化盛行。20 世纪 80 年代讲究字正腔圆的国语老歌风靡亚洲，代表人物有邓丽君和费玉清。受西方摇滚乐的影响，罗大佑等将社会百态写成歌曲，同时李宗盛创作的情歌广受欢迎。20 世纪 90 年代以来台语歌曲风格愈多元活泼。此后自由的创作与发展环境使台湾成为华语流行音乐的重要发展地，代表歌手有周杰伦、蔡依林、张惠妹等，也吸引其他地区的华人歌手来台发展，代表歌手有王力宏、孙燕姿、陶喆、林俊杰、蔡健雅、梁静茹等。

在电影方面，战后台湾电影界在当局扶持下拍摄大量国语剧情片。台湾第一部国语影片是 1949 年的《阿里山风云》，主题曲《高山青》传唱至今。1962 年台湾电影金马奖创立。20 世纪 70 年代末以翻拍作家琼瑶的小说为主的爱情片掀起一阵潮流，主题曲大为流行。20 世纪 90 年代起一些华人导演前往好莱坞发展，其中台湾导演李安凭借执导《卧虎藏龙》《断背山》《少年派的奇幻漂流》等作品蜚声国际，三度获奥斯卡奖。2008 年魏德圣执导的《海角七号》以国际化商业路线糅合本土特色内容，票房大获成功并获不少奖项。此后，《那些年，我们一起追的女孩》《赛德克·巴莱》等叫好又叫座的台湾电影掀起国产片复兴热潮。

在美术方面，20 世纪 50 年代画坛主流是大陆来台的水墨画家与日本侵占时期学院出身的西画家，绘画技巧较传统。20 世纪 60 年代起新生代画家引入西方抽象画等风格，美术风格走向西化。20 世纪 70 年代乡土意识抬头后绘画题材再趋本土化。解严后美术界生态多元自由，风格日益前卫。

第三章 全国各省市自治区及港澳台地区民族民俗

本章导读

【本章概述】 本章主要介绍了全国各省市自治区及港澳台地区民族民俗概况，包括民族风情和主要少数民族简介。

【学习要求】 熟悉全国各省市自治区以及港澳台地区汉族及主要少数民族有代表性的历史文化和民俗风情。

第一节 华北地区各省市自治区民族民俗

一、北京市

［民族与宗教］

北京市是中国第一个齐聚 56 个民族的城市，在京居住的少数民族人口中，人数较多的分别是满族25万、回族23.6万、蒙古族3.7万、朝鲜族2万，以上 4 个民族的人口总量占在京少数民族人口总量的 92.7%。北京市少数民族人口呈现大分散、小聚居的特点。大分散体现在全市 16 个区都有少数民族居住和生活，而且每一个区都至少有 14 个以上的少数民族。城近郊区是少数民族相对集中的地区。第六次人口普查数据显示，居住在城近郊区的少数民族人口为 41.1 万，占在京居住少数民族人口总量的 70.2%。

北京地区居民信仰宗教者有50多万，约占北京市4%。信仰的宗教主要是佛教、基督教（天主教、新教[①]）、伊斯兰教、道教，其中佛教、道教和伊斯兰教对北京的历史、文化、艺术产生过较大的影响。北京现有宗教活动场所达100多处。

[**民俗风情**]

北京是世界闻名的文化古城，多民族特有的文化在这里相互渗透、交融形成了地方性民俗，最具特色的是四合院、胡同和市肆庙会。

北京的四合院是以正房、倒座房、东西厢房围绕中间庭院形成平面布局的北方传统住宅的统称。北京四合院源于元代院落式民居，是老北京城最主要的民居建筑。

老北京以胡同众多而著称，民间有"著名的胡同三千六，没名的胡同赛牛毛"的说法。北京的胡同名称各异，每一个名称背后都有其独特的来历。而且，胡同之间也是大不相同的，如最窄的胡同——钱市胡同，胡同中间最窄处只有40厘米。最宽的胡同——灵境胡同，最宽处32.18米，拐弯最多的胡同——九湾胡同，最古老的胡同是元朝就有的砖塔胡同等。

北京的庙会是一种集吃、喝、玩、乐于一身的民间性娱乐活动。由于起源于寺庙周围，所以叫"庙"；又由于小商小贩们看到烧香拜佛者多，就在庙外摆起了各式小摊赚他们的钱，渐渐地又成为定期的活动，所以叫"会"。庙会多在春节期间举办，各种各样的民间艺术表演、丰富的京味小吃和民间工艺品是最吸引人的地方。庙会上的表演项目有秧歌、高跷、旱船、舞狮，玩钢叉、弄虎棍、打锣鼓，更有舞"中幡"者，将一面缎质红旗系在7米长、碗口粗的竹竿上，一会儿用手、一会儿用臂，一会儿用嘴、一会儿用额，抛起又接住，十分惊险。

二、天津市

[**民族与宗教**]

天津市拥有53个少数民族（无德昂族和珞巴族）。少数民族人口总数33.13万。人口最多的少数民族是回族，为17.77万。人口排名前十位的少数

① 新教在中国习惯被称为基督教。

民族除回族外，还有满族、蒙古族、朝鲜族、土家族、壮族、苗族、维吾尔族、彝族、藏族。现有 1 个民族乡，53 个民族村。

天津市主要宗教为佛教、道教、伊斯兰教和基督教。全市教徒共 26.7 万，宗教职业人员近 200 人。1979 年以来，共恢复开放宗教活动场所 79 处，其中较闻名的有佛教的大悲禅院，伊斯兰教的天津清真大寺、金家窑清真寺、天穆清真北寺、河西区三义庄清真寺，天主教的西开教堂、望海楼教堂，基督教的滨江道教堂等。全市有 8 个宗教团体：天津市天主教爱国会，天主教天津教区教务委员会，天津市基督教三自爱国运动委员会，天津市基督教教务委员会，天津市伊斯兰教协会，以及天津中华基督教青年会和天津市基督教女青年会。1956 年成立的中国道教协会天津市分会，1966 年后未恢复活动。

［**民俗风情**］

天津地理位置独特，人员构成五方杂处，使其形成了一套独具特色的民俗民风，无论是衣食住行还是婚丧嫁娶，以至于信仰、民间艺术等方面，都有着鲜明的地方特色。

天津古文化街是天津最具民俗风情的地方。古文化街整体建筑为仿清民间式建筑风格，天后宫位于街中心。全街近百家店堂，其中有杨柳青画社、泥人张彩塑工艺品经营部，有经营文房四宝和名人字画的四宝堂、春在堂，有经营文物古玩的文物公司萃文斋门市部，还有经营全国各地的景泰蓝、双面绣、牙玉雕、艺术陶瓷、中西乐器、金银饰品等上万种名优工艺品的几十家店堂，各种商品货真价实，物美价廉，商家以质量和信誉吸引中外游客。古文化街以浓郁的民俗风情、热情周到的优质服务欢迎世界各地的游客到来。

天津古文化街的“皇会”，是一个遐迩闻名的传统活动。“皇会”最初叫“娘娘会”。相传农历三月二十三日是“天后宫”海神娘娘的生日，每逢此时，民间的法鼓会、大乐会、鹤龄会、重阁会、中幡会、高跷会等沿街表演各种技艺，呈现一番盛况。在这一天，以龙灯、高跷、旱船、秧歌、法鼓、中幡、狮子舞和武术等表演为主，街头熙熙攘攘、热闹异常，成为丰富市民文化生活的盛举。

天津的民俗风情除了古文化街外，天津人的服饰民俗在长期的历史发展中，形成了三种不同阶层的服饰特征：一是受商人风气的影响较大，人们产生了崇商心理，在服饰上则崇尚奢侈、豪华，追求高档次；二是老城里历来是文人墨客聚集的地方，他们无论在服饰的色调还是样式上都追求高雅清新的格调，达到超凡脱俗的境界，即使是较贫穷的文人，也力争服饰的整洁，以此维持文人所看重的脸面；三是天津是个水陆码头，人员构成庞杂，那些指身为业日争日吃的负贩劳动者，在服饰上形成了典型的特征，夏季一般是“短打儿”（天津土语，即上袄下裤的打扮），冬季则穿“二大棉袄”，内套紫花布小褂，下穿“空堂”棉裤，扎腿带子。以上三种类型，构成了天津老城服饰民俗的主要特征。

三、河北省

[**民族与宗教**]

河北是一个少数民族人口较多的杂散居省份，截至 2015 年年底，全省共有 55 个少数民族，少数民族人口 345 万，占全省总人口的 4.64%。河北的少数民族中，满族、回族、蒙古族、朝鲜族为世居民族，其中满族人口最多，其次是回族，乌孜别克族人口最少。全省有 6 个自治县、3 个民族县、50 个民族乡、1393 个民族村。

河北省有佛教、道教、伊斯兰教、基督教四种宗教，截至 2009 年，信教群众 250 多万，占全省总人口的 3.64%，分布在全省 173 个县（市、区）。省内有 5 个宗教团体，即河北省佛教协会、河北省道教协会、河北省伊斯兰教协会、河北省天主教两会（河北省天主教爱国会和河北省天主教教务委员会）、河北省基督教两会（河北省基督教“三自”爱国运动委员会和河北省基督教协会）。有 5 所宗教院校归以上团体管理，即河北省佛学院、河北省道学院、河北省伊斯兰教经学院、河北省天主教神哲学院、河北省基督教培训中心。

[**民俗风情**]

河北省民俗风情丰富多彩：除春节、清明节、端午、重阳节等传统节日外，农历二月二是龙头节，民间流行抬龙王，有蔚县的引龙节、满族的引龙、赵县的龙牌会等节庆活动。河北普遍盛行庙会，旧时的庙会内容比较复杂，有的还带着较浓的宗法观念和封建迷信色彩，诸如拴婴许愿、问医取药、求雨祈福、驱魔修德等。中华人民共和国成立后，在各级政府的倡导下，人们摒弃了封建迷信的做法，利用庙会做买卖，调解物资余缺，进行城乡物资交流等。河北有句老俗话："赶集上会做买卖。"这里的赶集、上会，也就是去赶庙会的意思，庙会上做买卖。庙会会期少则一天，多则一个月。群众在工作之余，还把庙会作为"旅游"和自我娱乐的场所，举行富有民族风情和地方气息的民间艺术表演，如舞狮子、扭秧歌、跑驴、挂花灯、霸王鞭、走旱船、放焰火等节目，洋溢着浓郁的喜庆气氛。河北的面人也源远流长，庙会佳节都离不开面花，形象有虎猪羊、鸡兔鸭、鸟、蟾、鱼虾、佛手、寿桃、石榴、加上红枣、红豆，点上红色装饰。

各地的"过庙"随着历史的发展，逐渐形成了各自的特点。天下第一药市——安国药王庙会。药王庙会是由药王庙香火会演变而来的，形成了如今我们所说的"药市"。药王庙会有其独特的酬神形式和参拜礼仪。酬神有演戏、抬大供、献鼎、树伞、塑金身、挂匾、献袍、捐香火地、劳役等多种形式。礼仪则分为三拜九叩和四叩礼等数种，另供面食，三牲祭品。庙会期间还有丰富多彩的游艺活动。在进行药材交易的同时，还举办各种文艺表演和民俗文化活动。每年正月十五，都有多达 4 万余人的医药界人士和广大民众参与药王庙祭祀。娲皇宫奶奶庙会规模宏大，每年有十几万香客和游客到娲皇宫祈福还愿。还有张北骡马大会、凤凰山庙会、苍岩山庙会、蔚县庙会、正定庙会等历史悠久、各具特色的庙会。

四、山西省

［**民族与宗教**］

山西省是少数民族杂居散居的省份。民族构成以汉族为主，汉族人口占全省总人口的 99.7%，有 53 个少数民族，包括回族、满族、蒙古族、彝族、苗族、土家族等，人口为 9.35 万，占全省总人口的 0.27%，其中回族最多，约占少数民族总人口的 80%。山西省的少数民族人口总数不多，但民族成分多。全省共有 53 个少数民族成分。少数民族人口在万人以上的有回族、满族、蒙古族，呈大分散、小聚居的特点。全省 11 市 119 个县（市、区）有少数民族，有 42 个少数民族聚居村。

回族人数居绝大多数且相对聚居，有较强的民族意识和宗教感情。少数民族聚居村有相当一部分处于山区或贫困县区，经济社会发展水平相对落后。山西省境内有佛教、道教、伊斯兰教、基督教四种宗教，截至 2016 年 7 月，信教群众约 185 万。

［**民俗风情**］

山西独特的地理、历史环境形成了山西独特的民俗风情，被誉为“黄河文化”或“黄土文化”。山西境内，浓厚的传统文化集中反映在现存的三个民俗博物馆内：忻州地区定襄县的河边民俗博物馆、晋中地区祁县的乔家堡民俗博物馆、临汾地区襄汾县的丁村民俗博物馆。这三个民俗博物馆反映了山西三晋大地独特的民俗风情。在山西可看到中国传统的节庆活动：春节、正月十五闹元宵，二月二“龙抬头”，清明“踏青逛唱”“端阳节”“重阳节”等的喜庆场面，还可以看到黄土高原反映民间艺术的剪纸、炕围画、面塑以及山西人民居住的窑洞和“地窨院”。

山西人嗜好吃面，可以说每顿饭几乎至无面不足、无馍不饱。山西妇女的慧心巧手，可以制作出类别数以千计的面食来。不仅做面食，还做面塑。当地人称之为羊羔儿馍，古时的“羊”同“祥”，取吉祥的寓意。春节来临前，农家妇女会捏制小猫、小狗、小虎、玉兔、鸡、鸭、鱼蛙、葡萄、石榴、茄子、佛手等形象的面塑制品，以象征吉祥如意、福寿荣华。面塑注重彩色点染，花色绚丽，所以当地人称之为“花馍”。花馍造型比较夸张，尤其以“走兽花馍”最为出色。

威风锣鼓：威风锣鼓是流行于临汾地区的一种集体敲击表演，得名于鼓手表演时展示的各种勇猛姿态。它常常在庆祝农历新春、丰收、群众游行和其他欢乐的场合表演。威风锣鼓最早据说是在古代尧帝时期出现。到现在已经有 4000 多年的历史。每年农历四月初八，尧帝的两个女儿娥皇和女英去看她们的父母时，尧所在部落的人们敲锣打鼓为她们送行。当她们回来时，她们村的人们也以同样的方式欢送她们。从那时起，威风锣鼓就成了一种习俗。许多大村庄都有他们自己的锣鼓队。

炕画：山西有在炕周围墙上作画的习俗。这些画用来装饰房间和保护粉刷的墙壁。炕画内容丰富，从风景、花鸟、野兽到历史和传说故事。在原平发掘的宋代古墓中发现了与现代炕画相似的壁画，证明了炕画这种民间艺术至少已有 800 年的历史了。

五、内蒙古自治区

［**民族与宗教**］

内蒙古自治区目前居住着49个民族。其中人口在100万以上的有汉族、蒙古族。

内蒙古自治区是一个多民族多宗教的少数民族地区，现有宗教：佛教（藏传佛教、汉传佛教）、道教、伊斯兰教、基督教（天主教、新教和东正教）。全区信教群众约80万。在内蒙古各民族中，信仰伊斯兰教的民族主要是回族，还有维吾尔族、哈萨克族、柯尔克孜族；信仰天主教的民族主要是汉族；信仰东正教的主要是俄罗斯族；信仰汉传佛教的主要是汉族；信仰藏传佛教的主要是蒙古族、藏、土、裕固、门巴等民族。内蒙古著名的藏传佛教寺庙有呼和浩特的大召、席力图召，包头的五当召、美岱召、梅力更庙，锡林郭勒盟的贝子庙，达尔罕茂明安旗的百灵庙，赤峰的荟福寺、善福寺，喀喇沁旗的龙泉寺，库伦旗的兴源寺，鄂尔多斯市的准格尔召、乌审召，阿拉善盟的延福寺等。

［**民俗风情**］

内蒙古自治区人口最多的民族是汉族和蒙古族，我们主要介绍一下蒙古族的民俗。

献哈达：哈达是蒙古族日常行礼中不可缺少的物品。献哈达是蒙古族牧民迎送客人和日常交往中使用的礼节。内蒙古的哈达主要有蓝色和白色两种，白色哈达是献给一般客人的，蓝色哈达是献给珍贵客人的。献哈达时，主人张开双手捧着哈达，吟唱吉祥如意的祝词或赞词，渲染敬重的气氛，同时将哈达的折叠口向着接受哈达的宾客。宾客要站起身面向献哈达者，听祝词和接受敬酒。接受哈达时，宾客应微向前躬身，献哈达者将哈达挂于宾客颈上。宾客应双手合掌于胸前，向献哈达者表示谢意。

敬茶：到牧民家做客，主人首先会给宾客敬上一碗奶茶。宾客要微欠起身用双手接，客来敬茶是一种高尚的蒙古族传统礼仪。在蒙古历史上不论是富贵之家还是贫穷之家，不论是上层社会还是平民百姓，都是先向贵宾献上一碗奶茶，接着主人又端上来炒米和奶油、奶豆腐和奶皮子等奶制品。

敬酒：通常主人是将美酒斟在银碗、金杯或牛角杯中，托在长长的哈达之上，唱起动人的蒙古族传统的敬酒歌，客人若是推让不喝酒，就会被认为是对主人瞧不起，不愿以诚相待。宾客应随即接住酒，接酒后用无名指蘸酒向天、地、火炉方向各点一下，以示敬奉天、地、火神。不会喝酒也不要勉强，可沾唇示意，表示接受了主人纯洁的情谊。

敬神：蒙古族的礼宴上有敬神的习俗。据《蒙古风俗鉴》描述，厨师把羊割成 9 块相等的肉块，“第一块祭天，第二块祭地、第三块供佛、第四块祭鬼，第五块给人，第六块祭山，第七块祭坟墓，第八块祭土地和水神，第九块献给皇帝”。

唱歌：蒙古族的劝酒往往通过情真意切的歌唱表达出来，唱歌与劝酒是同时进行的，往往一人主唱之后，大家举杯合唱，然后大家一起干杯，如此数遍，酒意酣畅。歌唱有礼仪性的，也有即兴尽兴的，有一人或数人的，也有合唱的，其歌唱往往痛快淋漓，通宵达旦。

［**蒙古族简介**］

蒙古族源于约 7 世纪的唐朝望建河（今额尔古纳河南岸）的一个部落，与中国北方的东胡、鲜卑、契丹、室韦有密切的渊源关系。12 世纪，蒙古部首领铁木真击败纷争部落，统一蒙古。1206 年，铁木真在斡难河畔举行大聚会，建大蒙古国，铁木真被推为蒙古大汗，号成吉思汗，于是“蒙古”开始成为民族的族称。“蒙古”其意为“永恒之火”。

蒙古族主要聚居在内蒙古自治区，其余多分布于新疆、辽宁、吉林、黑龙江、甘肃、青海等省区，少数散居和小聚居于宁夏、河北、河南、四川、云南、北京等地。现有人口约 650 万。

蒙古族长期以来主要从事畜牧业，过着“逐水草而居”的游牧生活。近几十年来，已由游牧向定牧转化，而且也发展了农业。

蒙古族有自己的语言文字，蒙古语属阿尔泰语系。

蒙古族别称“马背民族”，以能歌善舞、喜摔跤、射箭、爱赛马著称，风格粗犷豪放。安代舞是蒙古族自娱性的传统民间舞蹈，具有鲜明的民族风格和浓郁的生活气息。蒙古族的文化遗产十分丰厚，被列入国家非物质文化遗产名录的主要有马头琴音乐、摔跤、祭敖包、那达慕等。蒙古长调、呼麦还被列入《人类口头与非物质文化遗产名录》。

游牧地区牧民多住圆形穹庐顶的蒙古包。蒙古族地区的标志性建筑常饰以穹庐顶。勒勒车是蒙古族特有的牛车，是蒙古族为适应草原上的自然环境和自身的生活习惯制造出的一种交通工具，“行则为室，止则为庐”，堪称“草原之舟”。

蒙古族的服饰大体分为首饰、长袍、腰带、靴子四个主要部分。首饰是蒙古族妇女头上的装饰品，多用玛瑙、珍珠、宝石、金银制成，逢年过节、喜庆宴会、探亲访友时佩戴。平时牧区女子多用红、绿等彩色的长绸子把头缠上。男子冬季多戴尖顶大耳的羊皮帽，夏日多戴前进帽或礼帽。蒙古族男女老少都喜爱穿长袍。腰带是穿蒙古袍所必备的。靴子尖稍向上翘起。

蒙古族饮食大致分三类：粮食、奶食和肉食。农区与汉族大体相似，牧区主要是奶食和肉食。奶食俗称白食，以奶为原料制成，有白油、黄油、奶皮子、奶豆腐、奶酪、奶果子等食品和奶茶、奶酒、酸奶等饮料。肉食俗称红食，以牛、羊肉为主。蒙古族人热情好客，常用手抓羊肉和清水煮全羊款待宾客。吃烤全羊时，最高的待客礼节是请客人吃羊头和羊尾巴。粮食中最有民族特色的是炒米。

蒙古族民间传统节日主要有年节（也叫白节）、敖包祭祀、那达慕大会等。蒙古族崇尚白色。

蒙古族的主要禁忌：骑马坐车到蒙古包时，要轻骑慢行，进包时要将马鞭放在门外；入包后坐在右边，离包时走原路，待送行的主人回去后再上马或上车；忌讳坐在蒙古包的西北角，睡和坐时脚忌伸向西北方；不能在火盆上烤脚；赠送礼品忌单数；有产妇或病人，忌接待客人来访；忌食虾、蟹、鱼、海味等食物；禁食狗肉，也不许打狗、骂狗。

第二节　东北地区各省民族民俗

一、辽宁省

［**民族与宗教**］

辽宁省是全国少数民族人口较多的省份之一。全省除汉族以外，还有满族、蒙古族、回族、朝鲜族、锡伯族等 51 个少数民族。少数民族人口 670 万，占全省总人口的 16.02%。全省现有 8 个少数民族自治县，其中 6 个满族自治县（新宾、岫岩、清原、本溪、桓仁、宽甸）、2个蒙古族自治县（喀左、阜新）。还有2个在省内享受民族自治县待遇的市（凤城市、北宁市）。全省有77个民族乡，主要分布在葫芦岛市绥中县、兴城市，铁岭市西丰县、开原市，锦州市义县等地。

辽宁省现有佛教、道教、伊斯兰教、基督教四种宗教。截至2014年年底，全省有信教群众约204.4万，占全省总人口的4.7%。依法认定备案的宗教教职人员3839人，依法登记的宗教活动场所2376个，省级宗教团体7个（省佛教协会、省道教协会、省伊斯兰教协会、省天主教爱国会、省天主教教务委员会、省基督教三自爱国运动委员会、省基督教协会），还有3所经国务院批准的大区性宗教院校（东北神学院、沈阳天主教神学院、沈阳伊斯兰教经学院）。

［**民俗风情**］

辽宁的民俗风情主要由汉族、满族、蒙古族、锡伯族的传统习俗构成。辽宁的海城高跷秧歌、海城喇叭戏、抚顺地秧歌、医巫闾山满族剪纸、复州皮影戏、辽西木偶戏、辽宁鼓乐、东北大鼓、朝鲜族农乐舞·乞粒舞、千山寺庙音乐等多个项目是国家非物质文化遗产。其他较有代表性的民俗风情还有：满族“三大怪”（窗户纸糊在外、大姑娘叼烟袋、养活孩子吊起来）、“尊老敬上”、请安和打千以及蒙古族“三餐不离茶”等。满族婚姻习俗历史悠久，包括相看、合婚、放定、婚礼等程式。辽宁民俗活动种类丰富，主要有金州龙舞、建昌落子、本溪社火、辽西高跷秧歌等。色彩缤纷的朝鲜族、蒙古族民族服饰也构成了辽宁民俗风情的一大亮点。在节庆活动方面，满族的药香节，锡伯族的西迁节、抹愚节，蒙古族的敖包节以及大连迎春会、服装节等都凸显地方民俗风情、文化特色。

［**满族简介**］

满族，旧称满洲族，“满洲”在满语中是“吉祥”之意。满族历史悠久，其先民可追溯到商周时的肃慎，建立金朝的女真族是满族的直系祖先。满族是唯一在中国历史上曾两度建立过王朝（金朝和清朝）的少数民族。

满族主要分布在东北三省及河北省，尤以辽宁最多。现有人口约1041万。清代以来，由于满汉长期杂居，满族与汉族的差异逐渐缩小。满族从事农业，兼有狩猎、采集等多种经营。

满族有自己的语言、文字，满语属阿尔泰语系。17世纪40年代后，满族普遍使用汉语和汉文。满族过去长期信奉萨满教，萨满教是一种原始的多神教。“萨满”是指巫师。以后还信奉佛教。

满族具有精于骑射的特长，满族的舞蹈多姿多彩，多由狩猎、战斗、萨满祭祀等活动演化而来。满族的剪纸工艺在全国享有盛誉。满族最隆重的礼节是抱腰接面礼。

满族住房，一般东南开门，其结构形似口袋，三面设炕，西炕供奉祖先神位，南炕为家中长者所居，晚辈多居北炕，俗称“口袋房，曼子炕”，炕内有烟道与外屋炉灶及室外烟囱相连。正房多为三间到五间。院内一般有一影壁，立有供神用的“索罗杆”。

满族先民一年四季都穿袍服，因八旗制度而称为“旗袍”。入关以后直到辛亥革命，男穿袍服，外套马褂；女人也爱穿袍服，但有长短袖之分。辛亥革命以后，旗袍经过改进，由宽腰直筒式演变为紧身合体的曲线形式样，成为我国妇女喜爱的传统服装。荷包香囊是满族妇女特别喜爱的随身佩物。

满族的主食是小米，但喜黏食。善于养猪，喜食白肉血肠和猪肉酸菜炖粉条，喜庆宴会设满洲席。逢年过节吃饺子，农历除夕必须吃手扒肉。满族的点心最为人们所称道的是“萨其马”。满族嗜烟、酒。

满族的传统节日主要有颁金节、春节、元宵节、二月二、端午节和中秋节。节日期间都要举行跳马、跳骆驼、滑冰等传统体育活动。

满族的主要禁忌：不准杀狗、不吃狗肉，不戴狗皮帽子，不穿戴狗皮袖头的衣服；在满族人家做客，不要当着主人面赶狗，更不能说狗的坏话，否则主人会认为你是当面羞辱他，会不客气地下逐客令；住处以西为上，特别忌讳客人坐西炕，更忌讳妇女在西炕上生孩子；忌在索罗杆（神杆）上拴牲口。

二、吉林省

[**民族与宗教**]

吉林省共有44个民族，除汉族外，在43个少数民族中满族、蒙古族、回族和锡伯族为世居民族，朝鲜族19世纪中叶开始从朝鲜大批迁入中国定居。吉林省少数民族人口为246.36万，占9.12%。在人口较多的少数民族中，朝鲜族主要分布在东部的延边、吉林、通化、白山等市；蒙古族和锡伯族主要分布在西部的白城和松原市；满族、回族以长春、吉林、通化、四平市居多。吉林省有延边朝鲜族自治州、前郭尔罗斯蒙古族自治县、长白朝鲜族自治县、伊通满族自治县4个民族自治地方。有34个民族乡（镇），其中蒙古族乡10个，满族乡（镇）10个，朝鲜族乡（镇）7个，回族乡2个，满族朝鲜族乡3个，朝鲜族满族乡2个。

吉林省现有佛教、道教、伊斯兰教和基督教四种宗教。截至2014年年末，全省信教群众191.6万。

［**民俗风情**］

吉林省主要少数民族为朝鲜族、满族、蒙古族，分别有着各自不同的民俗风情。朝鲜族爱穿素白服，注重礼仪，尊老爱幼，能歌善舞。满族的旗袍已成为中国传统女装。满族传统的礼俗、祭俗、婚俗、葬俗等，现在还影响着很多地区。满族饮食独具特色，“满汉全席”闻名遐迩。蒙古族的传统节日那达慕大会，主要民俗活动有赛马、刁羊、摔跤等民族体育活动和歌舞表演。吉林乡间民俗风情被概括为“窗户纸糊在外、土坯房子篱笆寨、黄土打墙墙不倒、烟囱安在山墙边、索勒杆子戳门外”。

［**朝鲜族简介**］

朝鲜原是1392年建立的李氏王朝的国号，后来就以国号作为族名。“朝鲜”的原意是“光明的东方”。中国的朝鲜族是19世纪由朝鲜半岛迁徙过来的，主要分布在东北的吉林、辽宁、黑龙江三省，以吉林省居多。现有人口约183万。

朝鲜族长期以垦荒为业，开发培植高寒水稻，为种植东北优质大米做出了贡献。朝鲜族聚居的延边地区，是中国北方著名的水稻之乡，也是我国主要的烤烟产区之一，当地的人参、鹿茸也很有名。

朝鲜族有自己的语言文字，但语系未定，少数杂居的朝鲜族居民通用汉语言。

朝鲜族早期宗教流行图腾崇拜和始祖崇拜，信仰土谷神，后来形成檀君教、东学教等本民族宗教，先后传入道教、佛教、基督教新教、天主教等。父子关系是一切人伦关系的基础，讲求父慈子孝，长子赡养父母，尊老爱幼的美德受到各族人民的称赞。

朝鲜族的歌舞蜚声全国。伽倻琴弹唱、农乐舞、长鼓舞、象帽舞、顶水舞、扇子舞等闻名遐迩，摔跤、踢足球、荡秋千、跳板是朝鲜族喜爱的传统体育活动。跳板、秋千被列入国家非物质文化遗产名录，农乐舞已被列入《人类口头与非物质文化遗产名录》。

朝鲜族住房通常为瓦房和草房，屋顶四面斜坡，一般都间隔成四室：寝室、客房、厨房、仓库。室内有平炕，炕底有火道。进屋脱鞋，席炕而坐。

朝鲜族爱穿白衣素服，因而有"白衣民族"之称。妇女穿短上衣，大长裙。男装为短上衣，外加坎肩，下穿宽大裤。每逢节庆，男女老少都喜欢身着五颜六色的民族服装。

朝鲜族以大米、小米为主食，以汤、酱、泡菜为副食，每餐必有汤。调味品最爱用辣椒和豆酱，泡菜是佐餐的主要菜肴。喜欢吃牛肉和狗肉，不吃羊肉、肥猪肉、河鱼及带甜味的菜。爱喝烧酒、饮花茶。招待客人时的特制食品主要是冷面、打糕、松饼等。

朝鲜族的节日与汉族大致相同，过春节、清明节、端午节、中秋节等。带有民族特色的三个家庭节日为婴儿周岁、回甲节（六十大寿）、回婚节（结婚60周年纪念日）。

朝鲜族的主要禁忌：客人来访时，男客进客房，女客进灶间大铺炕，忌进儿女的卧室；饭桌有多人桌，单人桌忌讳年轻人用，因为单人桌专为老人用；饮酒吸烟父子忌同席，酒席上按年庚依次倒酒和举杯，长者举杯后，其他人才可依次举杯；吸烟时青年人不能向老人借火，更忌接火，否则便是大不敬行为；忌婚丧或佳节杀狗、吃狗肉。

三、黑龙江省

［**民族与宗教**］

黑龙江省是一个多民族、散杂居的边疆省份，全省共有53个少数民族，人口近200万，占全省总人口的5.26%。其中世居本省的有满、朝鲜、蒙古、回、达斡尔、锡伯、赫哲、鄂伦春、鄂温克和柯尔克孜10个少数民族。10个世居少数民族中，满、朝鲜、蒙古、回4个民族人口均超过10万，达斡尔族人口4.3万，其余5个民族人口均不足万人。黑龙江省建有1个自治县（杜尔伯特蒙古族自治县），1个民族区（齐齐哈尔梅里斯达斡尔族区），69个民族乡镇，其中，满族乡（镇）24个、朝鲜族乡（镇）19个、蒙古族乡

（镇）6个、达斡尔族乡3个、鄂伦春族乡5个、鄂温克族乡1个、赫哲族乡3个、联合民族乡（镇）8个。

黑龙江省有佛教、道教、伊斯兰教、基督教等宗教。黑龙江省的佛教属汉传佛教，大约在7世纪初叶唐朝时期传入，距今已有1300余年历史；道教传入黑龙江省大约也是在唐代；伊斯兰教传入黑龙江在我国的元朝时代，距今已有700多年历史；天主教传入黑龙江可追溯到1689年；新教19世纪中叶传入黑龙江。东正教在19世纪二三十年代随着中东铁路的铺设传入黑龙江。黑龙江省有影响的重点寺庙观宇现有20余座。

［**民俗风情**］

黑龙江省是一个多民族的省份，其中尤以黑河鄂伦春族、富裕满族、同江赫哲族、杜蒙泰康蒙古族极具特色。

鄂伦春人禁忌很多，对猛兽不能直呼其名，猎到熊，还为其举行仪式，把熊骨用草包好放在树上，敬烟，叩头。他们相信野兽的肩胛骨有预知的本领，因此，在出猎前不告知他人去向何方。鄂伦春族也是个能歌善舞的民族，打猎归来或逢节日，都要歌舞狂欢、模仿动物和飞禽，显示出豪放粗犷的民族个性。

赫哲族是黑龙江省独有的民族，也是我国人口最少的民族之一。他们以捕鱼为生，长年忙碌在江面上。勤劳智慧的赫哲人冰下捕鱼的技巧令人惊讶。100多米长的大拉网，在说说唱唱的同时便下到了近2米厚的冰层下，看上去漫不经心，实际早在下网前就观好鱼群，因而一网可获成千上万斤鱼。虽没有独钓寒江雪那份幽静恬适，但却比垂钓来得潇洒自在。赫哲人早年日常吃鱼肉，穿鱼皮衣，盖鱼皮被，点鱼油灯，夏秋用木船，冬季用狗拉雪橇作为交通工具。

第三节　华东地区各省市民族民俗

一、上海市

［**民族与宗教**］

截至2014年年底，上海市少数民族实有人口总数为42.17万，有55个少数民族，人口最多的是回族，有11.41万。上海是我国少数民族散居地区。

与中国内地其他地方一样，上海有四种得到中国政府承认的合法宗教，它们是道教、佛教、伊斯兰教和基督教。有宗教信仰群众88.76万，已登记开放的宗教活动场所有394个，有宗教团体85个、在沪宗教院校4所、宗教出版机构2个。历史上，上海还曾经存在过许多其他宗教，例如犹太教、东正教、锡克教等。

［**民俗风情**］

上海是一座工商业与金融业高度发达的大都市，独特的海派建筑已成为上海风情的象征。从老上海的万国建筑群到现代金融业象征的陆家嘴金融城，从上海新天地到纯粹体现居住意义的上海高端居住社区，以建筑角度来看，这些都或多或少地体现了海派建筑一脉相承的元素。万国建筑群融合了哥特式、巴洛克式等多种风格，而矗立于陆家嘴金融城的金茂大厦则利用了我国古代的设计理念；作为上海石库门住宅的典型代表，上海新天地则经过改造和设计，加进了新的内容，外古朴、内舒适，旧瓶装新酒依然呈香。可以说，外滩万国建筑博览群代表的是一种兼容并包的人文精神，而陆家嘴金融城则代表了现代上海的发展方向和开拓精神，新天地的石库门代表的则是海派建筑的更高品位，三者的融合集中体现了海派建筑典型的包容、含蓄、大度、创新的风格。

上海经济繁荣，有关财神的民俗风情尤受重视。上海人把农历正月初五称作“路头神”，即“五路财神”的生日，民间初四夜和初五有接财神之俗。初四夜半子时，家家祭供鲤鱼、羊头（谐音“利”和“洋头”），满堂香纸蜡烛，壁上高挂财神像，全家老小跪拜祈求当年财神爷送财降福，各商铺店肆也都在这时举行仪式迎接“财神”。初五日商界各家店主在清晨将新制的旗帜挂在财神位前，待祭好财神后才算新的一年开始营业。店主在这天要设“利市”宴请全体伙友，凡红账报造、职业进退、当年营业大计，都在酒宴上宣布，所以往往有不少雇员在这天被解雇。20世纪50年代后此俗渐废，80年代后，上海地区又出现燃放爆竹迎接财神的现象。

二、江苏省

［**民族与宗教**］

江苏是少数民族散居省区。据第六次全国人口普查统计，全省有少数民族人口 70 多万。江苏省少数民族有四个特征：一是 55 个少数民族齐全，全省 13 个市 99 个县（市、区）都有少数民族居住；二是少数民族占全省总人口的比例小，仅为 1%；三是回族占少数民族人口的比例较大，占 34%，城镇少数民族居多；四是少数民族人口文化素质高于全省平均水平。

江苏是全国宗教工作重点省份之一，有佛教、道教、伊斯兰教、基督教四大宗教。全省有信教群众 480 多万，各类宗教教职人员 9000 多人。全省经过登记的宗教活动场所 5727 处，其中寺观教堂 940 多处，经国务院批准的佛教全国重点寺庙 13 处。全省列入文物保护单位的宗教活动场所 182 个。全省有各级爱国宗教团体 246 个，宗教院校 9 所，其中基督教的金陵协和神学院是基督教唯一的全国性院校，佛教的中国佛学院栖霞山佛学分院、灵岩山佛学分院、省基督教圣经专科学校等院校在全国都有一定影响。南京爱德印刷公司是全国最大的《圣经》印刷厂，目前已印刷各类《圣经》超过 1 亿册，出口世界上许多国家，在世界基督教中有较大影响。

［**民俗风情**］

江苏的民俗风情丰富多彩，引人入胜，主要表现在民居建筑、妇女服饰、嫁娶礼仪和民间庙会等方面。

江苏民居的建造过程十分讲究吉利，从选地、选材、择日、立柱、上梁到落成庆贺均按照繁缛的传统方式进行。如选地要请“阴阳先生”用八卦盘定地点、朝向。正月初三上山择定做栋梁的树木，用红纸围贴下部，祭祀山神，砍伐时树木不能直接落地，不在山上剥树皮，严禁跨越。上梁时须选择吉日，梁上张贴横批，两边栋柱贴对联。上梁时喊“上梁，大吉大利”，鞭炮齐鸣，边唱“上梁歌”，上好后将馒头、红枣等往下抛。房子建好后，往往在墙门上画一些辟邪的图画，有的还建刻有历史故事和植物图案的砖刻门楼。

苏州地区的妇女早时喜穿中式大襟、对襟衫，常以土林蓝黑相对的布料作面料，下穿黑色长裙，或以腰兜为裙。喜欢包头，包头和腰兜很有讲究，包头常用靛蓝布，两旁边沿镶首花布绲边，两端用白布或黑布贴角，包头上绣有彩色图案。腰兜两侧有细密的褶皱，腰带上缀有流苏，腰兜上也绣五色图案。太湖渔民则喜爱穿对襟格子土布衫。

江苏的嫁娶习俗主要表现在婚姻观念、婚姻形式、婚姻礼仪和离婚制度上。婚姻程序的第一阶段是围绕男女双方家族进行的，有“问名”“纳吉”“行聘订婚”“纳征”等仪式。第二阶段以“请期”，也称“送道日”开始，然后“铺床”“饿嫁”“拜堂”“闹房”。第三阶段于婚后第二天起有“开脸”“讨红喜蛋”等仪式。婚姻形式有买卖婚、典妻婚、表亲婚、交换婚、童养婚、指腹婚、冥婚、自愿婚等。

江苏一般较大的庙会在农闲季节举行，少则一日，多则十天。庙会期间，庙内烟火缭绕，锣鼓喧天，庙外各行各业商贩叫卖、杂耍、小吃一应俱全。成千上万的人乘船、步行从四面八方涌向庙会。集市上小商贩除了吆喝叫卖外，还有各传承的打击声，如货郎担摇皮鼓，铜匠担晃铜串，糖粥担打竹梆，算命打鼓敲小锣，收废品摇铃等。坐商的招牌花色更多，如典铺在高墙上写个“当”字，茶馆悬挂“茶”字招牌，酒店多悬黄白旗帘，理发门前竖红、黄、蓝三色转动圆柱灯，浴室挂红灯笼等。正月初五财神诞辰，早时商店都设财神堂，并举行祭祀活动，传说财神菩萨是赵公元帅，还有五路神。各行各业还有一套“行话”，谓“切口”，店主和职工当首买主面，用切口交谈价格，使买主不得而知。

三、浙江省

［**民族与宗教**］

浙江省是少数民族散杂居的省份，少数民族人口总量不多，但民族成分较多。据第五次全国人口普查统计，浙江省少数民族达 53 个（仅缺德昂族和保安族）。少数民族人口总数达 39.97 万。人口数在万人以上的少数民族有 7 个，分别是畲族、土家族、苗族、布依族、回族、壮族和侗族。其中世居浙江省的少数民族有畲族、回族和满族等，其他少数民族大多是在中华人民共和国成立后，特别是改革开放以来因工作、经商或婚嫁而落户浙江的。浙江省少数民族以畲族人口为多数，农村人口为主体，具有大分散和小聚居结合的特点。主要分布在温州、丽水、杭州、金华、宁波等市。在丽水市设有全国唯一的畲族自治地区——景宁畲族自治县，所辖 18 个畲族乡（镇）。

浙江省有佛教、道教、伊斯兰教、基督教四种宗教。各宗教历史悠久，信徒众多。浙江有全国重点佛教寺院 13 座，普陀山是四大佛教名山之一，天台山国清寺被日本、韩国佛教奉为天台宗祖庭，宁波天童寺被日本佛教尊为曹洞宗祖庭。在道教“十大洞天福地”中，浙江占了 3 个：台州黄岩区的委羽山洞、台州天台县的赤城山洞和台州临海市的括苍山洞。杭州凤凰寺是我国东南沿海伊斯兰教四大古寺之一。全省共有可统计信徒 180 多万，宗教教职人员 2.5 万余，宗教活动场所 1 万处，省、市、县三级宗教团体 225 多个，宗教院校 4 所。

［**民俗风情**］

浙江民俗丰富，底蕴深厚，既有淳朴的山地文化性格，又有浓郁的海洋文化气息，还有鲜明的商贸文化特色，已经成为浙江现代旅游活动中一个重要的吸引物。

浙江湖州是“丝绸之府”，传统的含山蚕花节，主要民俗活动有背蚕种包、上山踏青、买卖蚕花、戴蚕花、祭祀蚕神、抬蚕花轿子、背蚕娘比赛和水上竞技类表演等。2008 年含山蚕花节被列入第二批国家级非物质文化遗产名录。

浙江海宁观潮节历史悠久，农历八月十八日观潮的习俗已沿袭千年，现已形成“一潮三看四景”的追潮旅游，即在大缺口观看“双龙相扑碰头潮”，在盐官看“江横白练一线潮”，在老盐仓观看“惊涛裂岸回头潮”，在夜间观看“月中齐鸣半夜潮”。

“九姓渔民水上婚俗”是久居浙江建德新安江上的“九姓渔民”特有的风俗。所谓“九姓”指的是：陈、钱、林、袁、孙、叶、许、李、何。他们世世代代生活在水上，以打鱼、载客为生，形成了自己独特的习俗。水上婚礼有一套完整的程序：接亲、讨喜、称嫁妆、抛新娘、拜天地、并彩船、入洞房等。其中以“抛新娘”的水上婚俗最为奇特。

浙江的“舟山锣鼓”最早起源于航海，用于船只以声联络、避碰及回港欢庆等，后用于乡里民间的红白喜事、庙会庆典及渔民祭海等活动中。舟山锣鼓表现了东海渔民粗犷豪爽的性格、海上生活壮阔惊险的场面和渔民节日热烈欢腾的气氛。传统曲目有《舟山锣鼓》《渔家乐》《潮音》等。

浙江景宁畲族自治县是全国唯一的畲族自治县，人口有 17 万多，是浙江省人口最多的少数民族。畲民自称“山哈”，意为山里的客人。畲族人崇拜祖先，重视祭祖，并带有原始社会图腾崇拜的色彩。畲族民歌是其人民在长期生产和生活中创造的民间口头文学，主要作品《高皇歌》是一部反映畲族祖先英雄事迹的民族史诗，长达 400 多行。2008 年，畲族民歌经国务院批准，被列入第一批国家级非物质文化遗产扩展项目名录。畲族女性的传统服装“凤凰装”具有鲜明的民族特色。其特点是：红头绳扎的长辫高盘于头顶，象征着凤头；衣裳、裙上用大红、桃红、杏黄及金银丝线镶绣出五彩缤纷的花边图案，象征着凤凰的颈项、腰身和翅膀；金色腰带象征着凤尾；周身叮当作响的银饰象征着凤凰的鸣叫。整体装束色彩绚丽，端庄热烈。畲族人日常饮食以大米、薯类为主。畲族人喜喝茶、爱饮酒。闻名于世的畲族“惠明茶”历史悠久，明清时期曾被列为贡品，1915 年获巴拿马万国博览会金质奖章。三月三是畲族最为重要的民族传统节日。其内容包括赶场对歌、吃乌米饭、民间体育竞技等形式。这些节日活动对畲族的生活、生产、婚嫁和娱乐等多方面产生了巨大的影响。

四、安徽省

［**民族与宗教**］

安徽省属少数民族散居省份。据第六次全国人口普查统计，安徽省有 55 个少数民族成分。回族、满族、畲族为安徽省世居少数民族。少数民族在全省呈“大分散、小聚居”状分布。回族是安徽人口最多、分布最广的少数民族。安徽满族主要分布在肥东县完牌坊一带，以“完颜”为姓，自明朝初期就生活在这里。安徽畲族于清光绪年间，从浙江桐庐、兰溪、淳安等县迁来，落脚安徽省宁国市云梯乡一带，另有来自福建省蒲城等地，数量较少。

安徽宗教文化资源丰富，四大宗教（佛教、道教、伊斯兰教、基督教）在安徽均有传播。佛教约在东汉后期传入今安徽境内淮河以北地区。唐开元年间（719 ~ 755 年），新罗（今韩国）僧人金乔觉航海来华，开创了九华山地藏菩萨道场。到了明代，九华山佛教日益兴旺，全山大小寺庙总数超过 100 座。清朝和民国时期，佛教在安徽继续传播。目前，全省现有信教人数近百万人，经宗教教职人员资格认定备案的僧尼 1712 人，经批准登记开放的寺庙 1274 座。

安徽道教源远流长，北有中国道家学派创始人、道教鼻祖老子的诞生地、道教祖庭天静宫，道教奉为南华真人的庄子为安徽省蒙城人，南有被尊为中国道教四大名山之一的齐云山。三国时期，安徽省已有道教宫观出现，安徽芜湖建立的城隍祠是关于中国城隍庙的最早记载。

安徽伊斯兰教的传入始于宋、元两代。至清末光绪、道光年间，各县大多新建了清真寺，一些旧的清真寺也得到重修。抗日战争前，安徽有清真寺、礼拜寺42座，其分布以皖北居多。1958年前后进行的“废除伊斯兰教中封建压迫制度”的工作，使伊斯兰教基本走上与社会主义制度相协调的道路。

基督教于清末传入安徽。民国时期，基督教得到继续发展，新建了一些教堂，还兴办不少慈善救济机构，扩大了社会影响。中华人民共和国成立以后全省基督教徒积极开展“自治、自养、自传”三自爱国运动。改革开放后，随着宗教信仰自由政策的贯彻落实，正常的宗教活动得到恢复。

[**民俗风情**]

安徽是汉族聚居区，汉族的民俗风情在此获得生存与发展。其中的徽派建筑，犹如一幅幅迷人的风情画吸引着越来越多中外旅客。中国封建社会后期，随着社会经济的发展和徽商的崛起，徽州村落、祠庙、水口园林和宅居建筑也有了令人瞩目的发展，形成了一种由白墙、黑瓦、马头墙和牌坊组成的古民居村落。并随着徽商走出徽州本土，影响了很多周边地区的建筑风格，发展成为一种江南地区特有的民居建筑风格。徽派建筑从布局到色彩都给人一种较为统一的格调和风貌。既具有形体组合的和谐美与韵律美，又具有深厚的徽州文化底蕴。

安徽保留至今并值得一提的民俗风情还有：黄山茶道，包括烹汤、涤器、投茶、注汤、敬茶、闻香、论茶等15道程序；九华庙会，于每年农历七月的最后一天举行，包括佛像开光仪式、水陆法会、讲经法会等佛事活动；淮北相山庙会，每年农历三月十八日举行，除拜佛祈福外，周边民众还进行商品交流。近年来，赶相山庙会已逐渐发展成为当地人的一项休闲、踏青的旅游活动。

五、福建省

[**民族与宗教**]

福建省是少数民族散杂居省份。全省56个民族成分齐全。少数民族人口占全省总人口的2.16%。全省有19个民族乡（其中畲族乡18个、回族乡1个）、1个省级民族经济开发区（福安畲族经济开发区）和567个民族村。世居的少数民族有畲族、回族、满族、蒙古族等。其中畲族人口全国最多。

福建省是全国回族发祥地之一，也是大陆高山族人口较多的省份之一。

福建省是多种宗教并存的省份，传统的四大宗教（佛教、道教、伊斯兰教、基督教）在此地均有较悠久的传播历史和广泛的影响，全省佛教寺院和僧尼总数均居全国汉族地区前列。佛道教均于三国时传入，距今已有1700多年历史；伊斯兰教于唐初传入，距今有近1400年的历史；天主教和新教分别于14世纪初和鸦片战争后传入。福建省宗教，特别是佛教同东南亚各国、日本及港澳台地区关系密切，许多名山古刹在海外有下院。伊斯兰教则因著名的泉州清净寺、先贤墓等国内罕见的史迹和海上丝绸之路独特的历史价值，在发展我国同伊斯兰世界的友好往来方面具有重要作用。

［**民俗风情**］

福建的民俗风情与汉族大同小异，但也有自己的特色。福建人清明节为祖先扫墓、压纸、培土。扫墓完毕后，必须折松枝带回，插在家门口，向邻人说明本户已履行了扫墓祭祖的责任。扫墓祭祖的供品并不复杂，只有光饼、豆腐和面点等，但有一样供品是绝对少不了的，即福州特制的“菠菠粿”。菠菠粿是用菠菠草压榨成汁，渗入米浆内揉成粿皮，以豆沙、萝卜丝等做成馅捏制而成的，造型比较简单，但是菠菠草的青绿色赋予菠菠粿以春天的绿意，扫墓后回家的路上，就成了很好的充饥点心。

唱着山歌诉真情。福建客家人和畲族人都喜欢唱山歌。客家山歌是我国著名的民歌之一，福建的客家人用客家山歌表达他们的生活、劳作和情爱等情感。客家山歌用客家人的口头语言演唱，包含客家人的语言特色，在民歌中一枝独秀。客家人由于所处环境大多是崇山峻岭，男女共同劳作，没有“男主外，女主内”的地位差别，民风淳朴，这些独特的背景和文化，也影响着客家山歌。

客家婚礼很有趣。比如龙岩的客家人办婚礼时，男方迎亲队到达女方家，新娘出门要站在一个画有八卦太极图的米筛中换上新鞋，客家民间称为“过米筛”，象征留下娘家的财气，到婆家去重立业。接着新娘要被背出家门，上车轿时新娘的兄弟用一碗水泼到车上，表示嫁出去的女儿泼出去的水。到达男家后，新娘要在手捧盛着柑橘吉祥圆盘的伴娘牵引下跨过火红的木炭炉，表示“火红兴旺”，进入厅堂拜堂后即入洞房，婚宴开始。

福建人泡茶饮茶有讲究。泡茶的程序非常讲究，所费的时间多于喝茶。

茶具一般用红色的宜兴陶壶，只有掌心大小，叫“小掌”。配套的茶杯就更小了，用这样的茶具泡出的茶叫“小掌茶”。除了茶壶、茶杯，还有搁茶杯的茶盘和一个碗状的放置茶壶的茶洗。每一次喝完茶和泡茶之前，都要将茶杯置于茶洗中，用煮沸的开水冲烫，此为茶洗的功能之一。斟茶更讲究功夫，必须用一个手指按住茶壶盖，将壶翻转 90°，壶嘴直冲下，迅速绕着已经排成一圈的茶杯斟下去。开始叫“关公巡城”，每一个杯子都要巡到，最后叫“韩信点兵”，最后的几滴最是甘美，也是每一个杯子都必须点到，这样斟出的茶，每一杯色泽浓淡均匀，味道不相上下。

六、江西省

［**民族与宗教**］

江西省共有 38 个民族，其中汉族人口最多。少数民族中人口较多的有回族、畲族、壮族、满族、苗族、瑶族等，其中人口最多的为回族和畲族。

江西省现有佛教、道教、基督教、伊斯兰教 4 个教界 7 个全省性宗教团体。

［**民俗风情**］

江西的居民以汉族为主，但在许多山乡农村保留着各自的传统乡土风情习俗。南丰县遍布各乡、村的民间傩舞，为国内所罕见，乡人于春节期间头戴面具、身穿仿树皮或树叶状舞衣，走村串户“跳傩”（傩舞）。此外，鄱阳湖畔的渔村风情，贵溪河上渔翁与鸬鹚捕鱼、竹排载客以及古越族悬棺葬俗，宜春地区偏僻山乡的传统庙会以及物资交流集会，清江县樟树镇的“药墟”，南昌市西山万寿宫庙会，进贤县文港笔市和皮毛市，萍乡市的烟花节，赣南兴国县的山歌赛会等，都具有较大的旅游观览价值。

江西为我国畲族的主要分布区之一，主要分布于贵溪和铅山等县山区，有自己独特的服装和民族风俗习惯，分布于全南等县的瑶族，居住在深山老林，擅长打猎，使用本族语言而无本族文字（畲族风情内容，参见本书浙江省的“民俗风情”部分）。

七、山东省

［**民族与宗教**］

山东省属于少数民族杂居、散居省份。山东省 56 个民族齐全，有 55

个少数民族成分，少数民族人口 72.59 万（截至 2010 年 11 月 1 日），占山东省总人口的 0.76%。其中，回族人口达到 53.57 万，占少数民族总人口的 73.8%；朝鲜族、满族、蒙古族、苗族、彝族、壮族、土家族、佤族 8 个少数民族人口均超过 5000 人。

山东省有佛教、道教、伊斯兰教、基督教四种宗教。全省正式登记的宗教活动场所 4961 处：寺观教堂 1285 处，其他固定处所 3676 处，宗教教职人员 6599 人，宗教院校 3 所：山东湛山佛学院、山东神学院、山东天主教圣神修院。全省有爱国宗教团体 7 个，分别是山东省佛教协会、山东省道教协会、山东省伊斯兰教协会、山东省天主教爱国会和天主教教务委员会、山东省基督教三自爱国运动委员会和基督教协会。

［**民俗风情**］

在山东，见了素不相识的男子，和他打招呼，开口要称“二哥”，而不是像在别处那样叫“大哥”，这是因为山东有两个著名人物都排行老二：一是孔子，记得个别年代还有人叫他“孔老二”。二是武松。在山东叫“大哥”，人们心中浮起的是武大郎的影子，所以还是改称“二哥”更响亮。

清明时节，在济南城乡，还流传着荡秋千的习俗。清明节这天，男女老幼，身着新衣在绿杨深处，或在街前广场，立木为架，上架横木，下悬二绳，绳下横系一板，人在板上可坐可立，手握两绳可前后上下飘荡，极富乐趣。

济南人过端午节主要有以下特点：画门符。端午节这天，人们将“五毒”（指蝎子、蜈蚣、毒蛇、蛤蟆、壁虎）形象的剪纸做成门符。据说这样做，是为了驱“五毒”，防瘟疫。插艾枝，悬艾虎。端午节这天一早，人们就将艾枝插在门上，或用艾蒿编织成“艾虎”，在门楣中央或戴在身上，驱虫避邪，以保安康。饮雄黄酒，吃粽子。端午节这天早饭前，要先饮一杯雄黄酒，然后再食用黏米、红枣等包成的粽子，饮雄黄酒据说可以杀虫害、避百邪，包粽子则是为了凭吊爱国诗人屈原。戴香包、系五彩丝线。“香包襟上戴，娃娃逗人爱。”给孩子戴香包和在手腕上系上五彩丝线，这也是济南端午节普遍流行的习俗。香包是用棉织品和丝线绣成的，包里除了装些雄黄、苍术外，还要装香草配成的香料，戴在身上起驱虫除秽的作用。五彩线象征五色龙，系五色线可以降服妖魔鬼怪。端午节这天，在济南一些名士则在这一天泛舟明湖，聚会畅饮，作诗唱和。

第四节 华中地区各省民族民俗

一、河南省

［**民族与宗教**］

河南省56个民族成分齐全，截至2015年，少数民族人口147.7万，其中回族125.8万，居全国第三位。蒙古族9.3万，满族7.6万，维吾尔族0.3万。河南省少数民族分布于各县（市、区），呈现大分散、小聚居特征。

河南省有佛教、道教、伊斯兰教、基督教四种宗教。各宗教历史悠久，信徒众多。其中，佛教在西汉末年传入内地。截至2011年年底，全省共有佛教教职人员1100余人；佛教寺院400座，其他佛教活动固定处所250处。佛教院校1所，为河南省佛教学院。道教在河南也由来已久，元代以后，河南道教以全真道为主，全真道创始人王重阳及其弟子都曾在河南活动传教。其中以丘处机所创龙门派在河南传播时间最长、影响最大。河南知名道观有太清宫、老君台、嵩山中岳庙等。据不完全统计，河南全省共有伊斯兰教清真寺842坊，其他伊斯兰教活动固定处所131处。天主教教堂64座，其他天主教活动固定处所109处。全省有新教教堂2525座，其他基督教活动固定处所4002处。

［**民俗风情**］

河南历史悠久，民俗风情丰富多彩。腊八枣树“吃”米饭。在汉族传统的腊八节，我国大多数地区都要吃腊八粥，在豫北，腊八早上熬好粥之后，第一件事情是将粥喂给枣树。将枣树树身上砍一些小口子，再虔诚地把粥抹在树痕上，这是来源于用粥敬枣树后，枣树丰收的传说。其实这个风俗里包含了科学道理，枣树上的小口子可以让枣树将营养集中供应地上部分，保证果实的营养需求，当地有民谣：腊八枣树吃米饭，枣儿结得干连蛋。

祭灶。农历腊月二十三，是“祭灶节”。每到腊月二十三这天，中原城乡噼里啪啦燃放起新年的第一轮鞭炮。城镇居民忙于购买麻糖、火烧等祭灶食品。而在广大农村，祭灶仪式多在晚上进行。祭灶人跪在灶爷像前，怀抱公鸡。也有人让孩子抱鸡跪于大人之后。焚烧香表后，男主人斟酒叩头，祭灶人高喊一声“领”，然后天执酒浇鸡头。相传，若鸡头扑棱有声，说明灶爷已经领情。若鸡头纹丝不动，还需再浇。祭灶仪式结束后，人们开始食用灶糖和火烧等祭灶食品，在河南，人们把祭灶节看作仅次于中秋的团圆节。

二月二炒黄豆。这天是龙抬头节，也叫青龙节，河南的乡村会炒黄豆。相传除非金豆开花，玉帝才能饶恕玉龙。百姓发现玉米和黄豆就是金黄金黄的，炒炒不就是金豆开花嘛，所以各家各户都炒金豆供起来，玉龙回到天上后哗哗下起雨，此时正是春雨贵如油的季节。

庙会。河南有许多赶庙会的风俗，如农历三月三，盘古山庙会，一般持续5天，善男信女抬着整猪整羊等供品，一路焚香燃表，吹吹打打到盘古寺祭拜，之后会安排戏班唱戏等活动。还有中岳庙会，春季农历三月初十和秋季十月初拉开序幕，会期长达10天，活动丰富，热闹非凡。还有浚县一年一度的“正月庙会”闻名遐迩，是中原民俗文化的活化石，2007年，“浚县古庙会”和“浚县民间社火”被列入河南省非物质文化遗产名录，同时被评为河南民俗经典。

二、湖北省

［民族与宗教］

湖北省是一个多民族省份，56个民族俱全，据全国第6次人口普查统计，少数民族常住人口246.85万，占全省总人口的4.31%。湖北省是全国8个既有自治州又有自治县还有民族乡的省份之一。现有1个自治州（恩施土家族苗族自治州），2个自治县（长阳土家族自治县、五峰土家族自治县），12个民族乡（镇），30个民族村（街）。

湖北是一个有多种宗教的省份。全省有佛教、道教、伊斯兰教、基督教四大宗教，截至2014年年底，全省有信教群众约170万人，已认定备案的宗教教职人员5041人，登记开放的宗教活动场所3369处；建立各级爱国宗教团体189个；现有宗教院校4所（天主教中南神哲学院、基督教中南神学院、武当山道教学院和武昌佛学院）。

［民俗风情］

湖北的民俗风情主要包括汉族习俗和土家族风情。汉族习俗主要有以下几项内容：

1. **崇阳人的老风习。**鄂南崇阳县由于远离大城市，乡民们保持了许多民间传统老风习。当青年男女嫁娶成婚时，打造的家具样式仍按古老的形式。例如睡觉的木质床为古式雕木的花床，床四周有雕花杆，床前面雕花板上方，有三层雕“滴水沿”，床下前方有三层踏板。床入口处仅留可供两人并坐的“口子”，床两头和后面用整块木板钉死。这种讲究的崇阳花床，已是一种十分罕见的习俗了。此外，热情待客的崇阳人给客人泡的茶是花椒盐巴家焙茶，吃的菜是大块肉、大块鱼、红苕粉丝、煎豆腐四大菜。一寸来宽、两三寸长的大块烟熏肉，令城里人吃一两块就足够了。

2. **吃粽子和赛龙舟。**吃粽子和赛龙舟是中国许多地方的风俗。然而这一习俗是因纪念屈原而来，这使得在屈原的家乡湖北，此俗更甚。每逢农历五月初五端午节，湖北各地均有赛龙舟、吃粽子的习俗。只要有湖、河、江的地方，人们早早就把龙舟修整或清理好，一至初五，龙舟便纷纷下水了，一条条“黄龙”“白龙”“红龙”“青龙”劈波斩浪，箭一般前驶，锣声、鼓声、吆喝声、喝彩声响成一片，江河两岸观看赛龙舟的人黑压压一大片，场面极其壮观。

3. **朝武当习俗。**湖北武当山有很多习俗，最著名的是朝武当习俗，意思就是上山去拜祭山神，跟清明时候所做的扫墓踏青差不多，可以在祭拜山神的时候踏青游玩，也是一种别样的乐趣。

三、湖南省

［**民族与宗教**］

湖南共有 55 个少数民族，人口 700 多万，少数民族人口占全省总人口的 10.23%。湖南是全国土家族、苗族、侗族、瑶族、白族的主要分布区域，5 个民族人口均超过 10 万。省内少数民族分布广泛，遍及全省 14 个市州及所辖各县市区。

湖南古属楚国，历史文化悠久，宗教底蕴厚重，是全国宗教工作重点省份，现有信教群众约 544 万，有宗教活动场所 5313 处。现有教职人员约 7700 人，爱国宗教团体 222 个，宗教院校 3 所，分别是湖南佛学院、湖南圣经学校和中国道教学院坤道班；湖南历史悠久、四教并存；信教人数多、民间信仰多；宗教活动场所多、有影响的寺观多；有影响的宗教界代表人士和港台湘籍人士较多。

［**民俗风情**］

湖南的汉族民俗与全国各地大同小异，湖南苗族和土家族的民俗风情值得一谈。

1. **赶秋节**。湖南花垣县麻栗场至吉首市矮寨一带的苗民，每年立秋日到来前，要过赶秋节，以此纪念神农的恩德。农历立秋日到来之前，四面八方的苗民都去赶秋集会举行对歌、跳鼓、打秋千及其他娱乐活动，纪念神农先祖与秋公秋婆。后来，赶秋节插入英雄美女的爱情传说，使赶秋节成为具有祷念神农取谷种伟业和歌颂自由爱情意义的群众性娱乐节俗活动。

2. **打背节**。打背节流行于富宁县的部分地区，于每年农历正月初三到十五间举行，是苗族男女青年的节日。节日中，男追女逐，欢蹦乱跳。打累了，相互倾吐蜜语衷情，情投意合后，再告诉父母，择吉日成亲。

3. **跳香节**。湖南苗族在秋收完成后，还要举办大祭神农的节庆，苗民称为跳香。跳香节，一般在秋后农历十月举行，节期一般为一天一夜。除祭祀五谷神与神农外，苗族祭司还要主持男青年跳苗舞。

［**土家族简介**］

土家族人自称“毕慈卡”，意为本地人。土家族的先民与古代巴人有直接的渊源关系。史籍中将湘鄂西一带土家族称为“土人”“土民”等，清末地方志中开始用“土家”名称。

土家族主要居住在湖南、湖北、四川、贵州、重庆一带的崇山之中。现有人口约835.4万。

土家族主要从事农业，崇山峻岭的自然环境构成了其山林经济的特征。土家族有本民族的语言，属汉藏语系。大多数人通用汉语，少数聚居地区还完整地保留着土家语。无本民族文字，通用汉文。

土家人尊奉祖先，崇拜鬼神，相信兆头。最为敬奉的是土王神，“祭土王”是土家族村寨每年最隆重的集体祭祀。

织绣艺术是土家族妇女的传统工艺。土家族的传统工艺还有雕刻、绘画、剪纸、蜡染等。土家织锦又称“西兰卡普”。土家族爱唱山歌，山歌有情歌、哭嫁歌、摆手歌、劳动歌、盘歌等。传统舞蹈有“摆手舞”“八宝铜铃舞”及歌舞“茅古斯”。其中，“摆手舞”是最著名的土家舞蹈，包括狩猎、军事、农事、宴会等方面的70多个动作，节奏鲜明，动作优美、朴素，有浓郁的生活气息。“摆手舞”是与祭祀祖先、祈求丰收相联系的，不论什么盛大的聚会都要跳。土家族的傩戏，被称为“中国戏剧的活化石”。

土家族文化遗存中被列入国家非物质文化遗产名录的主要有摆手舞、织锦技艺等。

土家族恋爱“以山歌为媒”自由择偶，婚礼中有“哭嫁”习惯。女子在出嫁前7～20天开始哭，哭嫁歌有“女哭娘”“姐哭妹”“骂媒人”等。开始是轻歌唱，越接近嫁期越悲伤。土家人把是否善于哭嫁作为衡量女子才德的标准。

土家族的房屋依山而建，俗称吊脚楼。土家吊脚楼的基本特点是正屋建在实地上，厢房除一边靠在实地和正房相连，其余三边皆悬空，靠柱子支撑。正屋和厢房（即吊脚部分）的上面住人，厢房的下部有柱无壁，用来喂养牲畜、堆放杂物。

土家族的传统服装多以自纺自织的土布为布料。男装为对襟短衫，下着长裤，爱用青布包头。女装为短衣大袖，左衽开襟，滚镶花边，下着镶边筒裤，头缠墨青丝帕或布帕。

土家族多食苞谷、稻米、红苕，习惯做成苞谷饭、豆饭、粑粑和团馓。土家族最爱吃腊肉、油茶等食品。菜肴以酸辣为主要特点，有“辣椒当盐”的嗜好。爱喝用糯米、高粱酿制的甜酒和咂酒。

土家族的传统节日主要有“赶年”“六月六”等。过“赶年”，就是比汉族提前1～2天过年。相传明嘉靖年间，土家子弟奉命赴东南沿海抗击倭寇，土家族人提前过年团圆，以送子弟出征。如今，有些地区的土家人吃罢年夜饭，仍有戴上面具，拿起梭镖、长矛等到山上走一圈的习俗。

土家族的主要禁忌：禁食狗肉；忌随意移动火坑中的三脚架，忌用脚踩灶或坐在灶上以及将衣裤、鞋袜和其他脏物放在灶上；客人不能与少妇坐在一起，但可以与姑娘坐在一条长凳子上；忌在家里吹口哨和随意敲锣打鼓。

第五节　华南地区各省自治区民族民俗

一、广东省

［**民族与宗教**］

广东省是56个民族成分齐全的省份。少数民族人口341.07万，占全省总人口的3.9%。世居少数民族有壮族、瑶族、畲族、回族、满族。广东省设立连南瑶族自治县、连山壮族瑶族自治县、乳源瑶族自治县3个自治县和连州市瑶安瑶族乡、三水瑶族乡，龙门县蓝田瑶族乡，怀集县下帅壮族瑶族乡，始兴县深渡水瑶族乡，阳山县秤架瑶族乡，东源县漳溪畲族乡7个民族乡。

广东宗教有佛教、道教、伊斯兰教和基督教。除中国本土的道教由北往南传入广东外，佛教、伊斯兰教、基督教皆由海路经广东传入中国。截至2013年年底，全省宗教徒415.23万，登记宗教活动场所2941处，认定宗教教职人员6068人。宗教院校2所：广东佛学院和基督教广东协和神学院。

［**民俗风情**］

南粤民众在岭南大地上繁衍生息，形成了许多具有地域特点的民风民俗，例如龙舟竞渡、舞狮舞龙艺术、飘色、水色、秋色、木偶戏、皮影戏、元旦花车巡游、迎春花市、元宵灯会、冼太诞、乞巧节、盂兰节、龙舟节、中秋灯会、荔枝节、波罗诞等。

1. ***人龙舞。***人龙舞是湛江市雷州半岛一带流行的民间舞蹈，被誉为“东海一绝”。其节奏鲜明，鼓点强劲，气势雄伟，催人奋进。人龙舞的龙体全部由人组成，龙首、龙身、龙尾都用人体接架组合。这种“人龙舞”一般长10多米，由50～60人组成；也有长数十米，由百余人甚至数百人组成的。舞起来轻便灵活，动作粗犷而又威武逼真，时而左盘右旋，时而腾舞戏珠，时而摇头摆尾，操作自如。

2. ***狮舞。***根据表演风格的不同，狮舞可以分为北狮和南狮两种。北狮在长江以北较为流行；而南狮则流行于华南、南洋及海外。南狮又称醒狮，寓意沉睡东方的中华猛狮已经苏醒。广东醒狮出现于明代，起源于南海区。清末民国初南海黄飞鸿以武术、醒狮闻名于世，其飞砣采青、竹梯青、蟹青等技艺，开了广东醒狮技艺的先河，流传很广。南狮有出洞、上山、巡山会狮、采青、入洞等表演方式。南狮狮头有脸谱化的特点：黄脸为刘备狮，代表泽被苍生、仁义及皇家贵气；红脸为关公狮，代表忠义、胜利；黑脸为张飞狮，代表勇猛、霸气等。它们是参照了戏曲中的人物脸谱创作出来的，这在其他地方的狮头艺术中是少见的。

3. 民间娱乐色相。广东民间娱乐色相异彩缤纷，有春色、秋色、火色，水色等。这里的“色”内涵相当广泛。例如，“佛山秋色”，是指佛山秋色赛会的各种工艺品、灯饰、车心、旱船、十番等。当地人称之为“出色”，也就是指这些色相的展览和表演。佛山一带的出色活动，多在秋季进行，故称“秋色”；紫坭一带出色多在春天，故称“春色”；吴川、沙湾的“色板”，凌空飘逸，技艺超群，称为“飘色”；市桥、小榄一带的“色”，有在水上表演的，称“水色”；有在夜间进行，又称为“夜色”。这些千姿百态的色相，熔音乐、舞蹈、工艺、美术、体育竞技于一炉，门类齐全，风格各异，使岭南民俗艺术显得更为多姿多彩。

4. 传统龙舟活动。赛龙舟，俗称扒龙船，在珠江三角洲水乡地带盛行已久。清初著名学者屈大均在《广东新语》一书中，对珠三角每年赛龙夺锦以及赛后的喜庆场面都有描述。其中记述龙舟活动的时间是“岁五六月间”。在举办龙舟活动前，组织者都会根据当地习惯准备相应的奖品，以便在活动结束后给获胜者赠“状元标，张伎乐，簪花挂红”。当然还有其他奖品，如具有传统特色的罗伞、高标、烧猪、米酒等“四大件”。珠江三角洲的龙舟活动，一般包括制作歌标、起龙仪式、采青、应景活动、斗龙过程、休标与谢江、洗龙舟水、食龙船饭、入宝等步骤。

二、广西壮族自治区

[民族与宗教]

广西是多民族聚居的自治区。区内世居民族有壮族、汉族、瑶族、苗族等12个。在常住人口中，少数民族人口总数在全国居第1位，壮族是中国人口最多的少数民族。仡佬族是广西少数民族中人口最少的民族。

广西现有佛教、道教、伊斯兰教、基督教四种宗教。各宗教都分别在信徒聚居地设有宗教活动场所，并成立有爱国宗教团体。

［**民俗风情**］

广西的少数民族都保持着他们淳朴的民族习俗，在饮食、服饰、居住、节日、礼俗方面都有鲜明的民族特色，其中壮族的歌、瑶族的舞、苗族的节、侗族的楼和桥是广西民族风情旅游不可不看的四绝。在此先介绍后“三绝”。

1. 瑶族的舞。广西的金秀瑶族自治县居住着一支保持了瑶族古老文化及习俗的瑶族同胞。他们的歌舞民族色彩极为浓厚，其旋律、歌词、服装、舞姿、形象与道具均独立构成。18种舞蹈尤以《长鼓舞》《捉龟舞》《黄泥鼓舞》《盘古兵舞》《八仙舞》《蝴蝶舞》等最为盛行。每年在中国农历十月十六日、七月初七、六月初六等瑶族节日都可以看到各种瑶舞的表演。

2. 苗族的节。苗族以节日多、场面大而出名。广西融水苗族自治县每年有苗年节、芦笙节、拉鼓节、芒歌节、新禾节、斗马节等众多节日，纪念丰收、祭祀等。节日中可以欣赏到动听的芦笙曲和优美的芦笙舞表演，到苗寨旅游或做客，可以享受到拦路歌、拦路酒、拦路鼓、挂彩带、挂彩蛋、打酒印等众多苗族好客习俗的款待。

3. 侗族的楼和桥。三江侗族自治县的风雨桥是我国闻名的木建筑，是侗族的象征。桥身建筑不用一枚铁钉，全是榫卯结合，高超的建筑技艺令人惊叹不止。侗族的楼，包括吊脚楼、鼓楼、凉亭、寨门、水井亭等几种木结构建筑，都是独具特色的侗族建筑。近年来，侗族的建筑艺术展，更是轰动了全中国，人们一致称赞侗族的建筑艺术是“凝固的诗，立体的画”。

［**壮族简介**］

壮族是中国岭南的土著民族。早在旧石器时代晚期，壮族先民就广泛分布在广西一带。他们与布依、傣、侗、水、毛南等族同源于古代越人中的瓯越、骆越，后被称为乌浒、俚、僚、土，旧称“僮”，1965年改族名为“壮族”。

壮族是我国少数民族中人口最多的民族，主要分布在广西，云南、广东、贵州、湖南亦有分布。现有人口约1700万。

壮族以农业为主，种植水稻、玉米、薯类等。壮族地区气候温和，雨水充沛，森林面积广，盛产樟木、银杉等名贵木材。果品也很丰富，甘蔗产量居全国首位。南珠、三七、蛤蚧是壮族地区最负盛名的特产。

壮语属汉藏语系，分南北两大方言。1955 年创制了以拉丁字母为基础的壮文。

摩教曾是壮族的主要宗教信仰，以自然崇拜和祖先崇拜为主。唐、宋以后，佛教、道教先后传入，建立了寺庙，对壮族农村影响较大。

壮族具有悠久灿烂的民族文化。民间文学丰富，有传统的歌舞和壮戏。“歌圩”是壮族人民对歌、赛歌的盛大集会，相传与歌仙刘三姐有关。歌圩上所唱的歌，主要以男女青年追求美好爱情理想为主题，未婚青年常借此寻找到意中人。歌圩上还举办各种庙会活动，形成商品集散盛会。壮族铸造使用铜鼓已有 2000 多年历史，铜鼓既是祭器、乐器，也是权力和财富的象征。壮锦以织工精巧、图案别致、色彩绚丽、结实耐用而著称，与南京的云锦、成都的蜀锦、苏州的宋锦并称“中国四大名锦”。壮族的刺绣、竹编亦闻名遐迩。壮族的文化遗产中被列入国家非物质文化遗产名录的主要有刘三姐歌谣、壮族织锦技艺、壮族歌圩、铜鼓习俗等。

壮族早年有婚后“不落夫家”的习俗，一般两三年后才住夫家。过去有断发文身的习俗，认为这样可以得到神的保护。凿齿也曾是盛行的习俗。

壮族多住干栏式房屋，竹木结构，分上下两层。上层一般为三开间或五开间，住人。下层为木楼柱脚，多用竹片、木板镶拼为墙，可作畜厩，或堆放农具、柴火、杂物。有的还有阁楼及附属建筑。

壮族男子多穿对襟上衣，纽扣以布结之，下裤短而宽大，缠绑腿，扎绣有花纹的头巾。妇女穿藏青色或深蓝色矮领、右衽上衣，下着黑色宽肥的裤子或黑色百褶裙，戴绣有花纹图案的黑色头巾，节日或赶场穿绣花鞋披戴绣花垫肩。

壮族的主食是大米、玉米。蔬菜品种比较丰富，常以水煮的方法烹制。壮族自家还酿制米酒、红薯酒和木薯酒，度数都不太高，其中米酒是过节和待客的主要饮料。年节时，用大米制成各种粉糕，五色花饭及外形奇特的各种粽子。喜吃腌制的酸食。妇女有嚼槟榔的习俗。

壮族最隆重的节日莫过于春节，其次是农历七月十五中元鬼节、三月三歌圩节、清明上坟、八月十五中秋节，此外还有端午、重阳、尝新、冬至、牛魂、送灶等节，几乎每个月都要过节。三月三按过去的习俗为上坟扫墓的日子，届时家家户户都要携带五色糯米饭、彩蛋等到祖先坟头去祭祀、清扫墓地，并由长者宣讲祖传家史、族规，共进野餐，还有的对唱山歌，热闹非凡。

壮族的主要禁忌：忌食牛肉、蛙肉；忌讳用脚踩踏锅灶、禁止在灶上煮狗肉；吃饭时忌用嘴把饭吹凉，更忌把筷子插到碗里；忌从晾晒的妇女裤子下走过；夜间行走禁止吹口哨；无论家人、客人，忌坐门槛中间；家有产妇时，门上悬挂草帽一顶，暗示外人不得入内。

三、海南省

［**民族与宗教**］

汉族、黎族、苗族、回族是海南省世居民族，黎族是海南岛上最早的居民。世居的黎、苗、回族，大多数聚居在中部、南部的琼中、保亭、白沙、陵水、昌江等县和三亚市、五指山市；汉族人口主要聚集在东北部、北部和沿海地区。海南居民语言种类多，主要使用的方言有海南话、黎话、临高话、儋州话、军话等10种。此外，还有三亚市、陵水县等沿海渔民使用船上话，港口、铁路、矿山、国有农场职工使用白话（粤语）、客家话、潮州话、浙江话、云南话、福建话等。

海南是一个有多种宗教的省份，现有佛教、伊斯兰教、基督教和道教四种宗教。全省现有信教群众约8万人。依法登记的宗教活动场所122个。依法成立和依法登记的宗教团体35个。

［**民俗风情**］

古朴独特的民族风情使海南岛社会风貌显得更加丰富多彩。其中最具有特色的便是黎族与苗族的生活习俗。海南的民俗节庆有：农历正月十五的换花节；农历二月初九至十九为期10天的“军坡节”，这是纪念冼夫人而举行的民间奉祀活动；农历三月初三黎族青年男女追求爱情和幸福的传统佳节“三月三”；每年3月下旬或4月上旬（农历“三月三”期间）的海南国际椰子节，它是融旅游、文化、民俗、体育、经贸为一体的大型旅游文化节庆活动；每年中秋的儋州民间歌节，歌节的主要活动内容包括儋州山歌、调声对歌比赛和“赏月”等项目；每年11月下旬举办的“海南欢乐节”等。

［**黎族简介**］

黎族为我国岭南民族之一，是古代“百越”人的后裔。“黎”作为族称始于唐末，到宋代固定下来，沿用至今。黎族主要分布在海南省。现有人口约 146.3 万。

黎族以从事农业为主，种植稻、薯、玉米等作物。手工业、渔猎、饲养家畜家禽、采集野生植物是重要的家庭副业。黎族居住的地方处于亚热带，水稻可以一年三熟，也是我国热带经济作物的主要产地，热带经济作物如橡胶、油料、甘蔗、胡椒、咖啡、腰果、水果等的种植已成为黎族经济的重要来源。

黎语属汉藏语系。先前，黎族没有自己的文字，1957 年创建了以拉丁字母为基础的黎文。由于长期与汉族接触，不少黎族人兼通汉语，使用汉字。

黎族没有形成统一的宗教信仰，各地均奉行祖先崇拜与自然崇拜，还保留着氏族图腾崇拜的痕迹。靠近汉族的地区受道教的影响，部分地区还曾传入基督教。

黎族是能歌善舞的民族，音乐和舞蹈具有鲜明的民族特色。“竹竿舞”场面欢快热烈，鼻箫是黎族独特的乐器。口头文学形式活泼，内容丰富，包括神话、传说、故事等。黎族擅长制作独木器，所使用的任何器具，原料都必须是一块整木。黎族手工纺织技术历史悠久，早在唐宋时代就领先于中原，并以黎锦、黎单闻名于世。元初，我国著名的纺织能手黄道婆，就是到海南学习了黎族的纺织技艺才名垂青史的。

黎族文化遗产中被列为国家非物质文化遗产的主要有打柴舞、纺染织绣技艺以及“三月三”节日等。

黎族民居多为竹木结构的楼房或草房。金字塔形屋顶，上盖茅草，用竹条或树枝扎成墙架，再以泥糊。屋内间隔成厅房。有的住宅为“船形屋”，用竹木扎构成轮廓，状如船篷，盖以茅草，呈半圆筒形。黎族儿女成年后就住在屋外的“寮房”里，以便自由恋爱，俗称“放寮”。

黎族男子穿无领对襟上衣，下穿前后两幅布的吊幨，结鬃缠头。女子穿对襟无扣上衣，下穿无褶筒裙，多绣织花纹，筒裙有长短之分。束发于脑后，插有牛骨、金属、箭猪毛制成的发簪，披绣花头巾，盛装时戴项圈、手镯、脚环、耳环等。有些地方妇女耳环多且重，耳根下垂至肩，俗称“儋耳”。妇女曾有文面文身的习俗，称为“雕题”。黎族服饰图案的取材，多采用青蛙、蟒蛇、坡鹿、榕树等图腾崇拜物，配色和谐，绚丽华美。

黎族的饮食比较简朴，以稻米、玉米、番薯为主食，多以狩猎、采集所得为副食，只种少量蔬菜。日进三餐，喜稀不喜干，并习惯腌制生鱼、生肉。竹筒烧饭是黎族日常生活中独特的野炊方法。黎族妇女爱嚼槟榔。

黎族大多数节日与汉族相同。“三月三”是最盛大的民间传统节日，也是青年男女自由交往的日子。每年的农历三月三这一天，具有敬老美德的黎族同胞带上自家腌制的山菜、酿成的米酒、做好的糕点去看望寨内有威望的老人，青年男子则结伙外出狩猎、打鱼，姑娘们烤鱼、煮饭。夜幕降临，小伙子们跳起了传统的舞蹈，男女青年对唱山歌，互诉衷情。

黎族的主要禁忌：敬神之物，忌乱翻动；睡觉忌头朝门外；禁食狗、马等动物肉；忌讳影子被别人踩踏；妇女文身忌男人参与或偷看。

第六节　西南地区各省市自治区民族民俗

一、重庆市

［**民族与宗教**］

据全国第六次人口普查数据，重庆市共有少数民族人口 193.71 万。重庆市辖 4 个自治县、1 个享受民族自治地方优惠政策的区、14 个民族乡。渝东南民族地区一区四县是全市少数民族人口聚居区，主要是土家族和苗族。

重庆宗教资源较为丰富。佛教于东汉末期传入重庆。现有罗汉寺等全国重点寺庙。大足石刻承载着千年佛教文化，被列为世界文化遗产。道教于东汉末年传入重庆。南岸黄桷垭老君洞，现为道教全真龙门派丛林道观。万州太白岩有晋代道教遗迹“绝尘龛”，亦为唐代诗人李白访道之处。隋朝时潼南大佛附近的定明山石刻道教人物造像，是重庆区域最早的道教摩崖石刻。此外，綦江白云观、奉节天仙观等都是闻名遐迩的重要道观。伊斯兰教在元代传入重庆。元末奉节已建清真寺。全市现有穆斯林总数 1 万余人，清真寺 8 座。基督教（天主教）于清康熙年间传入重庆，1856 年成立川东南代牧区（即重庆教区）。1930 年，从重庆教区划分出万县教区。现有信徒约 20 万人，教堂及宗教活动点57处。基督教（新教）实行联合礼拜，信徒27万人，开放礼拜堂、福音堂50多座，聚会点400多个。

［**民俗风情**］

重庆独特的地理与文化环境形成了川剧、川江号子、乡间吹打、铜梁龙灯、秀山花灯戏、九龙楹联等独特的民俗风情。其中值得一提的是古代《巴渝舞》、巴人神话、巴人葬俗。古代巴渝舞是从“战舞”发展演变而成的。《巴渝舞》是集体舞蹈，它刚劲有力、富有气势，后来逐渐成为一种专供表演的宫廷舞蹈。《巴渝舞》不断演变，其分支为僚人的《羽人舞》、江南的《盾牌舞》、川东的《踢踏舞》。巴人神话有自然神话：“比翼齐飞”“巴蛇吞象”“白虎神话”；英雄神话：“廪君传奇”；神女传奇：“巫山神女”“盐水神女”。巴人葬俗颇具神秘色彩，巴人死后大多采取船棺葬、悬棺葬、幽岩葬、岩穴葬、土坑葬等。当然，较能全面反映重庆民俗风情的是“重庆十八怪”：

一二怪：房如积木顺山盖，三伏火锅逗人爱。
三四怪：坐车没得走路快，空调蒲扇同时卖。
五六怪：背起棒棒满街站，女士喜欢露膝盖。
七八怪：龟儿老子随口带，不吃小面不自在。
九十怪：光着膀子逛大街，街边打望好愉快。
十一十二怪：办报如同种白菜，崽儿打赌显豪迈。
十三十四怪：矮小伙高姑娘爱，摊开麻将把客待。
十五十六怪：公交车上摆擂台，宝气处处都存在。
十七十八怪：人名没得地名怪，丧事当作喜事办。

二、四川省

［**民族与宗教**］

四川有55个少数民族，其中，彝族、藏族、羌族、苗族、回族、蒙古族、土家族、傈僳族、满族、纳西族、布依族、白族、壮族、傣族为省内世居少数民族。四川是全国唯一的羌族聚居区、最大的彝族聚居区和全国第二大藏区。少数民族主要聚居在凉山彝族自治州、甘孜藏族自治州、阿坝藏族羌族自治州及木里藏族自治县、马边彝族自治县、峨边彝族自治县、北川羌族自治县。

四川的宗教资源极为丰富。四川是道教的发祥地，自魏晋以来道教便开始在四川盛行，境内的主要道观有：成都的青羊宫、青城山的福建宫等。佛教自东汉传入中国后，四川在明代万历年间佛教开始盛行，兴建了大量的寺庙、宝塔。目前保存较好的有：新都宝光寺、成都文殊院、乐山大佛寺、峨眉山的报国寺、伏虎寺、万年寺、金顶等著名寺院建筑。四川还拥有众多的石窟造像、摩崖石刻与绘画艺术，如广元千佛崖、安岳石窟、乐山大佛等石刻造像，以及成都大慈寺、剑阁昭觉寺、蓬溪宝梵寺的古代壁画等。

［**民俗风情**］

四川独特的地理环境造就了东、西部两种不同的民俗风情：东部的农耕民俗和西部的少数民族民俗。前者主要体现在节庆、婚丧、信仰、传说、建筑以及独具特色的四川客家习俗等方面，如成都每年正月、二月在青羊宫的灯会和花会，三月龙泉的桃花会，四月都江堰的清明放水节，仲春之月新都的木兰会，九月新都桂花会等；以及正月初七游草堂，正月初九登高，广元女儿节、游百病、保保节等则体现出四川节庆浓郁的人文特色。

四川的民族风情多姿多彩。其中极具特色的是羌族风情。四川是我国唯一的羌族聚居区，羌族集中分布在阿坝藏族羌族自治州茂县、绵阳北川羌族自治县等地。羌族宗教信仰的最大特色是从先秦延续至今的白石崇拜。在羌族诸多祭神仪式中，最为经常的是祭天神，最为隆重的是祭山神。羌族的服饰特色鲜明，“服”即衣服，款式不分男女，而以“饰”，即在装饰上加以区分。羌族无论男女都穿自织的麻布长衫，外套羊皮褂子，包头帕，裹绑腿，束腰带。男子不着任何饰物，妇女衣服绣有花边，衣服上镶一颗梅花形图案的小银饰物，腰带绣花，喜欢戴银耳环、圈子、管子、银牌等饰物，脚上穿勾尖绣花鞋，俗称“云云鞋”。羌族的婚姻首先必须征得母亲的同意，结婚年龄一般是女大于男，新婚一年以内，新娘一般住在娘家。羌族中的寡妇再嫁被视为正常，不受任何歧视，这是原始社会母系社会制度在民俗中的遗存。羌族以汉族农历十月初一为年节，这一天羌族人要停止劳动，聚在家里过节。家里要准备许多用面捏成的牛、羊、鸡等祭品，用于祭祀天神和家神。一般羌族人还要在这一天邀请亲友跳“锅庄”，饮咂酒。羌族具有浓郁民族特色的节庆活动有成人礼、五月五妇女节等。

［彝族简介］

彝族旧称“夷族”。中华人民共和国成立以后，国务院开展对各少数民族名称的确定工作，毛泽东主席提出建议，把“夷”字改为“彝”字，因为“彝”字里面有米有丝，代表有吃有穿，象征日子富裕，鼎彝又是古代祭祀用的东西，包含庄重美好的意思，就此，“彝族”就被定为彝族各支系的统一族称。

彝族主要聚居于四川、云南、贵州、广西等地，四川凉山彝族自治州是我国最大的彝族聚居区。现有人口约 871.4 万。彝族的经济生活以农业为主，畜牧业是主要的副业，手工业制作也较为发达。

彝语属汉藏语系，有 6 种方言。彝族有自己的文字，是中国最早的音节文字。1957 年通过了彝文规范方案并开始试行，但是现在彝族中使用汉语和汉文的人越来越多。

彝族宗教信仰具有浓厚的原始宗教色彩，奉行多神崇拜，主要是万物有灵的自然崇拜和祖先崇拜，祭司称“毕摩”。一些与汉人长期杂居的彝族人也信奉佛教。19 世纪末，基督教新教、天主教先后传入，但影响不大。

彝族文化艺术源远流长，在用彝文记载的历史、文学、医学、历法、气象等著作中，不乏价值极高的珍贵文献。《阿诗玛》是彝族民间著名的叙事长诗。传统工艺美术有漆绘、刺绣、银饰、雕刻、绘画等。享有盛誉的云南白药即为清代彝族人曲焕章所创。彝族的文化遗产中被列入《国家非物质文化遗产名录》的主要有阿诗玛、火把节等。彝族实行一夫一妻制。有“抢婚”之俗。由男女双方事先约定好时间，由男家派人骑马来抢新娘。被抢的姑娘大叫时，女方亲属出来追赶，而新娘最后被抢走。或者，在男方家迎亲队伍入门时，女方用凉水、锅底、棍棒等突然袭击，在一场打斗后，再待以酒肉，让迎亲的人把新娘接走。

彝族的住房形式因地而异。有的地区与周围汉族相同；有的地区形似干栏式结构；土掌房是彝族独特的民居建筑，墙体以泥土为料，房内一般隔成三间，中间为堂屋，内有三块石头支起的火塘，是家庭起居活动的中心。

彝族服饰形式很多，较常见的是男子穿黑色窄袖右斜襟上衣和宽裤脚长裤。头顶留一小块二三寸头发，称为“子尔”（汉称“天菩萨”），裹以长达数丈的青蓝布帕包头，在右前有扎成细长锥形的“子贴”（汉称“英雄结”）

向前伸出帕外，以示英雄。女子穿镶边或绣花大襟右衽上衣和多褶长裙，裙线镶以多层色布，美观大方。外出时男女都穿“擦尔瓦”，形似斗篷，下端缀以长穗，长可到膝盖。

彝族主食主要有玉米、荞麦、大麦、小麦等，稻米很少。喜食酸、辣。酒为解决各类纠纷、结交朋友、婚丧嫁娶等各种场合中必不可少之物，民间有“汉人贵茶，彝人贵酒”之说。坨坨肉是彝族的特色菜肴。

民间传统节日很多，主要节日有彝族年、火把节及祭祀活动。彝族的传统年多在农历十月上旬择吉日举行，节期5～6天。火把节是彝族最盛大的传统节日，各地节期不一，一般在农历六月二十四。届时要杀牛、杀羊，祭献祖先，有的地区也祭土主，相互宴饮，吃坨坨肉，共祝五谷丰登。火把节一般欢庆三天，头一天全家欢聚，后两天举办摔跤、赛马、斗牛、竞舟、射箭、拔河、荡秋千等丰富多彩的活动。夜晚，人们手持火把，转绕住宅和田间，举行盛大篝火晚会，载歌载舞，彻夜狂欢。

彝族的主要禁忌：彝族男子头上都蓄有一撮头发，这是他认为最高贵的地方，忌旁人用手触摸；彝族有敬“神树”的习惯，神树严禁砍伐；祭祀时忌外人观看；忌外人骑马进彝族寨子，到寨门的竹篱笆前必须下马；到彝族人家中做客，要坐在火塘的上方或右方，忌用脚踏三脚架；彝族人对待客人，一般都用酒肉盛情款待，即使不能喝酒也要少喝一点，不然就会认为你看不起他们；忌把款待客人的食品带走，认为带走这种食品是不讲义气。

三、贵州省

[民族与宗教]

贵州是一个多民族的省份。截至2013年年末，少数民族人口占全省总人口的38.9%。少数民族中，人口超过10万的有苗族、布依族、侗族、土家族、彝族、仡佬族、水族、回族、白族共9个少数民族。苗族、布依族、侗族、仡佬族、水族等少数民族在贵州分布较集中。贵州少数民族人口占全省总人口的比重排名全国第五位，少数民族人口仅次于广西和云南，居全国第三位。

贵州有佛教、道教、伊斯兰教、基督教四种宗教。贵州佛教主要有禅宗、净土宗、密宗、唯识宗、天台宗、华严宗等派别。贵州道教有正一道龙虎宗和神霄派（萨祖派）、全真道龙门派。贵州伊斯兰教包括格底目、伊赫瓦尼、哲赫林耶三个教派、学派，以回族穆斯林为主，另有少数维吾尔、东乡、哈萨克等族穆斯林，阿訇200多人。贵州现有天主教徒10万余人，神职人员数十人，教堂67座。贵州现有新教信徒30万人，教牧人员900多人，开放教堂479座。中华人民共和国成立后，贵州宗教发生了深刻变化。天主教和新教开展反帝爱国运动和三自革新运动，摆脱了帝国主义的控制和利用，走上了独立自主、自办教会的道路。

［**民俗风情**］

贵州是多民族聚居的省份，除汉族外，还居住着48个少数民族，各民族历史悠久，形成自己独特的民族文化和习俗。贵州少数民族粗犷豪放、热情质朴、丰富多彩的民族歌舞各具特色，成为贵州民俗风情和民间艺术百花园中的奇葩。贵州各民族人民能歌善舞、热情好客，浓郁的民族风情犹如醇美的茅台酒一样令人心醉。侗家鼓楼和风雨桥、苗族吊脚楼、布依石头寨等都令人啧啧称赞，心仪不已。

贵州少数民族歌曲以苗族飞歌、侗族大歌最具代表性，特点是激昂、欢快，独唱和合唱各有特色。饮食上，贵州人偏爱酸辣，以猪肉、牛肉、鱼肉、鸡肉、鹅肉、鸭肉等为主，喜欢用动物内脏做菜，喜食各种菌类。少数民族大多爱吃鱼，布依族尤其喜爱吃狗肉。婚丧嫁娶方面，各少数民秉承自己的习俗，如苗族的游方、侗族的行歌坐月、土家族的哭嫁、瑶族的凿壁谈婚等。一些仪式上的习俗细节都历经传承数百年，至今不变。

［**苗族简介**］

苗族是一个古老的民族。苗族的先祖可追溯到原始社会时代活跃于中原地区的蚩尤部落。商周时期，苗族先民便开始在长江中下游建立“三苗国”，从事农业稻作。苗族在历史上多次迁徙，进入西南山区和云贵高原。

苗族主要分布在贵州、湖南、云南、广西、四川、重庆、广东、湖北、海南等省区市。在黔东南、黔西南、黔南和湘鄂川黔的交界地带，有较大的聚居区。现有人口约942.6万。苗族的经济生活以农业为主，此外，还经营畜牧业、纺织业以及喂猪、养鱼等副业。

苗族属汉藏语系，有三大方言，即湘西方言、黔东方言和川黔滇方言。苗族曾有自己的文字，但已失传。1956年设计了拉丁字母形式的文字方案，目前一直在推广使用。由于苗族与汉族长期交往，有很大一部分苗族兼通并使用汉语言。

苗族信仰本民族长期形成的原始宗教，包括自然崇拜、图腾崇拜、祖先崇拜、鬼神崇拜。清代，天主教和新教传入，对苗族地区有一定影响。祭鼓节是苗族民间最大的祭祀活动。

苗族的挑花、刺绣、织锦、蜡染、银饰制作等工艺瑰丽多彩，驰名中外。其中，苗族的蜡染工艺已有千年历史。苗族是一个能歌善舞的民族，常用歌舞表达自我感情。情歌、酒歌享有盛名，“盘歌”是苗族青年男女向对方表达心意、显示才能的一种古老的对歌方式。芦笙舞是流传最广的民间舞蹈，芦笙是最具有代表性的乐器。

苗族青年男女婚恋比较自由，通过“游方”“跳月”等社交活动，自由对歌，恋爱成婚。

苗族文化遗产较为丰富，被列入国家非物质文化遗产名录的主要有芦笙舞、苗绣、蜡染技艺、吊脚楼营造技艺等。

苗族一般都在依山傍水处建寨子，聚族而居。苗族喜欢木制建筑，通常为三层，底层堆放杂物或圈养牲畜，第二层为正房，第三层为粮仓。有的人家专门在第三层设置“美人靠”，供年轻姑娘展示美丽。苗族建筑最有特色的是吊脚楼。

苗族服饰男装较简朴，上装多为对襟短衣或右衽长衫，肩披羊毛毡，头缠青色包头。妇女一般上身穿窄袖、大领、对襟短衣，下身穿百褶裙或宽脚长裤。苗族妇女的服饰有便装和盛装之分，盛装有多种式样，仅插在发髻上的头饰就有几十种，以银饰为主，堪称中国民族服饰之最。素有“花衣银装赛天仙”的美称。

苗族多以大米为主食，以玉米、红薯、小麦为辅。菜肴喜酸喜辣。普遍嗜好饮酒。酸汤、油茶为日常饮料。喜欢吃糯食，每逢节日或重大活动，都要舂糯米粑粑，蒸糯米饭。苗族十分注重礼仪，客人来访，必杀鸡宰鸭，盛情款待。“分鸡心”是苗族的交友礼节，吃饭时把鸡心、鸭心夹给客人，以表示希望与其交友的意愿。若是远道来的贵客，苗族人习惯先请客人饮牛角酒。

苗族的节日很多，主要有龙船节、赶秋坡、苗年、赶歌节、吃新节、芦笙节、爬坡节、四月八等节日。芦笙节是苗族民间传统节日，节日里苗族人民聚集在广场跳芦笙舞，进行斗牛、赛马、文艺表演、球类比赛。青年男女还一起对歌，增进了解，建立感情。

苗族的主要禁忌：不吃羊肉，忌狗肉上灶，忌在屋里煮蛇肉；险恶环境中忌嬉笑；忌刀口朝上，忌用凶器指人。

四、云南省

［**民族与宗教**］

云南是民族种类最多的省份，除汉族以外，人口在6000人以上的世居少数民族有彝族、哈尼族、白族、傣族等25个。其中（按人口数多少为序），哈尼族、白族、傣族、傈僳族、拉祜族、佤族、纳西族、景颇族、布朗族、普米族、阿昌族、怒族、基诺族、德昂族、独龙族共15个民族为云南特有。云南少数民族交错分布，表现为大杂居与小聚居，彝族、回族在全省大多数县均有分布。

云南是中国宗教类型最多、分布最广、宗教信仰颇具特色的省份，有信徒340余万人（不包含汉传佛教和原始宗教信徒），其中少数民族信徒达90%以上，有宗教活动场所4789座（处），宗教教职人员9000余人，爱国宗教团体96个。云南与缅甸、老挝、越南接壤，有16个民族跨境而居，为世界三大宗教的传播创造了有利条件，形成了多元的宗教文化，其内容和形式具有地域性、民族性特征。除回族只信仰伊斯兰教外，云南其他民族分别信仰两种或多种宗教。各民族信奉的宗教种类有佛教、基督教、道教和原始宗教等。

［**纳西族简介**］

纳西族源于远古时期居住在西北河（黄河）湟（湟河）地带的古羌人，历史上多次迁徙，现集中分布在云南、四川、西藏三省区相邻地区，主要聚居在丽江玉龙纳西族自治县和滇川间的泸沽湖畔。现有人口约32.6万。

纳西族主要从事农业，畜牧业和手工业也有发展。坝区与河谷区是主要产粮区，农作物、经济作物和水果的品种较丰富。山区畜牧业比重大，“丽江马”蜚声海内。

纳西语属汉藏语系，纳西文原有东巴象形文字和哥巴音节文字，1957年设计了以拉丁文字母为基础的拼音文字方案，现在通用汉文。

纳西族普遍信奉“东巴教”，一部分人信奉藏传佛教。此外，道教、天主教、新教都曾传入，但信奉者不多。在漫长的历史发展与民族交往中，纳西族创造了灿烂的文化。著名的《创世纪》是一部歌颂劳动、反映男女忠贞爱情的长篇史诗。用东巴文撰写的《东巴经》是纳西族的宗教经书，是古代纳西族社会生活的百科全书。纳西族的建筑、雕刻和绘画融合纳西族、汉族与藏族三个民族的传统风格，具有浓郁的地方特色。丽江古城从选址到建筑风格均融会了汉、藏、白等多种民族的建筑艺术风格并有所创新。丽江壁画，笔法既有藏画的洗练和匀称，又具唐代道释画的风格。用象形文字写成的《东巴画谱》是罕见的艺术珍品，而长达 15 米的《神路图》堪称稀世瑰宝。相传为元人遗音的大型乐曲《白沙细乐》被誉为最古老的交响乐。

纳西族因居住地区不同，婚姻习俗有所区别：丽江地区主要为一夫一妻的父系小家庭制，部分地区还存在着对偶婚和母系家庭。例如，居住在泸沽湖畔的纳西族的一个支系摩梭人，至今仍保留着“阿夏”“阿注”走婚制和母系家庭的形式。“阿夏”“阿注”在摩梭语中是“伴侣”“情人”的意思。这种婚姻的特点是男不娶、女不嫁，双方没有实质上的经济联系。男女双方在生产劳动中建立了感情，确定了关系后，男子夜间到女家过偶居生活，天亮前回到母家，所以也称“走婚”。他们所生的孩子归女方，男方没有义务抚养孩子，他抚养的是自己的外甥，而他的孩子则由女方家的兄弟抚养。在农忙季节，如果女方家需要，男方也可以前去帮忙。“阿注”的关系，没有法律保障，一旦不和，就可以自行解除。如今“阿注”婚姻已在减少，随之而来的将是母系家庭的逐步解体，“阿注”婚姻将成为历史。摩梭人的“阿注婚姻”被民族学家喻为“人类社会家庭婚姻发展史的活化石”，其家庭组织和婚姻形态越来越受到国内外有关学者的关注，同时也吸引着众多的旅游者。

纳西族的房屋多系土木瓦结构，普遍采用“三坊一照壁”的形式，正房较高，偏房略低。摩梭人的民居称为木楞房，是一种井干式建筑，一般有正房、祖母房、经房、花楼等几个主要部分。

纳西族以自织的麻布或粗布为衣料，青壮年喜穿白色，老年人喜穿黑色。纳西族妇女喜欢穿红、蓝、紫色并用彩色布镶边、钉双排扣子的上衣，浅蓝色或白色衫里的双层百褶长裙，用丝线绣五彩花边。腰束为红、黄色彩带，脚穿青布绣花鞋。纳西族最具特色的服饰是妇女的“七星披肩”，缀以圆形花片，双肩各有一个大的，背上并列七个小的，分别象征日、月、星辰，表示披星戴月、勤劳不息，恶鬼不敢近前。男子的服装与当地汉族大体相似。

纳西族以玉米、大米和小麦为主食；在宁蒗地区纳西族人喜食青稞。喜喝酒，饮浓茶，吃酸、辣、甜味食品。丽江的火腿粑粑、宁蒗的琵琶猪和泸沽湖的酸鱼、鱼干，是纳西族的特色食品。

纳西族以农历纪年。不少节日如春节、清明、端午、中秋等均与当地汉族大致相同，但节日活动内容不尽相同。具有民族特色的节日如“三朵（本族保护神）节”，每年二月初八和八月羊日，要隆重祭拜，并举行庙会集市和娱乐活动。

纳西族的主要禁忌：纳西族人祭天堂、祖先、战神时，忌外人观看；不能打纳西人家的狗；不能主动进入老人、女人的卧室和女孩的“花楼”，不能询问“阿夏”的情况；忌触动大门两边所立的石头“门神”；忌手摸横放在门上的束有鸡毛草绳的松木叉“代口神”；忌乱砍伐“神树”；不能蹬踏架锅做饭用的三脚架，不能翻弄灶里的灰；进屋后不能靠神位就座，最好坐在灶下方或周围。

［**白族简介**］

白族的起源具有多源的特点，最早的白族先民由洱海边上的土著昆明人、河蛮人及青藏高原南下的氐人、羌人等多种民族融合而成。白族主要居于云南大理白族自治州，其余散居在云南各地、贵州、四川及湖南等地。现有人口约193.3万。白族主要从事农业生产，善种水稻。大理雪梨、宾川橘柑都是驰名中外的特产。商业、手工业也较为发达。

白族属汉藏语系，有大理、剑川、怒江三种方言。用汉字的音和义再加上一些新造的字来记录白语，被称为“白文”，白语中含有大量的汉语借词，汉文也很早就成为白族人通用的文字。

白族主要崇拜“本主”（即村社神）。“本主”被认为是人们生死祸福的掌管者，是保佑本境之主。各个村子的本主都不一样，有的是自然神，有的是历史人物、民族英雄等。白族还信奉道教、佛教。19世纪70年代也曾传入天主教和新教，但影响不大。

白族在历法、建筑、医学、史学、文学、音乐、舞蹈、戏曲、绘画、雕刻诸方面均有相当辉煌的创造和成就。大理崇圣寺三塔、剑川石宝山石窟、鸡足山建筑群等具有鲜明的民族特点。《望夫云》《美人石》等许多优美动人的传说故事一直流传至今，不少被编入戏剧。霸王鞭、八角鼓舞是白族民间最普遍的舞蹈，多在喜庆节日中举行。白族的扎染技艺与绕三灵习俗被列入国家非物质文化遗产名录。

白族平坝住房多为瓦房，布局一般多为“一正二耳”“三坊一照壁”“四合五天井”；山区多为上楼下厩的茅草房；高寒地区则是单间或两间相连的垛木房，用横木垛成。

白族崇尚白色。白族服饰，男子的服装各地大致相同，妇女的服饰各地有所差异。男子多穿白色对襟衣，套黑领褂。大理一带妇女多穿白色上衣，外套黑丝绒短褂或红色坎肩，下着蓝布宽裤，以绣花布或彩色头巾缠头，脚穿绣花鞋，一般都佩戴银饰。白族姑娘的头饰上，显示着“风花雪月”，垂下的穗子象征下关风，艳丽的花饰象征上关花，顶上的白色代表苍山雪，弯弯的造型代表洱海月。

平坝地区的白族多以大米、小麦为主食；山区的白族则多以玉米、洋芋、荞麦为主食。主食以蒸煮为主。蔬菜品种丰富，肉食以猪肉为主，除用鲜猪肉做各种炒菜外，还喜腌制加工成火腿、腊肠、香肠、饭肠等精美风味食品。临河而居的白族，擅长水鲜烹调。白族都爱用糯米酿造白酒，用大米制作饵块、饵丝，有些地方还制作蜜饯、雕梅。白族菜最负盛名的是“砂锅弓鱼”。一苦、二甜、三回味的“三道茶”是白族传统的品茶艺术和待客礼仪。

白族的传统节日很多，主要有三月街、绕三灵、耍海节、火把节等。三月街又称“观音街”“观音市”，是白族人民的传统盛会，已有上千年历史。每年 3 月 15 日起，在点苍山中和峰下举行，为期 5 ~ 7 天，后逐渐发展成为物资交流盛会，届时还举行赛马等文体活动。三月街已经成为当地各族人民进行经济文化交流、增进民族团结的重要节日。

白族的主要禁忌：白族热情好客，但倒茶忌满杯，倒酒忌半杯，所谓“酒满敬人，茶满欺人”；白族人家的火塘是个神圣的地方，忌讳向火塘内吐口水，禁止从火塘上跨过；白族人家的门槛也忌讳坐人。

[**傣族简介**]

傣族与壮族、水族、布依族等有密切的关系，同源于古代的“百越”，他们以“断发文身”为共同习俗。主要分布在云南热带河谷及高原盆地，足迹远涉老挝、泰国、越南、缅甸和印度等国家和地区。现有人口约126.1万。

傣族从事农业，是最早栽培水稻和使用犁耕的民族，有比较完整的耕作体系。傣族地区的“普洱茶”中外驰名，橡胶等亚热带经济作物发展较快，水果品种丰富。

傣语属汉藏语系。傣文是来源于梵文字母的拼音文字。20世纪50年代经过改进，现通行西双版纳和德宏两种傣文。

傣族普遍信仰上座部佛教，佛教对傣族风俗习惯的影响十分明显，同时仍保留信仰万物有灵和多神崇拜的原始宗教。

傣族有自己的历法和文献，民间文艺丰富多彩。著名的孔雀舞和“赞哈”（歌手）演唱的民间叙事长诗和民歌，为傣族人民喜闻乐见。象脚鼓舞是傣族民间流传最广的男子舞蹈。国家非物质文化遗产名录收入的傣族文化遗产主要有孔雀舞、泼水节等。

傣族青年婚前社交自由，“串寨子”、傣历新年“丢包”等都是选择对象和表达爱情的方式。傣族流行招赘婚。傣族有镶牙套、染齿和文身的习俗。

傣族大多住于平坝，村寨临江傍水。干栏式建筑是傣族住房的特点。每户一座竹楼，竹篱环绕，自成院落。竹楼上下两层，上层住人，下层饲养牲畜及堆放什物。

傣族男子服装，上着无领对襟或大襟小袖短衫，下着长裤，冷天外披毛毡，多用白布或蓝布包头。妇女的服饰因地而异。西双版纳的傣族妇女服饰艳丽，上着紧身内衣，大襟或对襟圆领窄袖衫，下身为花长筒裙，系银腰带。外出时喜挎自织的筒帕，撑平骨花伞，成为傣族妇女的代表性装饰。

傣族的饮食以大米为主食，爱食糯米，习惯现舂现吃。喜酸味及烘烤水产食品，嗜酒，喜嚼槟榔。用昆虫为原料制作各种风味菜肴和小吃，是傣族食物构成的一个重要部分。以青苔入菜，是傣族特有的风味菜肴。

傣族的传统节日主要有泼水节、关门节和开门节等。泼水节是傣族人民送旧迎新的传统节日，又称“浴佛节”，时间一般在傣历六月（农历三月中旬），为期3~5天。节日期间的主要活动是浴佛、堆沙、泼水、丢包、赛龙船、放高升及歌舞狂欢等。关门节在傣历九月中旬至十二月中旬之间，即农历六月中旬至九月中旬，关门的意思是在此期间关起婚姻、爱情之门，一心忙于农事。至傣历十二月十五日，雨季过去，新稻收割完毕，农活减少，婚姻、爱情之门重又开启，为开门节。这天，傣族人身穿鲜艳的民族服装，走亲访友，喜庆丰收。

傣族的主要禁忌：进入傣族家竹楼，要把鞋脱在门外，在屋内走路要轻；不能坐在火塘上方或跨过火塘；不能进入主人内室，忌头朝向主人家内室睡觉；房子内的中柱忌挂东西和靠背；不能坐门槛；进佛寺要脱鞋，忌讳摸小和尚的头以及佛像、旗幡等佛家圣物；忌从妇女脚上跨过或触摸妇女头上的发髻。

五、西藏自治区

[**民族与宗教**]

西藏是以藏族为主体的少数民族自治区，全区还有汉族、门巴族、珞巴族、回族、纳西族等45个民族及未识别民族成分的僜人、夏尔巴人，其中藏族和其他少数民族占总人口的91.83%。藏族普遍信仰藏传佛教，少数信仰原始宗教本教。

[**藏族简介**]

“藏”为汉语称谓，藏族自称“博巴”，意为农业人群，是最早起源于雅鲁藏布江流域的农业部落。早在4000多年前，藏族的祖先就在雅鲁藏布江流域繁衍生息了，两汉时属于西羌人的一支，7世纪赞普松赞干布建立王朝，唐朝称其为“吐蕃”，直到清康熙年间才称“西藏”，藏族称谓亦由此而来。

藏族居住在世界上海拔最高的青藏高原上，主要分布在西藏自治区以及青海、甘肃、四川、云南等地。现有人口约628.2万。

藏族以从事牧业为主，也从事农业。高原畜牧业在藏族的传统经济中所占的比重要大于农业。适应严酷气候的牦牛和藏绵羊是主要的畜牧对象，牦牛与黄牛杂交而生的犏牛，因其性格温顺、产奶量高而深受藏族人青睐。培育犏牛，种植青稞，是藏族在人类文明史上的特殊贡献。

藏语属汉藏语系，现行藏文是7世纪初根据古梵文和西域文字制定的拼音文字。藏文作为藏族的书面交际工具，历史之悠久在国内仅次于汉文。

藏族创造了灿烂的民族文化，医药、天文、历算、戏曲、文学、歌舞、唐卡等都达到了相当高的水平。《格萨尔王传》是藏族的民间口头传说巨作，是世界上最长的史诗之一，与蒙古族的《江格尔》和柯尔克孜族的《玛纳斯》并称中国“三大史诗”。锅庄是藏族普遍流行的一种圆圈舞，因最早围着火塘举行而得名。在已经公布的《国家非物质文化遗产名录》中，藏族入选的项目最多，主要有锅庄舞、藏戏、唐卡、藏医药、雪顿节等。《格萨尔王》史诗和藏戏已列入《人类口头与非物质文化遗产名录》。

藏族农区多垒石建房，房屋平顶多窗，大都建筑于向阳高处，坐北朝南，有的高达3～5层，称为碉房。牧区则住帐篷，是用牦牛毛织成的，冬暖夏凉，移动方便。

藏族服饰的基本特征是长袖、宽腰、长裙、长靴，这在较大程度上取决于藏民所处的生态环境和在此基础上形成的生产、生活方式。藏族男女都爱戴藏式金花帽，上身穿绸布长袖短褂，外套宽大的藏袍，下着氆氇或牛皮的藏靴。服装颜色以蓝色、白色为主，配置以艳丽的腰带或花边。头饰的质地有金、银雕镂器物和玉石、珊瑚、珍珠等，多为自然形状，是藏族服饰中的点睛之笔。

献哈达是藏族待客最普遍的一种礼仪，表示对客人热烈的欢迎和诚挚的敬意。哈达以白色为主，藏族认为白色象征纯洁、吉利。亦有浅蓝色或淡黄色的，蓝、黄、白、绿、红五彩哈达用于最高、最隆重的仪式，如佛事。

藏族喜欢饮酥油茶、奶茶、甜茶、青稞酒。爱吃酸奶、奶酪、奶疙瘩和奶渣等奶制品。藏族的主食是糌粑，即把青稞炒熟磨成细粉。副食以牛、羊肉为主，猪肉次之。酥油、茶叶、糌粑、牛羊肉被称为藏族饮食的“四宝”。藏族食用牛、羊肉讲究新鲜，民间吃肉时不用筷子，而是将大块肉盛入盘中，用刀子割食。藏餐口味清淡、平和，除了盐和葱蒜外，一般不放辛辣的调料。

藏族的主要节日有藏历年、雪顿节、花灯节、赛马节和望果节等。“雪顿节”每年藏历七月一日举行，原意为“酸奶宴”，届时家家都要制作大量的酸奶食用，后来又增加了会演藏戏的内容，变成藏戏节。节日里，很多人都要提酥油桶、茶壶、保温瓶，带上食品到风景优美的地方饮茶喝酒。“望果节”又称“旺果节”。“望”藏语指田地，“果”指转圈，即转地头。望果节是藏族预祝丰收的节日。每年秋收前夕择日举行，人们穿着节日服装、敲锣打鼓、唱着歌、绕着田边地头转，以庆祝丰收。这一天还举行赛马、射箭等比赛，以及野餐。

藏族敬酒敬茶有特殊习俗。到藏族人家里做客，主人便会敬上青稞酒。客人必须先用右手无名指蘸一点酒，配合大拇指弹向空中、半空和地面各一次，意思是先祭天、祭地、祭祖先。然后要遵循“三口一杯”的规矩，即客人轻呷一口酒，主人立即斟满，如此反复三次后，客人再喝干满杯酒。主人敬酥油茶时，会把茶碗捧到客人的面前，这时客人才可以接过来喝。客人不能主动去端茶。

藏族的主要禁忌：藏族人禁食驴肉、马肉和狗肉；行路遇到寺院、嘛呢堆、佛塔等宗教设施，必须从左往右绕行；经筒、经轮不得逆转；进寺庙时，忌讳吸烟、摸佛像、翻经书、敲钟鼓，对于喇嘛随身佩戴的护身符、念珠等宗教器物，更不得动手抚摸；在寺庙内要肃静，不得喧哗；进入藏族同胞的帐房后，男的坐左边，女的坐右边，不得混杂而坐。

第七节　西北地区各省自治区民族民俗

一、陕西省

[**民族与宗教**]

陕西除汉族外，有42个少数民族在全省杂居、散居。少数民族中，回族人口最多。此外，千人以上的少数民族有满族、蒙古族、壮族、藏族；百人以上的有朝鲜族、苗族、侗族、土家族、白族、锡伯族；其他少数民族均在百人以下。

陕西省有佛教、道教、伊斯兰教、基督教四大宗教，是全国宗教工作的重点省份。全省共有爱国宗教团体209个，其中全省性宗教团体5个，有4所宗教院校，分别是陕西法门寺佛学院、陕西省基督教圣经学校、陕西天主教神学院、陕西天主教神哲学院西安备修院。

[**民俗风情**]

陕西民俗风情独特而又丰富。陕北一带，青少年男女一有空暇就在腰间斜挎带子，系上腰鼓，两手各执小木棍，于前后左右击打，并有锣、镲相敲配合，“嘣——嚓嚓”之声清脆响亮，格外入耳悦目。安塞腰鼓在明清以后的数百年来，特别是近几十年来，逐渐形成了一套独有的表演风格，其动作豪迈矫健，鼓点遒劲有力，有气吞山河之势。其舞蹈动作有“十字步”“平侧蹬”“双腿蹬”“三角阵”“四方阵”“野马分鬃”“白虎甩尾”“青龙摆尾”“凤凰展翅”等花样和程式。在年节、喜庆、集会时，腰鼓是最显眼的舞蹈。

在陕北，每年春节来到，“锣鼓一响，喉咙发痒”，人们就开始筹办娱乐活动，有的地方也叫“热闹”或“闹红火”。早年多是男扮女装。随着时代的发展，女性也参加。男女队员身着彩服或带云角装的秧歌服，男性用毛巾包头，女性手持彩绸、汉巾。在活动形式上，有大场秧歌、小场秧歌。其中包括一些道具舞，如“狮舞”“龙灯”“水船”等。拜年有排门子秧歌，彩门秧歌；正月十五有酒曲秧歌、花灯秧歌。小场秧歌又叫“踢场子”，分二人场、四人场，八人场。舞蹈动作丰富，豪迈粗犷，潇洒大方，充分体现了陕北人民纯朴憨厚、开朗乐观的性格。

二、甘肃省

[**民族与宗教**]

甘肃自古以来就是多民族聚居的省份。在少数民族中，人口在千人以上的有回、藏、东乡、土、裕固、保安、蒙古、撒拉、哈萨克、满等 16 个民族，此外还有 38 个少数民族成分。东乡、裕固、保安为 3 个甘肃特有少数民族。各民族文化特色鲜明，民俗风情浓郁，在饮食、服饰、婚丧、节日庆典方面均有自己的特色，如藏族的香浪节、浴佛节，回族花儿会，裕固族婚礼，陇东香包节等。

甘肃现有四种宗教：伊斯兰教、佛教、基督教、道教。其中伊斯兰教和藏传佛教信仰的人口较多。信仰伊斯兰教的民族主要是回族、东乡族、撒拉族、保安族、哈萨克族；信仰藏传佛教的民族有藏族、蒙古族、土族、裕固族。基督教、道教在各民族中都有信仰，但人数不多。著名的佛教寺庙有：夏河拉卜楞寺，是世界最大的藏学学府、藏传佛教格鲁派六大宗主寺之一、青川地区最大的藏族宗教和文化中心；泾川大云寺，历史上是武则天敕令珍藏《大云经》的皇家寺院，曾出土国宝级文物佛祖舍利和金棺银椁；张掖大佛寺，因寺内有中国最大的室内卧佛涅槃像而得名，素称“塞上名刹，佛国胜境”；山丹大佛寺，内设释迦牟尼讲经说法泥塑坐像一尊，高35米，为世界室内坐佛之最；武威白塔寺，是元代忽必烈时期（1260～1295年）西藏宗教领袖萨迦班智达（萨班）与蒙元代表、西路军统帅阔端举行“凉州会谈”的地方，这一历史性的会谈决定了西藏正式成为中国元朝中央政府直接管辖下的一个行政区域，标志着西藏从此纳入了中国版图；碌曲县郎木寺，素有东方“小瑞士”和香巴拉“小江南”的美誉，是安多地区闻名遐迩的大寺院之一。

［**民俗风情**］

甘肃民俗风情多姿多彩，特色鲜明。其中最具地方和民族特色的有：兰州市的太平鼓、兰州鼓子、苦水高高跷、兰州羊皮筏子、黄河大水车制作技艺；临夏回族自治州和政县的松鸣岩花儿会、临夏砖雕、保安腰刀锻制、东乡擀毡技艺；庆阳市的道情皮影戏、香包刺绣；甘南藏族自治州的拉卜楞寺佛殿音乐“道德尔”、藏族民歌、史诗《格萨尔王传》演唱、舟曲多地舞、卓尼巴郎鼓舞；定西市岷县二郎山的花儿会、洮砚制作技艺；天水市的伏羲祭典、清水道教音乐、武山旋鼓舞、秦安小曲；河西走廊各市、县的河西宝卷、夜光杯雕、凉州贤孝、裕固族民歌、裕固族服饰、敦煌曲子戏、永昌万字灯会；陇南市西和县与礼县的七夕节（当地人叫“巧娘娘节”）、武都高山戏、文县傩舞“池哥昼”；平凉市泾川县的西王母信仰习俗、庄浪县抬阁等。这些民俗文化或以民族地方特色浓郁见长，或以古老风俗本真性的存留而凸显其价值，被列入国家非物质文化遗产名录。

甘肃3个特有少数民族中，东乡和保安族的服饰特点、饮食习俗、礼俗与回族基本相似，信仰伊斯兰教，房屋建筑装饰，室内家具、杯、盘、壶、罐、刀具等生活日用器皿和服饰上的图案花纹大都以各种草木花卉和山水等自然景物为主，朴拙典雅，美观大方。保安族还有不得骑越镰刀、斧子、绳索等生产工具的禁忌。裕固族是回鹘人的后裔，中华人民共和国成立前流行信仰“点格尔汗”（意即“天可汗”）的原始崇拜，部分信仰藏传佛教，凡遇疾病及婚丧大事，皆要请喇嘛念经；未婚女子有戴头面的习俗，流行一种“帐房戴头婚”的婚俗；主要从事畜牧业，兼营农业；裕固族崇尚骑马和射箭；奶和茶在裕固族人民日常生活中占有十分重要的位置，民间有一日三茶一饭或两茶一饭的习惯。禁食马、驴、骡、驼、狗、鱼、鸡、大雁等尖嘴、圆蹄动物；穿红衣、骑红马者不得进入帐房；到别人家做客，忌带枪支、弹药、牧鞭、生肉进屋；客人用餐时，忌来回走动。

三、青海省

[**民族与宗教**]

青海是个多民族聚居的省份，历史悠久，文化灿烂。现有 54 个民族成分。少数民族人口比例仅低于西藏和新疆。青海的世居少数民族主要有藏族、回族、土族、撒拉族和蒙古族。5 个世居少数民族聚居区均实行区域自治，先后成立了 6 个自治州、7 个自治县，其中有 5 个藏族自治州（玉树、果洛、海南、海北、黄南）、1 个蒙古族藏族自治州（海西）、1 个土族自治县（互助）、1 个撒拉族自治县（循化）、2 个回族自治县（化隆、门源）、2 个回族土族自治县（民和、大通）、1 个蒙古族自治县（河南）。

青海同时也是一个多宗教的省份。佛教、伊斯兰教、道教和基督教四大宗教在青海都有传播，其中藏传佛教和伊斯兰教在信教群众中有着广泛的影响，藏族、回族、土族、撒拉族和蒙古族等几个世居民族基本上是全民信教。据统计，全省共有宗教活动场所 2100 多座（所），宗教教职人员 29000 多人，信教群众 200 多万人。全省现有省级宗教爱国团体 5 个，即青海省佛教协会、青海省伊斯兰教协会、青海省基督教“三自”爱国运动委员会、青海省基督教协会（简称省基督教“两会”）、青海省道教协会；省级宗教院校 2 所，即青海省藏语佛学院、青海省伊斯兰教经学院。著名寺庙有湟中塔尔寺、西宁东关清真大寺等。塔尔寺是我国藏传佛教格鲁派创始人宗喀巴的诞生地，也是我国藏传佛教格鲁派六大寺院之一，位于青海东部湟水之滨的莲花山。建筑风格以藏式为主，藏汉艺术相结合，最早的建筑是明洪武十二年（1379 年）宗喀巴大师的母亲按儿子的嘱托以菩提树和狮子吼佛像为塔心胎藏建成的聚莲宝塔。明万历五年（1577 年），高僧贡巴哇·仁钦宗哲坚赞在聚莲宝塔南侧兴建了一座佛、法、僧俱全的弥勒佛殿，先有聚莲塔，后有弥勒寺，这是汉语“塔尔寺”之名的由来。

[**民俗风情**]

青海的民俗风情主要体现在少数民族的习俗上。如土族重礼好客。凡前来拜访和投宿的客人都会得到热情接待。人们常说：“客来了，福来了！”用上等的茶饭和美酒予以款待。用餐前，主人先向客人敬酒三杯，叫作“吉祥如意三杯酒”。客人启程时，主人在大门口向客人又敬三杯酒，叫作“上马三杯酒”。不能喝酒的客人，用中指蘸三滴，对空弹三下。土族人对朋友忠实守信，有尊长敬老的好传统。

土族服饰分为妇女服饰、姑娘服饰、青壮年男子服饰以及老年男子服饰。妇女一般穿绣花小领斜襟长衫，两袖由红、黄、橙、蓝、白、绿、黑七色彩布圈做成，俗称七彩袖。发式、“帖弯”（指裤子膝下部分套着一节裤筒，已婚妇女是蓝色或黑色，未婚姑娘为红色）颜色和额带的不同，常是区别已婚或未婚妇女的标志。“纳顿”节是青海民和地区土族一年一度庆丰收、谢神恩节日。时间从农历七月中旬开始，一村接一村举行，直到九月中旬结束。

土族忌食马、骡、驴等奇蹄动物的肉；忌在牲畜圈棚内大小便；家里佛堂和寺庙禁服丧者和产妇进入；不戴帽子、不穿长衫的妇女禁在长辈面前行走；忌讳用有裂缝的碗给客人倒茶；远行或办婚事，清早出门忌碰到空水桶、空背斗及不洁净的东西，被认为不吉，应返回改日再行；忌进入刚生孩子、刚安装了新大门或发现传染病的人家。忌门标志是：大门旁贴一方红纸，插上柏树枝或在门边煨一堆火。

四、宁夏回族自治区

［**民族与宗教**］

宁夏是我国最大的回族聚居区，回族群众信仰伊斯兰教。宁夏回族穆斯林有许多宗教性节日，其中以开斋节、古尔邦节和圣纪节三大节日最为著名。宁夏一些回族居住县区已经初步形成了以各具特色的清真寺、道堂、拱北、民居为主体的民族文化景观。宁夏清真寺的创建从元代开始，经明、清两代，清真寺的数量和规模得到巨大的发展。清真寺，又称礼拜寺。阿拉伯语为“麦斯吉德”，即叩头的地方。它既是伊斯兰教信徒聚众礼拜的地方，又兼有文化教育中心、社会活动中心的功用。拱北是伊斯兰教先贤陵墓建筑的阿拉伯语称谓。道堂是伊斯兰教某分支教领导人礼拜、诵经、讲学和居住的地方。著名的清真寺有银川南关清真大寺和同心清真大寺。银川南关清真大寺是一座具有波斯风格和民族特色的建筑，是银川市回族群众进行宗教活动的中心场所。同心清真大寺以汉族式建筑为主体，又兼纳了中亚阿拉伯风格的装饰，是宁夏现存历史最久、规模最大的一座伊斯兰教建筑，不仅是穆斯林宗教活动场所，还是一座具有光荣革命历史的文物建筑。1936年，中国工农红军西征时，曾经发动当地群众在此召开各界代表大会，并成立了中国历史上第一个县级回族自治政权——陕甘宁省豫海回族自治政府。

［**回族简介**］

回族是"回回民族"的简称。回族的来源可以上溯到7世纪末，阿拉伯和波斯商人经由陆上和海上丝绸之路到中国经商，留居长安、广州、泉州等地，历经几个世纪的发展，不断同汉人、蒙古人、维吾尔人融合，大约在明代正式形成了回回民族。

回族是中国少数民族中散居全国、分布最广的民族。全国绝大多数县市均有分布。宁夏回族自治区为主要聚居区，其次是甘肃、青海、新疆、河南、河北、陕西、云南、山东、北京、天津等地。现有人口约1058.6万。

回族主要从事农业，也经营牧业、手工业和商业。回族工匠在制香、制药、制革以及矿产的采冶方面都较为著名。回族又以善于经营而著称，从珠宝玉石业、运输业、服务业到牛羊屠宰加工业，都是他们的传统行业，"清真小吃"更是享有盛名。

回族由于长期与汉族杂居，逐渐习惯以汉语作为本民族的语言。受阿拉伯、波斯等文化的影响，又吸收汉族文化是回族文化的两大特点。回族虽受汉文化的影响较大，但在心理状态、经济生活、宗教信仰和风俗习惯等方面，仍表现出自己显著的特点。回族是全民信仰伊斯兰教的民族。

回族文化遗产中被列入国家非物质文化遗产名录的有花儿、重刀武术等。花儿还被列入了《人类口头与非物质文化遗产名录》。

回族的民居建筑基本摆脱了阿拉伯和中亚的建筑风格，采纳了中国传统的殿宇式四合院为主的建筑样式，但布局和装修独具民族风格。

回族衣着与汉族基本相同，但仍保留着自己的特点。西部地区的回族男装多衣服肥大，裤长及脚面，老年人扎裤腿，戴青色、白色圆形平顶小帽"号帽"。妇女的衣服上窄下宽，一般长及膝盖或过膝，戴披肩盖头。男女外出必须戴帽子或头巾，严禁露出头顶。

回族对肉食的选择比较严格，只吃反刍类偶蹄食草动物，如牛、羊、驼肉，食谷物类的禽肉及带鳞的鱼类。油香、馓子是各地回族喜爱的食品。民族风味小吃有酿皮、拉面、臊子面、牛羊杂碎、牛羊肉夹馍、羊羔肉、白水鸡、切糕等。回族的盖碗茶有红糖砖茶、白糖清茶、冰糖窝窝茶及八宝茶，八宝茶里面放有花生、柿饼、核桃仁、红枣、芝麻等果脯佐料，风味浓郁。

回族的传统节日大多是宗教性的，主要有开斋节、古尔邦节、圣纪节等。开斋节，亦称“肉孜节”。与“宰牲节”同为伊斯兰教两大节日。时间在伊斯兰教历十月一日。穆斯林在第9个月全月斋戒，斋月最后一日寻看新月，见月次日开斋，即为开斋节；如未见新月，则继续封斋，节期顺延，一般不超过3天。在节日期间，穆斯林们穿上盛装，到清真寺参加“会礼”和庆祝活动，恭贺“斋功”胜利完成，互道节日快乐，并馈赠礼品。礼拜仪式规模和气氛均盛于“聚礼”，阿訇应讲经布道。“会礼”后，分头游祖坟，念经文，追悼亡灵。节日中，家家户户炸馓子、油香之类食品，赠送他人。每个家庭应在节日开始前向穷人发放开斋布施。

圣纪节，亦称圣忌节，是伊斯兰教的三大节日之一。相传穆罕默德（约570～632年）诞辰和逝世都在伊斯兰教历的三月十二日，穆斯林为了纪念伊斯兰教创始人穆罕默德创建伊斯兰教，在他诞辰和逝世的这天举行集会。以后，逐渐演变为伊斯兰教的节日。届时，穆斯林要穿戴整齐，到清真寺沐浴、更衣、礼拜，听阿訇们念经，讲述穆罕默德的历史和创建伊斯兰教的功绩。

回族的主要禁忌：严禁食猪肉，忌养猪，忌别人提着猪肉进回族的商店和住处；忌食狗肉、马肉、驴肉、骡肉，不吃未经阿訇按教法规定屠宰的畜禽肉，不吃自死的畜禽肉，不吃畜禽血；忌在用餐时开玩笑；回族所用的水井和水塘，非信仰伊斯兰教的人不能动手取水，如有需要必须请回族人代取或征得主人的允许，但一定要保持清洁；忌在水井、水塘附近洗涤物件。

五、新疆维吾尔自治区

[民族与宗教]

新疆是一个多民族聚居的地区，共有55个民族成分，其中世居民族有维吾尔、汉、哈萨克、回、柯尔克孜、蒙古、塔吉克、锡伯、满、乌孜别克、俄罗斯、达斡尔、塔塔尔13个。

新疆历史上就是多宗教并存的地区，主要有伊斯兰教、佛教（藏传、汉传）、基督教（天主教、新教、东正教）、道教。新疆现有清真寺、教堂、寺院、道观等宗教活动场所2.48万座，宗教教职人员2.93万。有新疆伊斯兰教经学院、新疆伊斯兰教经文学校等宗教院校8所。宗教团体112个，其中自治区级宗教团体2个，即自治区伊斯兰教协会、佛教协会。新疆伊斯兰教经学院承担每年轮训2000多名宗教人士的任务。已翻译出版发行维吾尔、汉、哈萨克、柯尔克孜等多种文字版的《古兰经》《布哈里圣训实录精华》等宗教经典书籍。喀什的艾提尕尔清真寺是新疆最大的礼拜寺。

［**民俗风情**］

新疆的维吾尔、哈萨克、柯尔克孜、塔吉克、乌孜别克、塔塔尔等民族构成了新疆独特的民俗风情。这些民族具有相同的信仰（伊斯兰教），有着共同的饮食禁忌和三大节日，即开斋节、宰牲节和圣纪节。此外，"偌鲁孜"节是新疆维吾尔、哈萨克、柯尔克孜、乌孜别克和塔吉克共有的传统民族节日，时间在每年农历春分，即农历三月二十二日前后。其内容是辞旧迎新，类似内地的春节，该节日与宗教无关。

居住习俗方面，牧区的哈萨克族、柯尔克孜族、塔吉克族一般春、夏、秋三季住易于支撑和拆卸的帐房，冬季皆在东营地以土房或木屋居住；农区的乌孜别克族和塔塔尔族民居类似维吾尔族民居，牧区则与哈萨克族居民相似。

礼仪方面，哈萨克、柯尔克孜、塔吉克等游牧民族的传统礼仪较为相近。如遇到来访或投宿的客人，无论是否相识，都会热情接待。牧民认为在太阳落山的时候让客人离开是一件耻辱的事，会遭到邻里亲朋的嘲笑。待客时，一般都要杀羊，肉煮好后，要先以羊头献客人。晚上要将客人安置在毡房的最上方住宿。有贵客来，还要组织赛马、刁羊等文娱活动。锡伯族有客来访，主人必出大门迎送。平时见到长辈，要"打千"问安。长辈讲话时，年轻人不得插话。每逢年节，儿女们都要依次给父母和长辈叩头拜年。俄罗斯族有以面包和盐迎接客人的传统。

禁忌方面，乌孜别克、塔塔尔族与维吾尔族大体相同；柯尔克孜、塔吉克和哈萨克族基本相同。哈萨克族禁忌不少，如客人不得骑着快马直冲家门；禁坐在放有食物的箱子上或其他生活用具上，忌跨越或踩踏用餐的餐布；毡房门禁向西开；对长辈不得直呼其名，不得在长辈面前喝酒；走路时不得踩踏火堆和墓穴；不能当着主人的面数主人家的牲畜，禁跨越拴牲畜的绳子等。锡伯族在饮食上禁食狗肉，忌对长者不敬、对父母不孝、对友人失信、对他人说不吉利的话等。

［**维吾尔族简介**］

维吾尔族是一个多源民族，最主要的来源有两支：一支是来自蒙古草原的回纥人，另一支是南疆绿洲的土著居民，历经漫长的历史发展融合而成。“维吾尔”是维吾尔族的自称，意为“团结”“联合”。维吾尔族是新疆维吾尔自治区的主要居民，现有人口约 1006.9 万。维吾尔族人主要从事农业，善于在盆地和河谷边缘开发绿洲，并开挖地下暗沟渠“坎儿井”，用以灌溉农田，形成独特的绿洲灌溉农业经济。棉花种植历史悠久，品种优良。瓜果生产闻名全国。此外，维吾尔族还擅长园林艺术。

维吾尔族有自己的语言文字。语言属阿尔泰语系。文字原用阿拉伯字母为基础的拼音文字，中华人民共和国成立后，推广使用以拉丁字母为基础的新文字，现两种文字并用。维吾尔族历史上曾先后信奉过萨满教、摩尼教、景教和佛教，后改信伊斯兰教。

维吾尔族是一个能歌善舞的民族，有丰富、独特的文化艺术。“十二木卡姆”（十二部大曲）是古代维吾尔族人民创作的包括有序歌、叙诵歌曲、叙事歌曲、舞蹈组歌和间奏乐曲等多种体裁内容的大型套曲集，有“维吾尔音乐之母”的誉称，长期在民间流传。新疆维吾尔木卡姆艺术是流传于新疆维吾尔族聚居区的各种木卡姆的总称，已被列入《人类口头与非物质文化遗产名录》。

维吾尔族的舞蹈轻巧、优美，以旋转快速、动作多变著称。传统舞蹈有顶碗舞、大鼓舞、铁环舞、普塔舞等，《赛乃姆》《夏地亚纳》是最普遍的民间集体舞蹈。民间乐器有“独塔尔”“巴拉曼”“热瓦普”“达甫”等弹拨、吹奏和打击乐器数十种之多。《阿凡提的故事》是广为流传、老幼皆知的民间故事。达瓦孜（高空走绳）是维吾尔族喜闻乐见的娱乐表演项目。“巴扎”是维吾尔族的传统贸易集市，民族风情浓郁。

维吾尔族民居常见形式有阿克塞乃、阿以旺、开攀斯阿以旺等。传统的维吾尔族房屋一般用泥土建筑，开天窗，屋顶平坦，有的设有廊房。室有夏室、冬室之分。夏室在前，作会客用，冬室在后，作卧室用。室内砌实心土炕，供起居坐卧。墙上开壁龛，内置食物和用具，喜爱在墙上挂壁毯。冬季以火墙取暖，靠墙的一边为待客的上座。大门忌朝西开。

维吾尔族服饰风格独特。男子穿长袍，右衽斜领，无纽扣，以腰带式长方巾扎腰。城市妇女多穿西式短上装和裙子，农村妇女多穿宽袖连衣裙，外套黑色对襟背心。不论男女老少都喜爱戴"尕帕"（四楞小花帽）。未婚少女爱梳十几条发辫，以长发为美。

维吾尔族以面粉、玉米、大米为主食。少吃蔬菜，喜食瓜果。有的地区爱喝奶茶，佐以玉米面或面粉制成的馕。用羊油、胡萝卜、葡萄干、洋葱、大米做成的"抓饭"，是节日和待客不可缺少的食品。果肉、果仁、羊肉串是维吾尔族日常喜爱的食物。

维吾尔族的传统节日与伊斯兰教的信仰有关，一年一度的肉孜节（开斋节）、古尔邦节最为隆重。古尔邦节（拉丁文 Eid Adha），又称宰牲节，与肉孜节、圣纪节并列为伊斯兰三大宗教节日。古尔邦节的主要内容有：一是举行会礼，穆斯林聚集在大清真寺或公共场所，举行盛大的仪式和庆祝活动；二是宰牲，一般的穆斯林都在节日之前准备好到时要宰杀的牲口，牲口要求必须健康，分骆驼、牛、羊三种，根据家庭的经济情况来决定。宰杀后的肉要分成三份，分别留作自用、赠送亲友以及施舍给穷人。

维吾尔族的主要禁忌：在清真寺以及河坝、伙房等地忌携带、遗弃不洁物品；探望卧床病人时忌站在病人头和脚的方向；衣忌短小，忌穿背心、短裤在室外活动和做客；在屋内坐下时忌双腿伸直脚底朝人；吃饭时忌随便拨弄盘中食物或剩食物在碗中；接受物品时忌用单手尤忌左手；睡觉时忌头东脚西或四肢平伸仰面。

第八节　港澳台地区民族民俗

一、香港特别行政区

[**民俗风情**]

香港人既有中国的传统观念，又有西方的习俗。香港人喜欢喝早茶，逢年过节喜欢吃发菜和年糕。香港人说话办事讲究有个好兆头，"3""8"与粤语"升""发"谐音，"6""9"与"禄""久"谐音，所以这几个数字最受欢迎。但他们忌讳“4”，忌讳称丈夫或妻子为“爱人”，“爱人”等同于“情人”。根据发音谐音，香港人送花忌讳赠送剑兰、茉莉、梅花等，送礼物忌讳送钟（谐音“送终”）。香港人一般不大喜欢肢体触碰，在排队、坐车、走路时也尽量避免推挤和肢体接触。香港人忌讳别人打听个人隐私，如住址、收入、年龄等情况。香港的文化艺术活动丰富多彩，喜好打麻将、赌马和六合彩。香港行人和车辆靠左行驶，和内地正好相反。

二、澳门特别行政区

［**民俗风情**］

澳门文化是一种以中华文化为主，兼容葡萄牙文化的具有多元文化色彩的共融文化。澳门的礼仪禁忌与香港差不多，澳门人不喜欢在家里招待客人，忌讳数字“13”和“星期五”，不喜欢别人问个人年龄、婚姻和收入等。

三、台湾省

［**民族与宗教**］

台湾汉族人口占98%左右，大多是福建省和广东省的移民，主要少数民族是高山族。台湾通用的语言是国语，文字是中文繁体字；台湾宗教活动盛行，寺庙多，信徒多，主要是佛教、道教、基督教。

［**民俗风情**］

台湾与大陆同宗同文，因此在风俗习惯上非常接近，但也有一些特殊禁忌。台湾人禁送粽子，因为台湾居丧之家习惯包粽子；禁送甜果，甜果在台湾指年糕，是过年的常用祭品；不送手帕，手帕是丧事完毕后主人送给吊丧者的礼物，寓意与死者永别；不送扇子，台湾有“送扇，无期见”的俗语；不送刀剪，意为“一刀两断”；禁送雨伞，“伞”和“散”同音。

第四章
全国各省市自治区及港澳台地区风物特产

本章导读

【本章概述】 本章主要介绍了全国各省市自治区及港澳台地区风物特产概况，包括地方特产、特色美食和特色工艺品简介。

【学习要求】 熟悉全国各省市自治区以及港澳台地区有代表性的饮食特点、主要美食和风物特产。

第一节　华北地区各省市自治区风物特产

一、北京市

［特产与美食］

北京的特色工艺品制作技艺十分丰富，列入北京市非遗名录的就有：景泰蓝制作技艺、聚元号弓箭制作技艺、荣宝斋木版水印技艺、北京雕漆工艺、全聚德挂炉烤鸭技艺、北京便宜坊焖炉烤鸭技艺、宝刀衡制作工艺、绒布唐工艺、曹氏风筝工艺等。

北京是世界第八大“美食之城”，居内地之首。北京的风味小吃历史悠久、品种繁多、用料讲究、制作精细，堪称有口皆碑。清代《都门竹枝词》云：“三大钱儿卖好花，切糕鬼腿闹喳喳，清晨一碗甜浆粥，才吃茶汤又面茶；凉果炸糕甜耳朵，吊炉烧饼艾窝窝，叉子火烧刚卖得，又听硬面叫饽饽；烧卖馄饨列满盘，新添挂粉好汤圆。”这些小吃都在庙会或沿街集市上叫卖，人们无意中就会碰到，老北京形象地称之为“碰头食”。京味小吃的代表有北京烤鸭、涮羊肉、豆汁儿、豆面酥糖、酸梅汤、茶汤、小窝头、茯苓夹饼、果脯蜜饯、秋梨膏、冰糖葫芦、艾窝窝、豌豆黄、驴打滚、灌肠、爆肚、炒肝、卤煮火烧等。北京常见的特色工艺品有景泰蓝、内画壶、北京面人、北京玉器、漆雕、北京绢人、北京料器、北京宫灯等。

二、天津市

［**特产与美食**］

天津特产很多，号称十大特产。除全国著名的泥人张和杨柳青年画外，天津的风筝魏也很著名。风筝魏是天津著名风筝艺人魏元泰制作的风筝，故称“风筝魏”。1914 年，魏元泰带着他制作的风筝，参加了巴拿马万国博览会，荣获了金牌奖章和证书。天津特产州河鲤产于天津蓟州区于桥水库。水库特殊的地理地貌，优越的水源环境，持续的生态和人文保护，由此形成了州河鲤独特的外形和肉质紧实、咀嚼滑韧、味道鲜香的口感。天津特产兰梓大蒜蒜头形状规则，通常是六瓣，蒜皮儿呈紫红色，故有“六瓣红”之称，而其味辣含香，是上等的调味品。古往今来，宝坻大蒜一直保持着名优特产的地位，以其特有的外观和品质，在市场上身价颇高。

天津传统的风味食品多种多样，狗不理包子、十八街麻花（桂发祥麻花）、耳朵眼炸糕号称“津门三绝”。之后，猫不闻饺子于 1997 年被定为津门四绝之一。

三、河北省

［**特产与美食**］

河北省的许多土特产品和风味小吃享誉中华，有京东板栗、赵州雪梨、沧州金丝小枣、宣化龙眼葡萄、深州蜜桃等。核桃、柿子和花椒被誉为“太行三珍”。口蘑盛产于坝上高原，是一种名贵真菌。蕨菜号称“山菜之王”，国内外市场供不应求。秦皇岛的八仙宴，唐山的蜂蜜麻糖，石家庄的空心宫面，以及白洋淀的全鱼席无不以其独特的风味令中外游客赞不绝口。

河北菜即冀菜，包括三大流派：以保定为代表的冀中南菜，以承德为代表的塞外宫廷菜和以唐山为代表的冀东沿海菜。冀中南菜，以保定为代表，其特点是选料广泛，以山货和白洋淀鱼、虾蟹为主。保定著名的驴肉火烧是代表菜。在石家庄周边，历史上正定等地也有著名的"十大名菜""三八席（八凉、八热、八蒸碗）"等，在技法上也有"甩刀法"等令人叫绝的独特技巧。冀东沿海菜，以唐山为代表，由于唐山濒临渤海，盛产海鲜，所以以烹饪鲜活水产见长。原料丰富、并且擅长刀花和柔丝连片，讲究明油亮芡。主要有皮皮虾。塞外宫廷菜，以承德为代表，虽与北京的宫廷菜有相同之处，但也有口味香酥鲜咸、讲究造型和器皿的独到特点。

四、山西省

［**特产与美食**］

在山西，名产以汾酒、竹叶青最为有名。老陈醋、太原葡萄酒也并不逊色，知名度颇高，而且独树一帜，盛名中外。此外，五台山"台砚"、大同黄花、恒山黄芪、稷山板枣、平陆百合、蒲州青柿、垣曲猕猴桃、清徐葡萄、上当"党参"、晋城红果、代县辣椒、"沁州黄"小米、晋祠大米、太谷中药"龟龄集"、定坤丹、洪洞甲鱼、运城黄河鲤鱼、高平丝绸、平阳木版年画、大同艺术瓷、铜器、平遥推光漆具均属名产之列。

晋菜，是以山西为发源地的菜系，基本风味以咸香为主，甜酸为辅。晋菜选料朴实，烹饪注重火功，成菜后讲究原汁原味，擅长爆、炒、熘、煨、烧、烩、扒、蒸等多种烹饪技法，地域特点明显，风味特色各异。菜点可分为南、北、中三派。南路以运城、晋城、临汾、长治地区为主，菜品口味偏清淡，菜肴擅长熏、汤、卤、烧、焖、蒸等技法。北路以大同、五台山为代表，菜肴讲究重油重色。中路菜以太原为主，兼收南北之长，选料精细，切配讲究，以咸味为主，酸甜为辅，菜肴具有酥烂、香嫩、重色、重味的特点。山西著名的风味菜点有：熏猪肉、酿粉肠、过油肉、喇嘛肉、炒蝴哈羊肉、头脑、刀削面、拨鱼、猫耳朵、莜面栲栳、闻喜饼等。

五、内蒙古自治区

［**特产与美食**］

内蒙古地大物博，物产丰盈。全区境内生长着经济价值较高的野生植物600多种，其中罗布麻、芦苇等70多种纤维植物是造纸、制绳和人造棉的重要原料；榛子、山杏、文冠果、红豆等是良好的油料植物和制酒野果；柞树的橡子、沙枣等50多种植物含有丰富的淀粉，可以加工成面粉、粉条、糖稀、糖色等。内蒙古还是中国中草药生产基地之一。现已发现药用植物500多种，有被誉为中国“国老”的甘草、补气药材之最——黄芪、中国地精——肉苁蓉，还有赤芍、麻黄、桔梗、知母、柴胡、苍术、远志、车前子、龙胆草等药材几十种。鸟兽类有雁鸭类和雉鸡类，紫貂、马鹿和驼鹿等。内蒙古是牛、羊、驼、马之乡，盛产驼峰、驼掌、牛鞭、牛黄、马宝之地。还有黄河美鲤、河套蜜瓜、中华麦饭石、珍稀名贵的巴林彩石等，都是内蒙古特产。

内蒙古菜点特色主要体现在蒙古族的菜点风味上。蒙古族人的饮食比较粗犷，以羊肉、奶、野菜及面食为主要的菜点原料。烹调方法相对比较简单，以烤最为著名。菜点崇尚丰满实在，注重原料的本味。内蒙古著名的菜点有：烤羊腿、全羊席、手抓羊肉、奶菜、马奶酒、莜麦面、资山熏鸡、肉干、哈达饼、蒙古馅饼、蜜麻叶、德兴元烧卖等。

蒙古族的传统食品分为白食和红食两种。白食在蒙古语里叫“查干伊德”，是牛、马、羊、骆驼的奶制品。红食在蒙古语里叫“乌兰伊德”，即牛、羊等牲畜的肉制品。白食是蒙古族的敬客食品，按照蒙古族的习惯，白色表示纯洁、吉祥、崇高，因此白食是蒙古人待客的最高礼遇。到蒙古牧民家里做客，主人都要把奶皮子、奶酪、奶茶、奶酒等各种白食端出来请客人品尝。蒙古族的红食多种多样。红食最多的是羊肉，吃羊肉的花样有很多，有手把羊肉、烤羊肉、炖羊肉、整羊席等。蒙古人在过年过节或招待来客时，时兴吃手把羊肉。所谓的手把羊肉，就是用手拿着吃的羊肉。在烹调手把羊肉时，不放盐，也不用调味品，保持原汁原味，同时也很讲究烹调的火候，一般表面熟了就行，鲜嫩味美。整羊席是款待贵宾的筵席，因筵席是用整只羊做成而得名。

第二节　东北地区各省风物特产

一、辽宁省

［特产与美食］

辽宁省内主要物产有：秋白梨、冻秋子梨、孤山杏梅、丹东柞蚕丝绸、天女木兰、榛子、板栗、朝阳大枣、营口辽南苹果、营口熊岳葡萄、油桃、营口大闸蟹、丹东杜鹃、丹东黄蚬子、丹东草莓、丹东板栗、丹东面条鱼、大连贝雕画、软核杏、文蛤、鲍鱼、南果梨、苹果梨、香水梨、北镇鸭梨、刺嫩芽、酸枣仁、大连湾魁蚶、香螺、梭子蟹、芦苇、御赐枕、羽毛画、绢花、彩石镶嵌画、抚顺琥珀等。

辽菜是继八大菜系之后推出的一个新菜系，它是根据辽宁地区的民族特点、区域特点、饮食习俗，使用烧、炖、扒、火烤、熘、拔丝、酱等烹调方法创建的一种地方菜系。因其满族特色、朝鲜特色、乡村特色、海鲜特色以及地区小吃和老字号等，美名盛传。辽菜以清朝宫廷菜、王（官）府菜、市井菜、民俗菜、季节菜和海鲜构成基本框架。代表有沈阳满汉全席、大连海鲜、丹东黄蚬子、锦州烧烤、盘锦河蟹、抚顺满族八碟八碗等。随着辽宁乡村旅游的发展，一些地道的乡村特色菜越来越受到游客的欢迎，如东北大炖菜、大锅炖鱼、小笨鸡炖蘑菇、猪肉炖粉条、酸菜血肠五花肉等，大盘子大碗，味道醇正。

二、吉林省

［特产与美食］

白山市是东北三宝（人参、貂皮、鹿茸）的主要产地之一，吉林盛产野生中药材，多达70余种，有党参、黄檗、贝母等。当地著名的土特产品还有：红景天、林蛙、不老草、灵芝、蕨菜、薇菜、黑木耳等。而当地的手工艺品有：松花湖浪木根雕、松花湖奇石、树皮画、满族剪纸、吉林彩绘雕刻葫芦、黄柏木刻象棋、泥玩具、绢花、吉林手工彩绘木雕等。

吉林市地处长白山与松辽平原的过渡地带，物产极为丰富，吉林市又是满族、朝鲜族、蒙古族、汉族的混合居住区，各民族之间的饮食文化相互影响、相互渗透，不但有代表各民族特色的民族风味，也有融合山东菜、宫廷菜和当地各民族菜式特点的吉菜。吉菜受鲁菜影响较大，秉承“天然、绿色、营养、健康”的饮食理念，讲究刀工和勺工，烹饪技法以炸、熘、爆、炖、拌、酱见长，有民族菜、民俗菜、宫廷菜和山珍菜四个系列，其特色为“善制野味，讲究火候，醇厚香浓，朴素实惠”，著名的宴席有长白山珍宴、白山金秋益寿宴、船厂宴、吉林全鹿宴、吉林雾凇宴、江城冰雪宴、饺子宴等，出名的菜点有松花湖鱼宴的清蒸白鱼、“三花一岛”、庆岭活鱼；长白山珍宴的人参鸡、什锦田鸡油、鹿茸三珍汤、山菜全席等。另外，在吉林还能品尝到具有民族特色的传统饮食与特色小吃，有满族特色的“三套碗”、满族火锅、白肉血肠；有朝鲜族特色的冷面、打糕、狗肉汤和长寿面等。

三、黑龙江

［**特产与美食**］

黑龙江的特产有乌苏里江特产大马哈鱼、兴安岭蘑菇（有猴头蘑、榛蘑等60多种食用蘑菇）、黑木耳、松子、山野菜（蕨菜、松茸、薇菜等）及虎骨、刺五加及珍贵毛皮兽皮张等。

黑龙江人大部分为山东移民的后代，山东人带来了齐鲁文化，包括鲁菜。又有土著的满洲饮食文化和部分俄罗斯饮食文化。三种饮食文化交会、融合，逐步形成了独具特色的黑龙江饮食文化。黑龙江常见美食有烧茄子、地三鲜、小鸡炖蘑菇、排骨炖豆角、土豆熬白菜、氽白肉（血肠）等。黑龙江人吃蔬菜有两种主要形式，一种是凉拌菜，像家常凉菜，好多种新鲜蔬菜，加上豆制品、粉丝放在一起拌，还有黄瓜拉皮；另一种是蘸酱菜，熏酱菜有的源于俄罗斯，有的源于齐鲁，酱骨架最有名，还有酱肠、肚，鸡的各个部位都可以单拿出来酱。面食中值得一提的是饺子，多达十几种，如酸菜馅、西红柿馅、青椒馅、山野菜馅、三鲜馅等。黑龙江人也喜欢吃面条。打卤面，有各种各样的卤。炝汤面，不同于南方的热汤面把汤和面分开来做，也源于满族迁徙不定的狩猎生活。又有面片、疙瘩汤。民族风味有赫哲族风味杀生鱼，鄂伦春族风味手把肉、烤肉串等。

第三节　华东地区各省市风物特产

一、上海市

[特产与美食]

上海中华商业第一街南京路、时尚高雅的淮海路是闻名全国的商业大街，正大广场、徐家汇的港汇恒隆广场规模巨大，南京西路的恒隆广场、中信泰富广场等云集顶级品牌，时尚商品、大众用品等。

上海汇聚世界各国的饮食文化，开设有 3 万多家中式、西式、休闲型、快餐连锁型餐饮企业。西餐汇聚了意大利、法国、日本、葡萄牙、印度等 30 多个国家和地区的风味；中餐则汇聚了苏、锡、宁、徽等近 20 个地方风味，并拥有著名的老城隍庙、云南路、黄河路、乍浦路、仙霞路等饮食文化区。

上海人称的本帮菜，指的是上海本地风味的菜肴，特色可用浓油赤酱（油多味浓、糖重、色艳）概括。常用的烹调方法以红烧、煨、糖为主，品味咸中带甜，油而不腻。本帮炒菜中，荤菜中的特色菜有响油鳝糊、油爆河虾、油酱毛蟹、锅烧河鳗、红烧圈子、佛手肚膛、红鱼、黄焖栗子鸡等，真正体现本帮菜浓油赤酱的特点。上海蔬菜按季节不同有各种时令菜，马兰头、荠菜、鸡毛菜、上海小油菜等都非常清爽。市民早点有四大金刚，即大饼、油条、粢饭、豆浆。

二、江苏省

[特产与美食]

江苏是物产丰饶的鱼米之乡。繁体“蘇”字拆开，即为“鱼米”。江苏与粮食相关联的地名也不少，太仓、常熟、大丰等地名都寄托了人们对五谷丰登、仓廪殷实的愿望。自唐代以来，中央王朝供给便仰仗东南，号称“苏湖熟、天下足”。后来江苏稻米种植减少，桑棉增多，丝织业和棉织业获得大发展，清朝便在江苏设了江宁、苏州两个织造府，足见当时纺织业之兴盛。虽然“苏湖熟、天下足”让给了“湖广熟、天下足”，却也赢回了一个

“衣被天下”的美誉。今天，江苏经济发展走在全国前列，工业增加值列全国之首，即便如此，农业大省、粮食主产区的地位也始终没有动摇过，农业现代化水平全国领先，水稻单产连续多年居全国主产省之首，粮食总产量一直居全国第四五位。

江苏的特产还有常州梳篦、宿迁“黄狗猪头肉”、泰州三麻、南京板鸭、连云港的玻璃工艺制品、苏州碧螺春茶等。

苏菜（也叫淮扬菜）主要由淮扬菜（淮安、扬州、镇江）、金陵菜（南京）、徐海菜（徐州、连云港）及苏锡菜（苏州、无锡、常州）四种风味组成。与鲁菜、川菜、粤菜并称为中国四大菜系，并为中国四大菜系之首，是中国菜的最经典代表作。淮扬菜，始于春秋，兴于隋唐，盛于明代，素有“东南第一佳味，天下之至美”之美誉。

三、浙江省

［**特产与美食**］

浙江气候温润，四季分明，雨量充沛，物产极为丰富。名茶有西湖龙井、径山香茗、湖州熏豆茶、普陀佛茶、开化龙顶茶和景宁惠明茶等。名酒以黄酒为最，其中绍兴加饭酒与女儿红、金华的寿生酒和建德的致中和五加皮都是酒中珍品。中药以“浙八味”驰名中外，包括杭白菊、浙贝、白术、白芍、元胡、玄参、麦冬、郁金八味中药材。果品、蔬菜、畜禽与水产品等特产，品种多样，如昌化山核桃、楚门文旦、黄岩蜜橘、金华火腿、太湖银鱼、太湖蟹、千岛湖淡水鱼及沿海地区的各种海鲜产品等。

浙菜历史悠久。南宋时都城临安的饮食业就相当繁荣，浙菜就是在此基础上逐渐发展起来的。浙菜主要由杭帮菜、宁波菜、绍兴菜、温州菜和金华菜等地方菜组成。杭帮菜为浙菜的代表菜，口味浓淡适中，略带甜味，形成清鲜、爽脆、淡雅的特点；传统名菜有西湖醋鱼、龙井虾仁、东坡肉、宋嫂鱼羹、干炸响铃、蜜汁火方和西湖莼菜汤等。宁波菜取料以海鲜为主，注重“鲜咸合一”，口味较重，讲究鲜嫩、软滑；传统名菜有冰糖甲鱼、苔菜拖黄鱼、雪菜大黄鱼、新风鳗鲞等。绍兴菜取料以鱼虾河鲜与鸡鸭家禽及豆、笋、霉干菜为主，烹饪上常用鲜料配腌腊食品同蒸或炖，且多用绍兴黄酒烹制，香味浓烈；传统名菜有霉干菜焖肉、清汤越鸡、清蒸鳜鱼等。温州菜以海鲜入馔为主，烹饪上讲究“二轻一重”（轻油、轻芡、重刀工）；传统名菜有三丝敲鱼、爆墨鱼花、炸蛏子筒等。金华菜以火腿为原料的各种菜肴多达四五百种，是金华菜的最大特色。名菜有火腿荷花爪、蜜汁火腿和金华筒骨煲等。

四、安徽省

［特产与美食］

安徽特产名品主要集中在茶和酒两大类饮料上。茶文化集中于皖南地区，黄山毛峰、祁门红茶、六安瓜片均被列入中国十大名茶，其他著名品牌有芜湖花茶、太平猴魁、屯溪绿茶、霍山黄芽等。名酒主要有口子窖、古井贡酒、迎驾贡酒、文王贡酒等。

安徽美食名目繁多，主要有徽州菜、沿江菜、沿淮菜等。安徽菜为中国八大菜系之一。徽州菜起源于歙县，绩溪的徽帮厨师将它发扬光大。徽菜素以重油、重色、重火功，色、香、味、形俱全而盛行于世，在烹调方法上擅长烧、炖、蒸，代表菜肴有沙地马蹄鳖、雪天牛尾狸、问政山笋、臭鳜鱼、凤炖牡丹等。沿江菜盛行于芜湖、安庆及巢湖地区，以烹调河鲜、家禽见长，代表菜有清香砂焐鸡、生熏仔鸡、八大锤等。沿淮菜，主要由蚌埠、宿州、阜阳、淮北等地的地方风味构成，菜品讲究咸中带辣，汤汁味重色浓，并习惯用香菜佐味和配色。

五、福建省

［特产与美食］

福建特产品种繁多，有岩茶、铁观音、乌龙茶、文昌鱼、水仙、龙眼、建莲子、脱胎漆器、角梳、竹编、藤器等。寿山石雕是以福建寿山出产的叶蜡石为原料，经过精心雕刻而成的工艺品，为福建工艺品“三宝”（脱胎漆器、寿山石雕、软木画）之一。安溪是中国乌龙茶的主产区，种茶历史悠久，唐代已有茶叶出产。安溪境内雨量充沛，气候温和、层峦叠嶂、林木繁多，终年云雾缭绕，适宜于茶树生长，经过历代茶农的辛勤劳动，选育种植了一系列茶树良种，目前境内保存的良种有60多个，铁观音、黄旦、本山、毛蟹、大叶乌龙、梅占等都是全国知名良种，因此，安溪有“茶树良种宝库”之称。在众多的茶树良种中，品质最优秀、知名度最高的要数“铁观音”。采用“铁观音”良种芽叶制成的乌龙茶也称“铁观音”。因此，“铁观音”既是茶树品种名，也是茶名。武夷岩茶产于福建“秀甲东南”的武夷山，茶树生长在岩缝之中，有“茶中之王”的美誉，是中国乌龙茶中之极品，以大红袍享誉全球。

闽菜是中国八大菜系之一，闽南菜是它的重要组成部分，它涵盖了福建泉州、厦门、漳州“闽南金三角”地带的菜肴，和中国港澳台地区以及东南亚地区的菜肴有重要的渊源。闽南菜注重调汤佐料，口味清淡，酸甜适宜，它的烹调技法多样，有蒸、煎、炒、熘、焖、炸、炖等。颇具地方特色的名菜有桂花蚌肉、红焖通心河鳗、东壁龙珠、清蒸笋江鲈鱼、油火焗红鲟、橙汁加力鱼等。名优地方风味小吃有肉粽、面线糊、深沪鱼丸、扁食、石狮甜果等。福建丰富的土特产，为闽南菜提供了原材料上的保证，如浔浦蚝、笋江鲈鱼、新桥溪的沙蛃、浮桥溪的“喇毛”、金鸡桥溪的鳗生、延陵此瓜（丝瓜）、陈埭泥蚶、石湖红膏鲟、龙湖金边鳖、衙口花生、惠安地瓜、灵水菜脯、西滨美酒、永春糟菜、安溪茶叶、永春芦柑等。

六、江西省

［特产与美食］

景德镇的瓷器源远流长，以“白如玉、明如镜、薄如纸、声如磬”的特色闻名中外，中国的英文名“CHINA”就来源于国外对中国瓷器的认识。樟树的四特酒，被周恩来总理赞誉为“清、香、醇、纯”，四特酒由此而得名。遂川狗牯脑茶，曾获巴拿马国际食品博览会金奖。南丰蜜橘，历史上是皇室贡品。婺源所产“婺绿”同修水一带所产红茶，被誉为“绝品”。九江庐山所产的“庐山云雾茶”被列为中国十大名茶之一。水果以南丰蜜橘、遂川金橘、南康早熟柚等为名贵地方品种。此外，还有中华猕猴桃、赣南脐橙、南安板鸭、泰和乌鸡、金圣卷烟等。

江西菜包括南昌、九江、景德镇以及井冈山山区等地的特色风味。江西菜善烹山珍野味和水产。九江有得阳鱼席，南昌有藜蒿炒腊肉、瓦罐汤、拌粉、炒田螺。南昌菜看讲究配色、造型。山区讲究火功，菜看丰满朴实、注重原味，尤以当地土产制撰最博口碑。江西小吃面点多，制法各异，颇有特色。江西著名菜点有：三杯仔鸡、香质肉、冬笋干烧肉、藜蒿炒腊肉、原笼船板肉、石鱼炒蛋、浔阳鱼片、炸石鸡、兴国豆腐、米粉牛肉、金钱吊葫芦、信丰萝卜饺、樟树包面、黄元米果等。

七、山东省

［**特产与美食**］

山东特产极为丰富，主要表现为“山东十大特产”：东阿阿胶、德州扒鸡、苍山大蒜、烟台苹果、乐陵金丝小枣、章丘大葱、平阴玫瑰、鱼台大米、荣成大花生和马家沟芹菜。

山东是中国四大菜系之一鲁菜的发源地，济南菜、孔府菜、胶东菜三大系列各具特色，各有所长，充分体现了孔子“食不厌精，脍不厌细”的思想。还有许多地方风味小吃，如德州扒鸡、泰山“三美”（白菜、豆腐和水）、淄博酥锅、潍坊朝天锅等。渗透齐鲁文化的美味佳肴，加之名扬海内外的青岛啤酒、烟台张裕葡萄酒，让人流连忘返，意犹未尽。

第四节　华中地区各省风物特产

一、河南省

［**特产与美食**］

悠久的历史造就了河南丰富的特产，河南特产有新郑大枣、少林寺素饼、方中山胡辣汤、河南烩面、马蹄馓子、洛阳老八件、洛阳水席、杜康酒、唐三彩、武陟油茶、四大怀药（铁棍山药、怀菊花、怀地黄、怀牛膝）、信阳毛尖、原阳大米、民权葡萄酒等。

豫菜坚持五味调和、质味适中的基本传统，突出和谐、适中，平和适口不刺激是其显著特点。各种口味以相融、相和为度，绝不偏颇是基本原则。豫菜特色是中扒（扒菜）、西水（水席）、南锅（锅鸡、锅鱼）、北面（面食、馅饭）。就烹饪技术来说，豫菜的特色是选料严谨、刀工精细、讲究制汤、口味适中。而河南菜的烹调方法也有50余种。扒、烧、炸、熘、爆、炒、炝别有特色。其中，扒菜更为独到，素有“扒菜不勾芡，汤汁自来黏”

的美称。另外，河南爆菜时多用武火，热锅凉油，操作迅速，质地脆嫩，汁色乳白。有众多名品：糖醋软熘黄河鲤鱼焙面、牡丹燕菜、白扒广肚、开封第一楼灌汤小笼包、甜美宜人的开花馍、外酥里嫩的鸡蛋灌饼，以及拉面、壮馍、土馍、菜盒、水花糖糕等。

二、湖北省

［**特产与美食**］

湖北物产丰富，土特产品众多。如武昌鱼、精武鸭、竹溪腊肉、枝江蜂蜜、湖北贝母、孝感麻糖、沙湖盐蛋等。

湖北菜，简称鄂菜，按有文字记载的时间算，至今也有2000多年的历史。主要名菜有清蒸武昌鱼、天门三蒸、红烧义河蚶、红烧木琴鱼、天门滑鱼、八卦汤、茄汁鳜鱼、黄陂三合、沔阳三蒸、橘瓣鱼圆等。湖北的名小吃有虾球、豆皮、欢喜砣、咸糍粑、热干面、藕圆子、糯米包油条等。

三、湖南省

［**特产与美食**］

湖南省因地处长江南岸洞庭湖之南而得名，先秦两汉时期为楚国境地，历史悠久，物产富饶，是著名的“鱼米之乡”。湖南特产有：浏阳烟花，菊花石雕，浏阳豆豉，浏阳黑山羊，铜官陶器，湘绣，臭豆腐，株洲唐人神，株洲太子奶，醴陵陶瓷，醴陵烟花，攸县香干，茶陵黄牛，炎陵白鹅等。

湘菜，又叫湖南菜，是中国历史悠久的八大菜系之一，早在汉朝就已经形成菜系。以湘江流域、洞庭湖区和湘西山区三种地方风味为主。湘菜制作精细，用料上比较广泛，口味多变，品种繁多；色泽上油重色浓，讲求实惠；口味上注重香辣、香鲜、软嫩；制法上以煨、炖、腊、蒸、炒诸法见长。湘菜的主题是下饭，其实很多湖南人也是怕辣的，由辣而产生多吃米饭的结果，像外婆菜就是非常下饭的菜。湘菜代表菜品以组庵湘菜为代表，如组庵豆腐、组庵鱼翅等；民间湘菜代表菜品有剁椒鱼头、辣椒炒肉、湘西外婆菜、吉首酸肉等。

第五节　华南地区各省自治区风物特产

一、广东省

［特产与美食］

广东物产丰富，特产众多。广东特产主要有：荔枝、槟榔、杨桃、波罗蜜、荔枝蜜、香蕉、椰子、椰雕、香包、广式点心、广式腊味、清平鸡、东江盐焗鸡、潮汕膏蟹、沙井鲜蚝、万宁燕窝、透明马蹄糕、沙河粉、拉肠粉、及第粥、春饼、盲公饼、油头烙饼、黑皮冬瓜、帝一神酒等。

粤菜即广东菜，是中国传统的八大菜系之一。狭义上的粤菜指广州府菜，也就是广州菜；广义上的粤菜又称“潮粤菜”，由广州菜（顺德菜）、客家菜、潮州菜（汕尾菜）发展而成，三大菜系类型各异，其中广州菜和客家菜（东江菜）近似。粤菜因其选料严格、做工精细、中西结合、质鲜味美、养生保健等特点而名扬天下，2010 年入选“岭南文化十大名片”。经典粤菜有：大良双皮奶、客家白切鸡、深井烧鹅、烤乳猪、客家梅菜扣肉、蜜汁叉烧、东江客家盐焗鸡、白灼虾、广州文昌鸡、煲仔饭、广式烧填鸭、豉汁蒸排骨、菠萝咕噜肉、清蒸石斑鱼等。著名的粤菜餐饮品牌有：莲香楼、陶陶居、广州酒家、杏花楼、利苑酒家等。

在中国，自古有“食在广州，厨出凤城（顺德）”的民间谚语，顺德不仅是中国厨师之乡，2014 年 12 月 1 日，联合国教科文组织还授予广东顺德“世界美食之都”的称号，成为中国第二个获此殊荣的城市。

二、广西壮族自治区

［特产与美食］

广西地处亚热带，气候温暖湿润，阳光充足，利于作物生长。广西特产有：罗汉果、容县沙田柚、荔枝、香蕉、广西柑橙、砂糖橘、阳朔金橘，融安金橘、波罗蜜、菠萝、桂圆、田东杧果、七香、山楂、桂花糕、山葡萄、猕猴桃、白果、八角、茴油、香菇、黑木耳、广西名茶（如苍梧六堡茶等）、甜茶、甘蔗和梅花牌白糖、荔浦芋头、桄榔粉、桂林马蹄、富川脐橙等。

博白县系广西桂圆肉的主要产区，素有“桂圆肉之乡”的称誉。钦江坭兴陶烧制技艺为国家级非物质文化遗产。合浦珍珠驰名中外，历代皆誉之为“国宝”，作为进贡皇上的贡品。壮锦是中国四大名锦之一，图案生动，结构严谨，色彩斑斓，充满热烈、开朗的民族格调。

桂林三宝是指：三花酒、桂林腐乳、桂林辣椒酱。“三宝”之一三花酒是中国米香型白酒的代表，被誉为米酒之王，是桂林人的骄傲。

广西菜由南宁、桂林、柳州、梧州等城市菜和壮族、瑶族、京族、侗族等少数民族菜组成。少数民族的小吃、点心非常有特色。菜肴取料奇特，制作也极有个性。城市菜以野味烹调最为著名，而且刀功精细、制作考究，讲究原料鲜活。烹调方法受粤菜影响很深，口味清淡、爽嫩而又喜好辣味。广西著名的风味菜点有：天火烹饪鸡、虫草炖海狗鱼、葵花马蹄肉饼、桂乳荔芋扣、梧州纸包鸡、花雕醉鸡等。桂林米粉、柳州螺蛳粉、梧州龟苓膏、玉林猪脚粉等小吃家喻户晓。

三、海南省

［**特产与美食**］

海南的土特产品主要有：①椰子食品：椰子糖果、椰子糕、椰子酱等；②民族工艺品：牛角雕、藤器、海南红豆、木画、木雕、根雕、椰雕系列产品等；③金饰品和珠宝：琼珠、海水珍珠、天然水晶等；④热带果脯及鲜果：芭蕉、菠萝、波罗蜜、橙子、番荔枝、番石榴、海南柚子等。

海南的“吃”有四大特点：新鲜、天然、奇特、丰富。在海南吃山珍海味，讲究清淡鲜活、原汁原味。来海南旅游，特别要吃海鲜，鱼类肉嫩味鲜，为宴席首选；各种虾如基围虾、对虾、龙虾及各种贝类如鲍鱼、扇贝、鸡腿螺、剪刀贝等也是必食之珍。文昌鸡、加积鸭、东山羊、和乐蟹是海南四大名菜，另有临高乳猪、石山壅羊、曲口海鲜和三亚三绝（梅花参、鲍鱼和鱼翅）全岛有名。曲口海鲜以青蟹、血蚶、蚝、对虾为最佳。梅花参是海南省特有的海珍，主要产在南海诸岛海域。海参为“海产八珍”之首，尤以梅花参为最珍贵。梅花参最长可达1.2米，重12~13千克，故称“海参之王”。

海南的风味美食有临高乳猪、石山壅羊、温泉鹅、万泉鲤等。海南的风味小吃有海南粉、海南鸡饭、海南粽、海南火锅等。

第六节　西南地区各省市自治区风物特产

一、重庆市

[**特产与美食**]

重庆特产与美食非常丰富，主要有以下几大类。①工艺品：荣昌折扇、荣昌工艺陶、大足石刻等；②茶叶：永川秀芽、巴山银针、缙云毛峰等；③中药：石柱黄连、天麻、巫山党参、南川杜仲等；④小吃：担担面、灯影牛肉、泡椒凤爪、酸辣粉、芙蓉江野鱼、香脆椒等；⑤调料品：火锅底料、涪陵榨菜、忠县豆腐乳等。

重庆火锅，又称为毛肚火锅或麻辣火锅，起源于明末清初的重庆嘉陵江畔、朝天门等码头船工纤夫的粗放餐饮方式，原料主要是牛毛肚、猪黄喉、鸭肠、牛血等。2016 年 5 月，“重庆火锅”当选为“重庆十大文化符号”之首。

涪陵榨菜是选用重庆市涪陵区特殊土壤和气候条件种植的青菜头，经独特的加工工艺制成的鲜嫩香脆的一种风味产品。它与法国酸黄瓜、德国甜酸甘蓝并称世界三大名腌菜，也是中国对外出口的三大名菜（榨菜、薇菜、竹笋）之一，其传统制作技艺被列入第二批国家级非物质文化遗产名录。

二、四川省

[**特产与美食**]

四川物产丰富，美食诱人。拥有十大知名特产：云顶明参、蜀锦、蒙顶茶、青城茶、仿真大熊猫、中华吕艺彩陶、屏山茶、蜀绣、郫县豆瓣、全兴大曲。在四川，除了川菜外，川酒、川茶也在全国享有盛誉。川酒源远流长且名酒辈出。五粮液、泸州老窖、剑南春等川酒，几乎占据中国名酒的半壁河山。

四川人崇尚吃，在吃中品味人生，在吃中享受生活，在吃中抒发情感，从而使味在四川拥有了许多乡土气息浓郁的意趣和情趣。川菜是中国八大菜系之一，取材广泛，口味清鲜醇浓并重，以善用麻辣调味著称，深受国人喜爱。代表菜品有：麻婆豆腐、水煮鱼、鱼香肉丝、回锅肉、夫妻肺片等。四川火锅是全国流行的美食，吃法上讲究涮、煮、蘸三种手法，别有风味。四川名小吃有2000多种，著名的有龙抄手、赖汤圆、夫妻肺片、钟水饺、担担面、珍珠圆子、樟茶鸭、川北凉粉、灯影牛肉干等。

三、贵州省

［**特产与美食**］

由于独特的地理与气候，孕育出贵州丰富的特产与美食。贵州的主要特产有名酒、名茶、名药材和奇特的工艺品等。

贵州名酒无论是数量还是质量，在国内外都名列前茅。贵州名酒以白酒为主体，品种多、种类齐，自成体系。国酒茅台酒以自身完善的品质和神奇的魅力征服了世人，享有友谊酒和外交酒的美誉，成为中国人民传递友情的使者。茅台酒产于遵义仁怀茅台镇，工艺独特，采用本地的优质高粱作为原料，优质小麦做高温大曲，两次投料，九次蒸馏，八次发酵，七次取酒，经过长期窖存，然后精心勾兑而成。茅台酒具有“酱香突出，酒体醇厚，优雅细腻，回味悠长，空杯留香”的特点。

贵州是茶树原产地之一。贵州茶叶生产历史悠久，早在战国时代就有土著民族濮人种植。唐代陆羽的《茶经》有“茶之出黔中，生思州、播州、费州、夷州”的记载。宋、元、明、清朝代，贵州有数十种茶叶被选为贡品，如今仍有许多茶驰誉海内外。都匀毛尖茶就是其中的佼佼者，1915年在巴拿马国际赛会上获得优胜奖。遵义毛峰为绿茶类新创名茶，于1974年为纪念著名的遵义会议而创制。此外，还有贵定云雾茶、湄江翠芽、凤冈富锌富硒有机茶、雷山银球茶、余庆小叶苦丁茶和台江苦丁茶等名茶。

贵州盛产药材，向来有“药材基地”的美名。全省可供药用的动植物有2000多种，已广泛纳入治疗疾病和商品经营的300多种。贵州的天麻、杜仲、吴茱萸、黔党参、茯苓、石斛、金银花、冰片、朱砂、五倍子、黄连等地道药材，都是传统特产，质量上乘。贵州是天麻的主要产地，野生天麻遍布于正安、道真、大方、织金等县，年产量曾达3万千克。人工种植天麻也在黔北、黔南等地得到大力发展。由天麻制成的药品和保健品是旅游馈赠的佳品。贵州杜仲以其皮细肉厚、药力强劲、质量特佳而久负盛名，畅销国内外。贵州也是我国麝香的主要产地之一，麝香具有芳香开窍、活血散瘀、止痛催产之功效，同时也可作为香料工业的重要原料。

贵州奇石金星翠玉属于岩浆期后热液阶段形成的含自然铜的葡萄石脉，结晶致密细腻，为贵州特色玉料，产于毕节市和黔南一带。为观赏石中的上品，也可加工成手镯及各种玉佩。

贵州的特色工艺制品琳琅满目、绚丽多彩，其中安顺蜡染就是特色珍品。蜡染是蜡画和染色两种工艺的合称。贵州的苗族、布依族、水族、瑶族、仡佬族等少数民族都擅长蜡染，安顺蜡染已有2000多年历史，从传统的白底蓝花或蓝底白花发展成为如今的彩色蜡染，并将古今中外各种艺术风格引进构图，使蜡染图案更加丰富多彩。

贵州各族人民都有传统的饮食习惯和烹饪技艺，黔菜就是在本省各民族创造的烹饪文化的基础上，不断吸收中原及毗邻省区优良的烹饪技艺而逐步形成的，既有原生态的地域、民族个性，又有传统的普遍性和极强的适应性，凸显出辣、酸、鲜、野的风格特色，并形成了风格各异的传统副食品、名点佳肴以及多姿多彩的风味小吃。如绥阳空心面、威宁荞酥、独山盐酸菜、青岩状元蹄、镇宁波波糖等。这些食品各有其制作特点，各有其色、香、味、形，且各自记载了与此相关的乡风俚俗和逸闻掌故。

四、云南省

［**民俗风情与特产美食**］

云南由于其独特的地理风貌，特殊的气候状况，多彩的民族风情，奇特的风俗习惯，产生了许多不同于其他地方的奇异现象，“云南十八怪”就是对其形象的概括，云南的特产与美食也大都包含在其中了。

1. 竹筒当锅煮饭卖。在西双版纳等地区，人们经常可以看到以竹筒代锅煮制的、呈圆柱形、外表裹着一层白色竹瓤、清香宜人的竹筒饭。

2. 牛奶做成扇子卖。位于苍山脚下洱海之滨的大理洱源邓川坝子，出产一种用牛奶经过特殊工艺加工的扇子状的凝乳薄片，当地俗称“乳扇”，是云南千家万户喜爱的食品。

3. 过桥米线人人爱。云南过桥米线以米线洁白、配料讲究、肉菜兼备、搭配合理、油而不腻、美味可口为特点，老幼皆宜。

4. 草帽当锅盖。草帽是云南各族尤擅的工艺，四处可见草编的坐椅、草墩及草编的帘子、锅盖帽子。外地人常对草编的世界感到目眩，将形状类似的草帽当成锅盖误以为怪，当然就怪了。

5. 米饭粑粑叫饵块。古代中原就将稻米蒸煮制成饼状的干粮、点心称为“饵”便于携带即食，别有滋味。

6. 鸡蛋用草拴着卖。云南山地占90%以上，道路坎坷崎岖，老乡赶街卖鸡蛋，用草裹缠，防止蛋壳破裂，同时方便了出售。

7. 三个蚂蚱一碟菜。云南食源在一定历史条件下，人们食苔藓，吃菌类、竹虫、蜂蛹，油炸蚂蚱，看着怪异，食起香脆可口。品尝起来并无虫类味道，脆脆的。

8. 土锅通洞蒸鸡卖。相传古时候有聪明的厨师为了吹捧县令大人用通洞的土锅蒸出香气馥郁、鲜嫩无比的“气锅鸡”，并且含有“培养正气”之意，后在民间广为流传，成为滇菜中的一道名品。

9. 谈情说爱用歌代。云南少数民族能歌善舞，每逢佳节庆典，歌声是不可少的，年轻人谈情说爱往往也是从对歌开始。

10. 竹筒做烟袋。云南竹类资源丰富，竹的利用也广泛，干栏式竹楼、竹椅、竹笠等。尤以竹烟筒最具特色，烟气通过蓄水的竹筒，吸时发出有节奏的咕嘟声，滋润喉咙，有声、有色、有味。

11. 星云湖里鱼分界。在云南江川星云湖与澄江抚仙湖相接处，水虽相连，但两湖的鱼互不来往，东边抚仙湖的青鱼和西边星云湖的黄鱼以“界鱼石”为界，到此就掉头。

12. 新娘要把墨镜戴。结婚时，为了遮羞避邪，新娘要盖一块红盖头，而居住在大理的白族是一个善于接受新生事物的民族，早在100多年前结婚戴墨镜就已经是很时髦的事情了。

13. 娃娃出门男人带。在汉族眼里，这是角色颠倒，其实是不懂男女平等。云南山高坡陡，男人背娃娃不仅安全可靠，而且显出男人本色。

14. 四季服装同穿戴。昆明素有“春城”之美誉，年均温度平均为10℃~21℃，“四季乱穿衣”成了昆明的一大特色。

15. 大理石头当画卖。大理石质地细腻，光滑润泽，花纹鲜艳。构图色彩精美的大理石称为天然石画，有较高的艺术欣赏价值，被当成“石画”出售。

16. 火车没有汽车快。云南在准轨铁路出现前，21世纪初即有米轨铁路，由于峰壑沟洞多，火车盘山而行，有时甚至没有牛车快，时速仅 30 ~ 40 千米，云南现存全国唯一一段“寸轨”（72 厘米）铁路，直到 20 世纪 90 年代初还在使用，相形之下速度更慢。汽车在云南运输中优势很大。看起来还真的感觉有些怪，而且可以说是十八怪里的最怪了。

17. **石头生在云天外。**在云南，耸峙在高山峻岭间的奇峰异石随处可见，千姿百态。

18. **四季鲜花开不败。**云南的立体气候和四季充足的阳光，使被称为“植物王国”的云南四季鲜花常开。

五、西藏自治区

［特产与美食］

西藏的特产有冬虫夏草、藏红花、藏茶、西藏木碗、麝香、藏香、藏饰品、唐卡、藏刀、手工地毯等。

藏族有着自己独特的食品和饮食习惯，其中酥油、茶叶、糌粑、牛羊肉被称为西藏饮食的“四宝”，此外，还有青稞酒和各式奶制品，如干酪、藏族酥酪糕等。藏餐历史悠久，品种丰富，分为主食、菜肴、汤三大类。随着社会经济和文化生活的改善，藏餐在菜肴烹制技术和用膳形式上也在不断地改进和丰富。酥油茶是藏族人民不可缺少的饮料，酥油是从牛羊奶里提炼的，以夏季牦牛奶里提炼的金黄色酥油为最佳，从羊奶里提炼的则为纯白色。西藏的青稞酒是用青稞酿成的，度数较低，藏族群众无论男女老少都喜欢喝，是喜庆过节所必备的。

第七节　西北地区各省自治区风物特产

一、陕西省

［特产与美食］

陕西省著名的民间工艺品有蓝田玉、陕北剪纸、凤翔泥塑、彩绘泥塑、木版年画、秦腔脸谱、户县农民画、扎染、挂线木偶、戏人泥哨、拓片、榆林柳编、仿秦俑、仿唐三彩、仿铜车马。

陕西菜虽然没有名列全国的八大菜系之一，但作为千年古都、历史名城，餐饮风格自成一体，具有浓郁的地方特色。陕西饮食，以品种繁多、地方风味各异、古色古香古韵而著称。至今很多都保留周、秦、汉、唐等10多个王朝的遗风。如关中石子馍就保留先民的石烹遗风；家喻户晓的臊子面在唐代叫作长命面，是皇亲国戚庆祝寿辰的寿面。

改革开放以来，陕西烹饪技术随科技腾飞而有了长足进步，涌现出数以百计的传统菜、创新菜。以菜、点组宴，创制出不同风格、新意迭出的宴席，如仿唐宴、饺子宴、宫廷宴、蝎子宴、泡馍宴、长安八景宴、陕西风味小吃宴等。以牛羊肉泡馍、腊汁肉夹馍、凉皮、锅盔等为代表的陕西风味小吃，闻名遐迩。

二、甘肃省

［**特产与美食**］

甘肃盛产各种瓜果，陇上“八梨”（冬果梨、软儿梨、酥木梨、八盘梨、猪头梨、长把梨、齐梨、苹果梨）、黄河蜜、麻皮醉瓜、白兰瓜、礼县苹果、静宁苹果、大接杏、李广杏（又名油杏，因飞将军李广而得名）、迟水桃、临泽枣等驰名中外。甘肃是药材之乡，药材品种繁多，有“甘肃五个宝，归芪黄参草”之说，岷县当归、红（黄）芪、大黄、党参、甘草品质优良，西和被农业部认定为“中国半夏之乡”。特色工艺品酒泉夜光杯、洮砚（产于甘南藏族自治州卓尼县）、庆阳香包、兰州刻葫芦与卵石雕、保安腰刀，既是实用器也是艺术品。天水雕漆、临夏砖雕也精美绝伦。

兰州清汤牛肉面、羊肉泡馍、陇西腊肉、静宁烧鸡、酿皮子、浆水面、臊子面、手抓羊肉、靖远羊羔肉、藏包被誉为甘肃十大特色美食。兰州清汤牛肉面俗称“牛肉拉面”，是兰州最为著名的风味小吃和最具特色的大众化经济小吃，被当地人誉为“兰州的麦当劳”。兰州牛肉面创始于清光绪年间，系回族老人马保子首创。牛肉面以肉烂汤鲜、面质精细而蜚声中外。兰州牛肉面有一清（汤清）、二白（萝卜白）、三红（辣子油红）、四绿（香菜绿）、五黄（面条黄亮）五大特点。面条根据粗细可分为大宽、宽、细、二细、毛细、韭叶子等种类。面条用手工现场拉成，一碗面不到两分钟即可做好，再浇上牛肉汤、白萝卜片，调上红红的辣椒油，碧绿的蒜苗、香菜，食之令人叫绝。

三、青海省

[**特产与美食**]

青海的特产有昆仑玉（和田玉、青海料）、安冲藏刀、土族盘绣、鹿角菜、冬虫夏草、雪莲、西宁大黄、牦牛肉干、青稞酒、湟源陈醋、门源青稞、柴达木枸杞、民和羊肉、大通鸡腿葱、果洛蕨麻、互助葱花土鸡、乐都大樱桃、乌兰茶卡羊、海晏羔羊肉、湟中燕麦、乐都藏香猪、民和旱砂西瓜等。

青海是多民族聚集之地，因此菜肴、小吃、面点品种多样，风味各不相同。青海菜品具有一种粗犷的美，主料以牛羊肉为主。湟鱼、面片、酸奶、酿皮、甜醅、焜锅馍馍、油锅盔、藏族酥酪糕（醍）、可鲁克湖中华绒螯蟹、梗皮、羊肠面、德令哈糌粑、杂碎汤、地皮菜等都是值得品尝的特色美食。

四、宁夏回族自治区

[**特产与美食**]

宁夏土特产品种类繁多，为世人所称道的有枸杞、甘草、贺兰石、滩羊皮、太西煤；因其颜色分别为红、黄、蓝、白、黑，而被称为“五宝”。此外，宁夏的大米、硒砂瓜、水产品、瓜果和枸杞衍生物、葡萄酒等也十分著名。宁夏是枸杞的原产地，是世界上品质最好、种植时间最长的地方，其中又以中宁所产为最佳。贺兰石是水成岩，其结构细密均匀，质地细腻，历来受到文人墨客的喜爱，清末已有“一端二歙三贺兰”的说法。

宁夏清真风味小吃在餐饮界独树一帜。如外焦里嫩的油香、回族的盖碗茶、黄渠桥爆炒羊羔肉、辣爆羊羔肉、手抓羊肉、烩羊杂、烩小吃、蒜汁羊蹄等。黄渠桥爆炒羊羔肉：一般选择 7.5 ~ 10 千克重的羊羔，主要是在“爆”的基础上，兼用“焖”和“烩”的手法，使菜肴鲜嫩可口，香味四溢，具有地方特色和民族风味。手抓羊肉：相传有近千年的历史，原以手抓食用而得名。吃法有三种，即热吃（切片后上笼蒸熟蘸三合油）、冷吃（切片后直接蘸精盐）、煎吃（用平底锅煎热，边煎边吃）。特点是肉味鲜美，不腻不膻、色香俱全。此外，平罗老豆腐、糖醋黄河鲤鱼、小揪面、涮羊肉、中卫素菜豆腐、凉拌沙葱、素杂烩、蒿子面等都是宁夏的地方特色美食。

五、新疆维吾尔自治区

[特产与美食]

新疆的特产有和田玉，红花，各色瓜果、蜜饯，胡萝卜汁，“新天”“楼兰”“西域”等一批区内外知名品牌的葡萄酒，番茄制品，薰衣草、百里香、迷迭香、西洋甘菊等香精香料等。

新疆饮食习惯西域风味浓烈，各种食品色香味俱佳。烤羊肉串已风靡全国，烤全羊也是新疆一大名馔。抓饭、手抓羊肉是新疆少数民族最喜欢的食品，也是逢年过节、婚丧嫁娶的必备食品。烤馕、烤包子、拉面、油馓子、油塔子、奶茶等，则是新疆少数民族的传统食品。新疆牧区的少数民族能将牛奶、羊奶加工成八九种奶制品，或香或甜或酸，都带有浓郁的奶味，营养丰富。用马奶发酵而成的马奶子酒酒香微醺，清凉适口。

第八节　港澳台地区风物特产

一、香港特别行政区

[特产与美食]

香港汇聚了世界各地的美食，香港旺角、铜锣湾、尖沙咀东部和九龙城等地有些街道尽是食肆。充满亚洲风味的餐馆遍布香港，有辛辣的泰国汤、香浓的印度咖喱、韩国烧烤、越南沙律卷、日本寿司等特色美食。香港的中国菜餐馆，提供中国各地的特色佳肴，广东菜餐馆尤其多，其他地道菜包括潮州菜、湖南菜、四川菜、北京菜、上海菜等，也有讲究素淡的素菜，还有以传统的广式点心作早餐的饮茶。

香港传统本地菜以广州菜为主，盆菜则是新界原居民在节日时的传统菜。由于香港临近海洋，因此海鲜也是常见的菜色，亦发展出如避风塘炒蟹为代表的避风塘菜色。

香港饮食也深受外来饮食文化影响。中环苏豪区、湾仔及尖沙咀酒吧林立，慕尼黑啤酒节由 1991 年起每年于尖沙咀广东道举行。快餐方面，美式快餐主要由麦当劳及肯德基经营，而香港也发展出自己的港式快餐，当中以大家乐、大快活及美心快餐为代表。

香港是流行于民间的传统食品一直扎根香港，如年糕、粽子、鱼蛋、蛋挞、小桃酥、杏仁饼、盲公饼、鸡仔饼、小椰堆、花生饼、芝麻饼、相思酥、棋子饼、炒米饼、格子饼、花生糖、袋仔面、鸡蛋仔、花生豆、南乳香酥角等等。

二、澳门特别行政区

［特产与美食］

澳门烹饪吸收了广东地区的烹饪法和食材。葡国菜、广东菜、也会吃其他国家的餐饮。葡式蛋挞几乎已经是澳门美食的代表名词之一。

马介休来自葡语 Bacalhau，是鳕鱼（codfish）经盐腌制但并不风干保存而成，是不少澳葡式美食的主要材料。水蟹粥已经成为澳门当地最受欢迎的美食之一。

三、台湾省

［特产与美食］

台湾饮食文化融合各地美食风格，台湾菜与闽南菜和广东潮汕潮州菜渊源深厚，也受客家菜、广州菜和日本料理的影响。

台湾民众的传统饮品是茶。台湾全境皆产茶，名茶有冻顶乌龙茶、文山包种茶、东方美人茶和铁观音等。茶艺形式主要是工夫茶。泡沫红茶文化是台湾茶文化新的发展，代表性茶饮珍珠奶茶广受欢迎。

台湾菜有海鲜丰富、酱菜入菜、节令食补等特色，倾向自然原味，调味不求繁复，风格鲜香、清淡。炎热气候使一些酸甜开味的菜肴出现在台菜中。台菜素有“汤汤水水”之称，羹汤类菜肴广受欢迎。

台湾的各式风味小吃云集的夜市是台湾庶民生活文化的代表之一，常见的小吃有蚵仔煎、炸鸡排、臭豆腐、盐酥鸡、生煎包、米血糕、蚵仔面线、甜不辣、卤肉饭、肉圆、担仔面、牛肉面、小笼包等。凤梨酥、牛轧糖等台湾特产的烘焙美食是知名的伴手礼。

附录1 中国世界遗产项目名录

一、世界遗产的主要类型

世界遗产主要有以下几种类型：

（一）文化遗产

文化遗产，在概念上可分为有形文化遗产和无形文化遗产两大类，包括物质文化遗产和非物质文化遗产。物质文化遗产是指具有历史、艺术和科学价值的文物、建筑群和遗址；非物质文化遗产是指各种以非物质形态存在的、与群众生活密切相关、世代相承的传统文化表现形式。从历史、艺术或科学角度看，文物是指具有突出、普遍价值的建筑物、雕刻和绘画，具有考古意义的成分或结构，铭文、洞穴、住区及各类文物的综合体；建筑群是指因其建筑的形式、同一性及其在景观中的地位，具有突出、普遍价值的单独或相互联系的建筑群；遗址是指从历史、美学、人种学或人类学角度看，具有突出、普遍价值的人造工程或人与自然的共同杰作以及考古遗址地带。

（二）文化景观遗产

由人类有意设计和建筑的景观：包括出于美学原因建造的园林和公园景观，它们经常与宗教或其他纪念性建筑物或建筑群有联系；有机进化的景观：它产生于最初始的一种社会、经济、行政以及宗教需要，并通过与周围自然环境的相联系或相适应而发展到如今的形式；关联性文化景观：这类景观列入《世界遗产名录》，以与自然因素、强烈的宗教、艺术或文化相联系为特征，而不是以文化物证为特征。庐山、五台山、杭州西湖、哈尼梯田和花山岩画是中国“世界遗产”中仅有的五项文化景观。

（三）自然遗产

保护世界文化与自然遗产．是联合国教科文组织多年来积极开展的一项国际合作活动。1972 年 11 月 16 日，联合国教科文组织在巴黎总部举行的第 17 届大会上通过了《保护世界文化和自然遗产公约》。世界自然遗产主要指自然界的特有景观和生物，主要包括以下三个层次的内容：一是从美学或科学角度看，具有突出、普遍价值的由地质和生物结构或这类结构群组成的自然面貌；二是从科学或保护角度看，具有突出，普遍价值的地质和自然地理结构以及明确划定的濒危动植物物种生态区；三是从科学、保护或自然美角度看，具有突出、普遍价值的天然名胜或明确划定的自然地带。

（四）世界农业遗产

从 2002 年起，联合国粮农组织开发计划署和全球环境基金开始启动设立全球重要农业文化遗产项目。按照粮农组织的解释，世界农业遗产属于世界文化遗产的一部分，在概念上等同于世界文化遗产，世界农业遗产保护项目将对全球重要的受到威胁的传统农业文化与技术遗产进行保护。

（五）国际湿地遗产

国际湿地是世界遗产的一部分。2009 年，湿地国际联盟组织正式开展了对国际湿地纳入世界遗产保护战略的范畴，已经在中国计划开展湿地世界遗产评估的项目有青海湖、洞庭湖、泸沽湖等湿地。

二、中国的世界遗产简介

（一）中国的世界遗产概况

中国于 1985 年 12 月 12 日正式加入《保护世界文化与自然遗产公约》；1986 年，中国开始向联合国教科文组织申报世界遗产项目。1999 年 10 月 29 日，中国当选为世界遗产委员会成员。从 2006 年起，每年 6 月的第二个星期六为中国文化遗产日。截至 2018 年 7 月 2 日，中国世界遗产已达 53 项，其中世界文化遗产 36 项、世界文化与自然双重遗产 4 项、世界自然遗产 13 项，在世界遗产名录国家排名位居第二位（53 项，意大利第一位 54 项）。中国是世界上拥有世界遗产类别最齐全的国家之一，也是世界文化与自然双重遗产数量最多的国家（与澳大利亚并列，均为 4 项），世界自然遗产 13 项位居第一，超过美国和加拿大。中国的首都北京是世界上拥有遗产项目数最多的城市（7 项）。苏州是中国至今唯一承办过世界遗产委员会会议的城市

（2004 年，第 28 届）。

（二）中国《世界遗产名录》

1. 文化遗产项目

（1）长城（黑龙江、吉林、辽宁、河北、天津、北京、山东、河南、山西、陕西、甘肃、宁夏、青海、内蒙古、新疆，1987.12 世界文化遗产）

（2）莫高窟（甘肃，1987.12 世界文化遗产）

（3）明清故宫（北京故宫，北京，1987.12；沈阳故宫，辽宁，2004.7.1 世界文化遗产）

（4）秦始皇陵及兵马俑坑（陕西，1987.12 世界文化遗产）

（5）周口店北京人遗址（北京，1987.12 世界文化遗产）

（6）拉萨布达拉宫历史建筑群（大昭寺、罗布林卡）（西藏，1994.12 世界文化遗产）

（7）承德避暑山庄及其周围寺庙（河北，1994.12 世界文化遗产）

（8）曲阜孔庙、孔林和孔府（山东，1994.12 世界文化遗产）

（9）武当山古建筑群（湖北，1994.12 世界文化遗产）

（10）庐山风景名胜区（江西，1996.12.6 世界文化景观）

（11）丽江古城（云南，1997.12 世界文化遗产）

（12）平遥古城（山西，1997.12 世界文化遗产）

（13）苏州古典园林（江苏，1997.12 世界文化遗产）

（14）北京皇家祭坛——天坛（北京，1998.11 世界文化遗产）

（15）北京皇家园林——颐和园（北京，1998.11 世界文化遗产）

（16）大足石刻（重庆，1999.12 世界文化遗产）

（17）龙门石窟（河南，2000.11 世界文化遗产）

（18）明清皇家陵寝（湖北明显陵、河北清东陵、河北清西陵，2000.11；江苏明孝陵、北京明十三陵，2003.7；辽宁盛京三陵，2004.7 世界文化遗产）

（19）青城山—都江堰（四川，2000.11 世界文化遗产）

（20）皖南古村落—西递、宏村（安徽，2000.11 世界文化遗产）

（21）云冈石窟（山西，2001.12 世界文化遗产）

（22）高句丽王城、王陵及贵族墓葬（吉林、辽宁，2004.7.1 世界文化遗产）

（23）澳门历史城区（澳门，2005.7.15 世界文化遗产）

（24）安阳殷墟（河南，2006.7.13 世界文化遗产）

（25）开平碉楼与村落（广东，2007.6.28 世界文化遗产）

（26）福建土楼（福建，2008.7.7 世界文化遗产）

（27）五台山（山西，2009.6.26 世界文化景观）

（28）登封“天地之中”历史古迹（河南，2010.8.1 世界文化遗产）

（29）杭州西湖（浙江，2011.6.24 世界文化景观）

（30）元上都遗址（内蒙古，2012.6.29 世界文化遗产）

（31）红河哈尼梯田（云南，2013.6.22 世界文化景观）

（32）大运河（北京、天津、河北、山东、河南、安徽、江苏、浙江，2014.6.22 世界文化遗产）

（33）丝绸之路：长安—天山廊道的路网（河南、陕西、甘肃、新疆，2014.6.22 世界文化遗产）

（34）土司遗址（湖南、湖北、贵州，2015.7.4 世界文化遗产）

（35）左江花山岩画文化景观（广西，2016.7.15 世界文化遗产）

（36）鼓浪屿：历史国际社区（福建，2017.7.8 世界文化遗产）

2. 双重遗产

（37）泰山（山东，1987.12 世界文化与自然双重遗产）

（38）黄山（安徽，1990.12 世界文化与自然双重遗产）

（39）峨眉山—乐山大佛（四川，1996.12 世界文化与自然双重遗产）

（40）武夷山（福建，1999.12 世界文化与自然双重遗产）

3. 自然遗产

（41）黄龙风景名胜区（四川，1992.12.7 世界自然遗产）

（42）九寨沟风景名胜区（四川，1992.12.7 世界自然遗产）

（43）武陵源风景名胜区（湖南，1992.12.7 世界自然遗产）

（44）云南三江并流保护区（云南，2003.7.2 世界自然遗产）

（45）四川大熊猫栖息地（四川，2006.7.12 世界自然遗产）

（46）中国南方喀斯特（云南、贵州、重庆、广西,2007.6.27 一期；2014.6.23 二期世界自然遗产）

（47）三清山世界地质公园（江西，2008.7.8 世界自然遗产）

（48）中国丹霞（贵州、福建、湖南、广东、江西、浙江，2010.8.1 世界

自然遗产）

（49）澄江化石遗址（云南，2012.7.1 世界自然遗产）

（50）新疆天山（新疆，2013.6.21 世界自然遗产）

（51）湖北神农架（湖北，2016.7.17 世界自然遗产）

（52）青海可可西里（青海，2017.7.7 世界自然遗产）

（53）梵净山（贵州，2018.7.2 世界自然遗产）

附录2 世界非物质文化遗产名录

一、世界非物质文化遗产简介

（一）非遗的概念及发展历史

非物质文化遗产（以下简称“非遗”）指被各群体、团体或有时为个人视为其文化遗产的各种实践、表演、表现形式、知识和技能及有关的工具、实物、工艺品和文化场所。

20世纪30年代，国际现代建筑协会在《雅典宪章》中明确提出“有价值的建筑和地区”的保护问题，确定了一些个体建筑保护基本原则及具体的保护措施，促进了保护历史文化遗产国际运动的展开。20世纪50年代以来，国外历史文化遗产的保护对象从个体的文物建筑扩大到历史地段。20世纪60年代美国白宫会议首先提出设立“世界遗产信托资金”的建议案，提出要保护世界上杰出的自然风景区和历史遗址。美国在提出这个“世界遗产信托资金”理论的时候，恰恰赶上埃及政府在尼罗河上游修阿斯旺水坝，由于修这个水坝使水位加高，淹没了一座有2000年历史的神庙，所以联合国提出了保护自然和文化遗产的公约。1964年5月通过的《威尼斯宪章》，提出了文物古迹保护的基本概念、基本原则与方法，扩大了文物古迹的概念，不仅包括单个建筑物，而且包括能够从中找出一种独特的文明，一种有一定意义的发展或一个历史事件见证的城市和乡村环境。1970年，美国首度将这一理念写进当时一部重要法案《国家环境政策法》。1972年，联合国教科文组织向全世界提出要保护自然和文化遗产。当时提出了“保护自然和文化遗产”的概念。1972年11月，联合国教科文组织第十七届大会在巴黎通过的《保护世界文化和自然遗产公约》（简称《世界遗产公约》），确定文化遗产、自然遗产、文化与自然双重遗产的三种类型，扩大了历史文化遗产的范围。从此，历史文化遗产保护受到世界各国政府和公众的普遍关注和重视。1992 年 12 月，在美国圣菲召开的联合国教科文组织世界遗产委员会第 16 届会议将文化景观作为文化遗产的类型，从而进一步丰富了历史文化遗产的内涵。1997 年 11 月，非物质文化遗产——“人类口头与非物质文化遗产代表作”得到国际的认可。截至 2005 年 7 月，世界上有 170 多个国家成为《保护世界文化和自然遗产公约》的缔约国，已有 788 处遗产被列入《世界遗产名录》，47 个被列入非物质遗产名录。

（二）非遗的种类

1. 口头传说和表现形式，包括作为非物质文化遗产媒介的语言。
2. 表演艺术。
3. 社会实践、礼仪、节庆活动。
4. 有关自然界和宇宙的知识和实践。
5. 传统手工艺。
6. 传统节日。

（三）非遗的特点

非遗最大的特点是不脱离民族特殊的生活生产方式，是民族个性、民族审美习惯“活”的显现。它依托于人本身而存在，以声音、形象和技艺为表现手段，并以身口相传作为文化链而得以延续，是“活”的文化及其传统中最脆弱的部分。因此对于非遗传承的过程来说，人就显得尤为重要。

（四）非遗的意义

根据联合国教科文组织通过的《保护非物质文化遗产公约》中的定义，各个群体和团体随着其所处环境、与自然界的相互关系和历史条件的变化不断使代代相传的非物质文化遗产得到创新，同时使他们自己具有一种认同感和历史感，从而促进文化多样性和激发人类的创造力。世界文化遗产的数量能够反映某地区、某国家历史文化的多样性与深厚程度，物质与非物质文化遗产如果被评为世界文化遗产，不仅能受世界瞩目，还能被更好地保护传承。申遗是一种对历史文化、秀丽江山的珍视情怀，是向全世界展示我们的文明。联合国教科文组织认为非物质文化遗产是确定文化特性、激发创造力和保护文化多样性的重要因素，在不同文化相互宽容、协调中起着至关重要的作用，因而于 1998 年通过决议设立非物质文化遗产评选。

（五）中国的非遗项目

截至 2018 年底，我国入选联合国教科文组织的非遗名录（含“急需保护名录”和“优秀实践名册”）的项目已达 40 个，也是目前世界上拥有世界非物质文化遗产数量最多的国家。

列入《人类非物质文化遗产代表作名录》的中国项目

序号	遗产项名称	批准时间	序号	遗产项名称	批准时间
1	昆曲	2001 年	17	花儿	2009 年
2	古琴艺术	2003 年	18	西安鼓乐	2009 年
3	新疆维吾尔木卡姆艺术	2005 年	19	朝鲜族农乐舞	2009 年
4	蒙古族长调民歌	2005 年	20	书法	2009 年
5	中国传统蚕桑丝织技艺	2009 年	21	篆刻	2009 年
6	福建南音	2009 年	22	剪纸	2009 年
7	南京云锦织造技艺	2009 年	23	雕版印刷技艺	2009 年
8	安徽宣纸制作技艺	2009 年	24	中国传统木结构营造技艺	2009 年
9	侗族大歌	2009 年	25	端午节	2009 年
10	粤剧	2009 年	26	妈祖信俗	2009 年
11	藏族《格萨尔》	2009 年	27	京剧	2010 年
12	龙泉青瓷炼制技艺	2009 年	28	中医针灸	2010 年
13	热贡艺术	2009 年	29	中国皮影	2011 年
14	藏戏	2009 年	30	珠算	2013 年
15	《玛纳斯》	2009 年	31	二十四节气	2016
16	蒙古族呼麦	2009 年	32	藏医药浴法	2018 年

列入《急需保护的非物质文化遗产名录》的中国项目

序号	遗产项名称	批准时间	序号	遗产项名称	批准时间
1	羌年庆祝习俗	2009 年	5	福建的中国水密隔舱福船制造技艺	2010 年
2	黎族传统纺染织绣技艺	2009 年	6	中国木版活字印刷术	2010 年
3	中国木拱桥传统营造技艺	2009 年	7	赫哲族伊玛堪说唱	2011 年
4	新疆的麦西热甫	2010 年			

非物质文化遗产优秀实践名册

序号	遗产项名称	批准时间
1	福建木偶戏传承人培养计划	2012 年

附录3 中国5A级旅游景区名录

截至 2018 年 10 月 17 日，共有国家 5A 级旅游景区 259 家，名单如下：

省、自治区、直辖市	数量	名　称	评定年份
北京	7	东城区故宫博物院	2007 年
		东城区天坛公园	2007 年
		海淀区颐和园	2007 年
		八达岭—慕田峪长城旅游区	2007 年
		昌平区明十三陵景区	2011 年
		西城区恭王府景区	2012 年
		朝阳区北京奥林匹克公园	2012 年
天津	2	南开区天津古文化街旅游区（津门故里）	2007 年
		蓟州区盘山风景名胜区	2007 年
河北	9	承德市双桥区承德避暑山庄及周围寺庙景区	2007 年
		保定市安新县白洋淀景区	2007 年
		保定市涞水县野三坡景区	2011 年
		石家庄平山县西柏坡景区	2011 年
		唐山市遵化市清东陵景区	2015 年
		邯郸市涉县娲皇宫景区	2015 年
		邯郸市永年区广府古城景区	2017 年
		保定市涞源县白石山景区	2017 年
		秦皇岛市山海关区山海关景区	2018 年

续表

省、自治区、直辖市	数量	名　　称	评定年份
山西	8	大同市云冈区云冈石窟景区	2007年
		忻州市五台县五台山风景名胜区	2007年
		晋城市阳城县皇城相府生态文化旅游区	2011年
		晋中市介休市绵山风景名胜区	2013年
		晋中市祁县乔家大院文化园区	2014年
		晋中市平遥县平遥古城景区	2015年
		忻州市代县雁门关景区	2017年
		临汾市洪洞县洪洞大槐树寻根祭祖园旅游景区	2018年
内蒙古	5	鄂尔多斯市达拉特旗响沙湾旅游景区	2011年
		鄂尔多斯市伊金霍洛旗成吉思汗陵旅游区	2011年
		呼伦贝尔市满洲里市中俄边境旅游区	2016年
		兴安盟阿尔山市阿尔山·柴河旅游景区	2017年
		赤峰市克什克腾旗阿斯哈图石阵旅游区	2018年
辽宁	5	沈阳市浑南区沈阳植物园	2007年
		大连市中山区老虎滩海洋公园—老虎滩极地馆	2007年
		大连市金州区金石滩景区	2011年
		本溪市本溪满族自治县本溪水洞景区	2015年
		鞍山市千山区千山景区	2017年
吉林	6	延边朝鲜族自治州安图县长白山景区	2007年
		长春市宽城区伪满皇宫博物馆	2007年
		长春市南关区净月潭景区	2011年
		长春市南关区长影世纪城景区	2015年
		延边朝鲜族自治州敦化市六鼎山文化旅游区	2015年
		长春市南关区世界雕塑公园景区	2017年
黑龙江	5	哈尔滨市松北区太阳岛景区	2007年
		黑河市五大连池市五大连池景区	2011年
		牡丹江市宁安市镜泊湖景区	2011年
		伊春市汤旺河区林海奇石景区	2013年
		大兴安岭地区漠河县北极村旅游景区	2015年

续表

省、自治区、直辖市	数量	名　称	评定年份
上海	3	浦东新区东方明珠广播电视塔	2007年
		浦东新区上海野生动物园	2007年
		浦东新区上海科技馆	2010年
江苏	23	苏州市姑苏区苏州园林	2007年
		苏州市昆山市周庄古镇景区	2007年
		南京市玄武区钟山—中山陵风景名胜区	2007年
		无锡市滨湖区中央电视台无锡影视基地三国水浒城景区	2007年
		无锡市滨湖区灵山大佛景区	2009年
		苏州市吴江区同里古镇景区	2010年
		南京市秦淮区夫子庙—秦淮河风光带	2010年
		常州市新北区环球恐龙城景区	2010年
		扬州市邗江区瘦西湖风景区	2010年
		南通市崇川区濠河风景区	2012年
		泰州市姜堰区溱湖国家湿地公园	2012年
		苏州市吴中区金鸡湖国家商务旅游示范区	2012年
		镇江市三山风景名胜区	2012年
		无锡市滨湖区鼋头渚旅游风景区	2012年
		苏州市吴中区太湖旅游区	2013年
		苏州市常熟市沙家浜—虞山尚湖旅游区	2013年
		常州市溧阳市天目湖景区	2013年
		镇江市句容市茅山景区	2014年
		淮安市淮安区周恩来故里景区	2015年
		盐城市大丰区中华麋鹿园景区	2015年
		徐州市泉山区云龙湖景区	2016年
		连云港市海州区花果山景区	2016年
		常州市武进区春秋淹城旅游区	2017年

续表

省、自治区、直辖市	数量	名　　称	评定年份
浙江	17	杭州市西湖区杭州西湖风景区	2007年
		温州市乐清市雁荡山风景区	2007年
		舟山市普陀区普陀山风景区	2007年
		杭州市淳安县千岛湖风景区	2010年
		嘉兴市桐乡市乌镇古镇旅游区	2010年
		宁波市奉化区溪口—滕头旅游景区	2010年
		金华市东阳市横店影视城景区	2010年
		嘉兴市南湖区南湖旅游区	2011年
		杭州市西湖区西溪湿地旅游区	2012年
		绍兴市越城区鲁迅故里—沈园景区	2012年
		衢州市开化县根宫佛国文化旅游区	2013年
		湖州市南浔区南浔古镇景区	2015年
		台州市天台县天台山景区	2015年
		台州市仙居县神仙居景区	2015年
		嘉兴市嘉善县西塘古镇旅游景区	2017年
		衢州市江山市江郎山·廿八都旅游区	2017年
		宁波市海曙区天一阁·月湖景区	2018年
安徽	11	黄山市黄山区黄山风景区	2007年
		池州市青阳县九华山风景区	2007年
		安庆市潜山县天柱山风景区	2011年
		黄山市黟县皖南古村落—西递宏村	2011年
		六安市金寨县天堂寨旅游景区	2012年
		宣城市绩溪县龙川景区	2012年
		阜阳市颍上县八里河风景区	2013年
		黄山市徽州区古徽州文化旅游区	2014年
		合肥市肥西县三河古镇景区	2015年
		芜湖市鸠江区方特旅游区	2016年
		六安市舒城县万佛湖风景区	2016年

续表

省、自治区、直辖市	数量	名　　称	评定年份
福建	9	厦门市思明区鼓浪屿风景名胜区	2007年
		南平市武夷山市武夷山风景名胜区	2007年
		三明市泰宁县泰宁风景旅游区	2011年
		福建土楼（永定·南靖）旅游景区	2011年
		宁德市屏南县（白水洋·鸳鸯溪）旅游景区	2012年
		泉州市丰泽区清源山风景名胜区	2012年
		宁德市福鼎市太姥山旅游区	2013年
		福州市鼓楼区三坊七巷景区	2015年
		龙岩市上杭县古田旅游区	2015年
江西	11	九江市庐山市庐山风景名胜区	2007年
		吉安市井冈山市井冈山风景旅游区	2007年
		上饶市玉山县三清山旅游景区	2011年
		鹰潭市贵溪市龙虎山风景名胜区	2012年
		上饶市婺源县江湾景区	2013年
		景德镇市昌江区古窑民俗博览区	2013年
		赣州市瑞金市共和国摇篮景区	2015年
		宜春市袁州区明月山旅游区	2015年
		抚州市资溪县大觉山景区	2017年
		上饶市弋阳县龟峰景区	2017年
		南昌市东湖区滕王阁旅游区	2018年
山东	11	泰安市泰山区泰山景区	2007年
		烟台市蓬莱市蓬莱阁—三仙山—八仙过海旅游区	2007年
		济宁市曲阜市明故城三孔旅游区	2007年
		青岛市崂山区崂山景区	2011年
		威海市环翠区刘公岛景区	2011年
		烟台市龙口市南山景区	2011年
		枣庄市台儿庄区台儿庄古城景区	2013年
		济南市历下区天下第一泉景区	2013年
		山东沂蒙山旅游区	2013年
		潍坊市青州市青州古城景区	2017年
		威海市环翠区威海华夏城景区	2017年

续表

省、自治区、直辖市	数量	名　称	评定年份
河南	13	郑州市登封市嵩山少林寺景区	2007 年
		洛阳市洛龙区龙门石窟景区	2007 年
		焦作市云台山—神农山—青天河风景区	2007 年
		安阳市殷都区殷墟景区	2011 年
		洛阳市嵩县白云山景区	2011 年
		开封市龙亭区清明上河园景区	2011 年
		平顶山市鲁山县尧山—中原大佛景区	2011 年
		洛阳市栾川县老君山—鸡冠洞旅游区	2012 年
		洛阳市新安县龙潭大峡谷景区	2013 年
		南阳市中国西峡恐龙遗迹园—伏牛山—老界岭旅游区	2014 年
		驻马店市遂平县嵖岈山旅游景区	2015 年
		安阳市林州市红旗渠—太行大峡谷旅游景区	2016 年
		商丘市永城市芒砀山汉文化旅游景区	2017 年
湖北	11	武汉市武昌区黄鹤楼公园	2007 年
		宜昌市三峡大坝—屈原故里文化旅游区	2007 年
		宜昌市夷陵区三峡人家风景区	2011 年
		十堰市丹江口市武当山风景区	2011 年
		恩施土家族苗族自治州巴东县神龙溪纤夫文化旅游区	2011 年
		神农架林区神农架生态旅游区	2012 年
		宜昌市长阳土家族自治县清江画廊景区	2013 年
		武汉市洪山区中国武汉—东湖生态旅游风景区	2013 年
		武汉市黄陂区木兰文化生态旅游区	2014 年
		恩施土家族苗族自治州恩施市恩施大峡谷景区	2015 年
		咸宁市赤壁市三国赤壁古战场景区	2018 年
湖南	8	张家界市武陵源—天门山旅游区	2007 年
		衡阳市南岳区衡山旅游区	2007 年
		湘潭市韶山市韶山旅游区	2011 年
		岳阳市岳阳楼—君山岛景区	2011 年
		长沙市岳麓区岳麓山—橘子洲旅游区	2012 年
		长沙市宁乡市花明楼景区	2013 年
		郴州市资兴市东江湖旅游区	2015 年
		邵阳市新宁县崀山景区	2016 年

续表

省、自治区、直辖市	数量	名称	评定年份
广东	13	广州市番禺区长隆旅游度假区	2007年
		深圳市南山区华侨城旅游度假区	2007年
		广州市白云区白云山景区	2011年
		梅州市梅县区雁南飞茶田景区	2011年
		深圳市龙华区观澜湖休闲旅游区	2011年
		清远市连州市地下河旅游景区	2011年
		韶关市仁化县丹霞山景区	2012年
		佛山市南海区西樵山景区	2013年
		惠州市博罗县罗浮山景区	2013年
		佛山市顺德区长鹿旅游休博园	2014年
		阳江市江城区海陵岛大角湾海上丝路旅游区	2015年
		中山市孙中山故里旅游区	2016年
		惠州市惠城区惠州西湖旅游景区	2018年
广西	6	桂林市漓江风景区	2007年
		桂林市兴安县乐满地度假世界	2007年
		桂林市秀峰区独秀峰·靖江王城景区	2012年
		南宁市青秀区青秀山旅游区	2014年
		桂林市两江四湖·象山景区	2017年
		崇左市大新县德天跨国瀑布景区	2018年
海南	6	三亚市崖州区南山文化旅游区	2007年
		三亚市崖州区南山大小洞天旅游区	2007年
		保亭县呀诺达雨林文化旅游区	2012年
		陵水县分界洲岛旅游区	2013年
		保亭县海南槟榔谷黎苗文化旅游区	2015年
		三亚市海棠区蜈支洲岛旅游区	2016年
重庆	8	大足区大足石刻景区	2007年
		巫山小三峡—小小三峡旅游区	2007年
		武隆区喀斯特旅游区	2011年
		酉阳土家族苗族自治县桃花源旅游景区	2012年
		綦江区万盛黑山谷—龙鳞石海风景区	2012年
		南川区金佛山景区	2013年
		江津区四面山景区	2015年
		云阳县龙缸景区	2017年

续表

省、自治区、直辖市	数量	名　称	评定年份
四川	12	成都市都江堰市青城山—都江堰旅游景区	2007 年
		乐山市峨眉山市峨眉山景区	2007 年
		阿坝藏族羌族自治州九寨沟县九寨沟景区	2007 年
		乐山市市中区乐山大佛景区	2011 年
		阿坝藏族羌族自治州松潘县黄龙风景名胜区	2012 年
		绵阳市北川羌族自治县羌城旅游区	2013 年
		阿坝藏族羌族自治州汶川县汶川特别旅游区	2013 年
		南充市阆中市阆中古城旅游景区	2013 年
		广安市广安区邓小平故里旅游区	2013 年
		广元市剑阁县剑门蜀道剑门关旅游景区	2015 年
		南充市仪陇县朱德故里景区	2016 年
		甘孜藏族自治州泸定县海螺沟景区	2017 年
贵州	6	安顺市镇宁布依族苗族自治县黄果树瀑布景区	2007 年
		安顺市西秀区龙宫景区	2007 年
		毕节市黔西县百里杜鹃景区	2013 年
		黔南布依族苗族自治州荔波县樟江景区	2015 年
		贵阳市花溪区青岩古镇景区	2017 年
		铜仁市梵净山（江口·印江）旅游区	2018 年
云南	8	昆明市石林彝族自治县石林风景区	2007 年
		丽江市玉龙纳西族自治县玉龙雪山景区	2007 年
		丽江市古城区丽江古城景区	2011 年
		大理白族自治州大理市崇圣寺三塔文化旅游区	2011 年
		西双版纳傣族自治州勐腊县中科院西双版纳热带植物园	2011 年
		迪庆藏族自治州香格里拉市普达措国家公园	2012 年
		昆明市盘龙区昆明世博园景区	2016 年
		保山市腾冲市火山热海旅游区	2016 年
西藏	4	拉萨市城关区布达拉宫景区	2013 年
		拉萨市城关区大昭寺景区	2013 年
		林芝市工布江达县巴松错景区	2017 年
		日喀则市桑珠孜区扎什伦布寺景区	2017 年

续表

省、自治区、直辖市	数量	名　　称	评定年份
陕西	9	西安市临潼区秦始皇兵马俑博物馆	2007年
		西安市临潼区华清池景区	2007年
		延安市黄陵县黄帝陵景区	2007年
		西安市雁塔区大雁塔—大唐芙蓉园景区	2011年
		渭南市华阴市华山风景区	2011年
		宝鸡市扶风县法门寺佛文化景区	2014年
		商洛市商南县金丝峡景区	2015年
		宝鸡市眉县太白山旅游景区	2016年
		西安市城墙·碑林历史文化景区	2018年
甘肃	4	嘉峪关市嘉峪关文物景区	2007年
		平凉市崆峒区崆峒山风景名胜区	2007年
		天水市麦积区麦积山景区	2011年
		酒泉市敦煌市鸣沙山月牙泉景区	2015年
青海	3	青海湖风景区	2011年
		西宁市湟中县塔尔寺景区	2012年
		海东市互助土族自治县互助土族故土园旅游区	2017年
宁夏	4	石嘴山市平罗县沙湖旅游景区	2007年
		中卫市沙坡头区沙坡头旅游景区	2007年
		银川市西夏区宁夏镇北堡西部影视城	2011年
		银川市灵武市水洞沟旅游区	2015年
新疆	12	昌吉回族自治州阜康市天山天池风景名胜区	2007年
		吐鲁番市高昌区葡萄沟风景区	2007年
		伊犁哈萨克自治州阿勒泰地区布尔津县喀纳斯景区	2007年
		伊犁哈萨克自治州新源县那拉提旅游风景区	2011年
		伊犁哈萨克自治州阿勒泰地区富蕴县可可托海景区	2012年
		喀什地区泽普县金胡杨景区	2013年
		乌鲁木齐市乌鲁木齐县天山大峡谷	2013年
		巴音郭楞蒙古自治州博湖县博斯腾湖景区	2014年
		喀什地区喀什市喀什噶尔老城景区	2015年
		伊犁哈萨克自治州特克斯县喀拉峻景区	2016年
		巴音郭楞蒙古自治州和静县巴音布鲁克景区	2016年
		伊犁哈萨克自治州阿勒泰地区哈巴河县白沙湖景区	2017年

附录4
中国历史文化名城

（截至2016年12月16日，总计131个）

按各省区市拥有国家历史文化名城数量排序

序号	省、市	数量	名　单	序号	省、市	数量	名　单
1	江苏	13个	南京、苏州、扬州、徐州、镇江、常熟、淮安、无锡、南通、宜兴、泰州、常州、高邮	17	湖南	4个	长沙、岳阳、凤凰、永州
2	山东	10个	济南、曲阜、青岛、聊城、邹城、临淄、泰安、蓬莱、烟台、青州	18	广西	3个	桂林、柳州、北海
3	浙江	9个	杭州、绍兴、宁波、衢州、临海、金华、嘉兴、湖州、温州	19	西藏	3个	拉萨、日喀则、江孜
4	河南	8个	洛阳、开封、商丘、安阳、南阳、郑州、濮阳、浚县	20	吉林	2个	吉林、集安
5	广东	8个	广州、潮州、肇庆、佛山、梅州、雷州、中山、惠州	21	黑龙江	2个	哈尔滨、齐齐哈尔
6	四川	8个	成都、自贡、宜宾、阆中、乐山、都江堰、泸州、会理	22	贵州	2个	遵义、镇远
7	云南	6个	昆明、大理、丽江、建水、巍山、会泽	23	海南	1个	海口（含琼山）
8	陕西	6个	西安、咸阳、延安、韩城、榆林、汉中	24	青海	1个	同仁
9	山西	6个	平遥、大同、新绛、代县、祁县、太原	25	宁夏	1个	银川
10	安徽	5个	亳州、歙县、寿县、安庆、绩溪	26	内蒙古	1个	呼和浩特
11	湖北	5个	荆州、武汉、襄阳、随州、钟祥	27	辽宁	1个	沈阳
12	新疆	5个	喀什、吐鲁番、特克斯、库车、伊宁	28	北京	1个	北京
13	河北	5个	承德、保定、正定、邯郸、山海关	29	天津	1个	天津
14	福建	4个	福州、泉州、漳州、长汀	30	上海	1个	上海
15	江西	4个	南昌、赣州、景德镇、瑞金	31	重庆	1个	重庆
16	甘肃	4个	张掖、敦煌、武威、天水				

附录5 全国重点文物保护单位（1~7批）

全国重点文物保护单位是由中华人民共和国国务院所属的文物行政部门，国家文物局对不可移动文物所核定的最高保护级别。

截至2013年5月3日，国务院已公布七批全国重点文物保护单位，总数为4296处。① 2018年8月，国家文物局发出通知，即日起开展第八批全国重点文物保护单位申报遴选工作。

北京市（127处）

东城区

北京大学红楼 | 天安门 | 人民英雄纪念碑 | 故宫 | 天坛 | 智化寺 | 国子监 | 雍和宫 | 皇史宬 | 古观象台 | 北京城东南角楼 | 正阳门 | 太庙 | 社稷坛 | 北京孔庙 | 崇礼住宅 | 北京鼓楼、钟楼 | 可园 | 孚王府 | 东交民巷使馆建筑群 | 袁崇焕墓和祠 | 地坛 | 柏林寺 | 京师大学堂分科大学旧址 | 清陆军部和海军部旧址 | 亚斯立堂 | 协和医学院旧址 | 孙中山行馆 | 明北京城城墙遗存[1] | 文天祥祠 | 普度寺 | 东堂 | 基督教中华圣经会北京分会旧址 | 北京大学地质学馆旧址

西城区

妙应寺白塔 | 北海及团城 | 北京宋庆龄故居 | 恭王府及花园 | 郭沫若故居 | 牛街礼拜寺 | 天宁寺塔 | 大高玄殿 | 历代帝王庙 | 南堂 | 景山 | 白云观 | 法源寺 | 先农坛 | 利玛窦和外国传教士墓地 | 德胜门箭楼 | 月坛 | 中南海 | 关岳庙 | 醇亲王府 | 广济寺 | 安徽会馆 | 报国寺 | 清农事试验场旧址 | 西什库教堂 | 国立蒙藏学校旧址 | 北京国会旧址 | 京师女子师范学堂旧址 | 国民政府财政部印刷局旧址 | 大栅栏商业

① 资料来源：国家文物局网站。

建筑|北平图书馆旧址|北京鲁迅旧居|万松老人塔|明北京城城墙遗存[1]|克勤郡王府|基督教中华圣公会教堂|西交民巷近代银行建筑群|辅仁大学本部旧址|盛新中学与佑贞女中旧址|李大钊旧居|梅兰芳旧居

朝阳区

北京东岳庙|清净化域塔|元大都城墙遗址[2]|日坛|四九一电台旧址

海淀区

真觉寺金刚宝座塔|颐和园|圆明园遗址|觉生寺|景泰陵|碧云寺|大慧寺|十方普觉寺|未名湖燕园建筑|清华大学早期建筑|元大都城墙遗址[2]|大觉寺|静明园|健锐营演武厅|万寿寺|辛亥滦州起义纪念园|摩诃庵|慈寿寺塔

丰台区

卢沟桥|金中都水关遗址|镇岗塔|长辛店“二七”大罢工旧址

石景山区

法海寺|承恩寺|八宝山革命公墓

房山区

房山云居寺塔及石经|周口店遗址|琉璃河遗址|万佛堂、孔水洞石刻及塔|十字寺遗址|金陵|良乡多宝佛塔|姚广孝墓塔|琉璃河大桥

昌平区

居庸关云台|十三陵|银山塔林|京张铁路南口段至八达岭段[3]

门头沟区

戒台寺|潭柘寺|爨底下村古建筑群|灵岳寺

延庆县

万里长城—八达岭|延庆古崖居|京张铁路南口段至八达岭段[3]

通州区

通州近代学校建筑群

顺义区

焦庄户地道战遗址

[1] 明北京城城墙遗存为东城区和西城区共有。

[2] 元大都城墙遗址为朝阳区和海淀区共有。

[3] 京张铁路南口段至八达岭段为昌平区和延庆县共有。

天津市(27处)

和平区

天津利顺德饭店旧址|天津劝业场大楼|盐业银行旧址|法国公议局旧址|天津五大道近代建筑群

河东区

天妃宫遗址

河西区

天津工商学院主楼旧址

南开区

南开学校旧址|天津广东会馆|天津天后宫|李纯祠堂

河北区

望海楼教堂|梁启超旧居|马可波罗广场建筑群

红桥区

义和团吕祖堂坛口遗址|北洋大学堂旧址|天津西站主楼|谦祥益绸缎庄旧址

滨海新区

大沽口炮台|北洋水师大沽船坞遗址|塘沽火车站旧址|黄海化学工业研究社旧址

西青区

石家大院

蓟县

独乐寺|千像寺造像|蓟县白塔

宁河县

天尊阁

河北省（275处）

石家庄市

安济桥|永通桥|广惠寺华塔|赵州陀罗尼经幢|隆兴寺|西柏坡中共中央旧址|开元寺钟楼及须弥塔|凌霄塔|中山古城遗址|治平寺石塔|正定文庙大成殿|毗卢寺|天护陀罗尼经幢|井陉窑遗址|临济寺澄灵塔|幽居寺塔|大观圣作之碑|大唐清河郡王纪功载政之颂碑|台西遗址|常山郡故城|万寿寺塔林|柏林寺塔|正定府文庙|井陉古驿道|福庆寺|伏羲台遗址|西张村遗址|东垣古城遗址|古宋城址|无极甄氏墓群|赞皇李氏墓群|开化寺塔|灵寿石牌坊|正定城墙|井陉旧城城墙|封龙山石窟|瑜伽山摩崖造像|正丰矿工业建筑群|中国人民银行总行旧址

唐山市

清东陵|李大钊故居|西寨遗址|爪村遗址|天宫寺塔|寿峰寺|净觉寺|丰润中学校旧址|潘家峪惨案遗址|唐山大地震遗址|孟家泉遗址|万军山遗址|龟地遗址|开滦唐山矿早期工业遗存|滦河铁桥

秦皇岛市

万里长城—山海关|北戴河秦行宫遗址|源影寺塔|大佛顶尊胜陀罗尼经幢|山海关八国联军营盘旧址|北戴河近代建筑群|板厂峪窑址群遗址|永平府城墙|秦皇岛港口近代建筑群|耀华玻璃厂旧址

邯郸市

响堂山石窟|赵邯郸故城|磁山遗址|邺城遗址|磁县北朝墓群|磁州窑遗址|娲皇宫及石刻|八路军一二九师司令部旧址|赵王陵|石北口遗址|讲武城遗址|大名府故城|成汤庙山门|弘济桥|永年城|纸坊玉皇阁|五

礼记碑 | 中共晋冀鲁豫中央局和军区旧址 | 南城村遗址 | 涧沟遗址 | 固镇古城遗址 | 禅果寺遗址 | 林村墓群 | 玉泉寺大殿 | 常乐龙王庙正殿 | 九江圣母庙 | 滏阳河西八闸 | 天青寺大殿 | 黄粱梦吕仙祠 | 朱山石刻 | 水浴寺石窟 | 法华洞石窟 | 大名天主堂 | 晋冀鲁豫边区政府旧址

邢台市

邢窑遗址 | 普利寺塔 | 东先贤遗址 | 邢国墓地 | 隆尧唐祖陵 | 扁鹊庙 | 邢台开元寺 | 宋璟碑 | 义和拳议事厅旧址 | 补要村遗址 | 柏人城遗址 | 鹿城岗城址 | 后底阁遗址 | 临清古城遗址 | 南贾乡石塔 | 天宁寺前殿 | 平乡文庙大成殿 | 普彤塔 | 邢台道德经幢

保定市

冉庄地道战遗址 | 定县开元寺塔 | 义慈惠石柱 | 燕下都遗址 | 清西陵 | 北岳庙 | 直隶总督署 | 涧磁村定窑遗址 | 中山靖王墓 | 阁院寺 | 开善寺 | 慈云阁 | 万里长城—紫荆关 | 龙兴观道德经幢 | 晋察冀边区政府及军区司令部旧址 | 南庄头遗址 | 汉中山王墓 | 药王庙 | 定州贡院 | 腰山王氏庄园 | 涿州双塔 | 古莲花池 | 庆化寺花塔 | 北福地遗址 | 钓鱼台遗址 | 南阳遗址 | 刘伶醉烧锅遗址 | 所药村壁画墓 | 张柔墓 | 怡贤亲王墓 | 解村兴国寺塔 | 修德寺塔 | 静志寺塔基地宫 | 净众院塔基地宫 | 圣塔院塔 | 西岗塔 | 兴文塔 | 永济桥 | 大道观玉皇殿 | 伍仁桥 | 金门闸 | 大慈阁 | 育德中学旧址 | 保定陆军军官学校旧址 | 布里留法工艺学校旧址 | 晏阳初旧居 | 北放水遗址 | 要庄遗址 | 东黑山遗址 | 宋祖陵 | 王处直墓 | 永安寺塔 | 伍侯塔 | 双塔庵双塔 | 皇甫寺塔 | 金山寺舍利塔 | 定州清真寺 | 下胡良桥 | 保定钟楼 | 方顺桥 | 定州文庙 | 淮军公所 | 清河道署 | 八会寺刻经 | 卧佛寺摩崖造像 | 直隶审判厅旧址 | 光园

张家口市

宣化古城（清远楼、镇朔楼）| 侯家窑遗址[1] | 下八里墓群 | 蔚州玉皇阁 | 泥河湾遗址群 | 代王城遗址 | 元中都遗址 | 梳妆楼元墓 | 昭化寺 | 鸡鸣驿城 | 南安寺塔 | 释迦寺 | 土城子城址 | 九连城城址 | 小宏城遗址 | 西古堡 | 时恩寺 | 暖泉华严寺 | 真武庙 | 常平仓 | 蔚州灵岩寺 | 万全右卫城 | 洗马林玉皇阁 | 察哈尔都统署旧址 | 筛子绫罗遗址 | 庄窠遗址 | 三关遗址 | 杨赟家族墓地 | 张家口堡 | 佛真猞猁迤逻尼塔 | 澎鹭寺塔 | 金河寺悬空庵塔群 | 蔚县关帝庙 | 天齐庙 | 蔚州古城墙 | 故城寺 | 重光塔 | 宣化柏林寺 | 卜北堡玉泉寺 | 洗马林城墙 | 沙子坡老君观 | 蔚县重泰寺 | 察哈尔民主政府旧址 | 晋察冀军区司令部旧址

承德市

普宁寺|普乐寺|普陀宗乘之庙|须弥福寿之庙|避暑山庄|金山岭长城|殊像寺|安远庙|溥仁寺|会州城|承德城隍庙|普佑寺|金界壕遗址[2]|四方洞遗址|化子洞遗址|顶子城遗址|付将沟遗址|隆化土城子城址|石羊石虎墓群|半截塔|凤山关帝庙|木兰围场御制碑、摩崖石刻

沧州市

沧州铁狮子|献县汉墓群|泊头清真寺|海丰镇遗址|纪晓岚墓地|单桥|聚馆古贡枣园|三各庄遗址|哑叭庄遗址|武垣城址|沧州旧城|登瀛桥|马厂炮台|光明戏院

廊坊市

边关地道遗址|大辛阁石塔

衡水市

封氏墓群|开福寺舍利塔|逯家庄壁画墓|北齐高氏墓群|宝云塔|庆林寺塔|冀州古城遗址|衡水安济桥|深州盈亿义仓

[1] 许家窑—侯家窑遗址为山西省和河北省共有。

[2] 金界壕遗址为内蒙古自治区、黑龙江省和河北省共有。

山西省（452处）

太原市

晋祠|龙山石窟|晋阳古城遗址|窦大夫祠|天龙山石窟|王家峰墓群|狐突庙|净因寺|清源文庙|不二寺|明秀寺|多福寺|永祚寺|古交遗址|娄烦古城遗址|帖木儿塔|阳曲大王庙大殿|太原大关帝庙|太原清真寺|太原纯阳宫|前斧柯悬泉寺|辛庄开化寺|太山龙泉寺|崇善寺大悲殿|唱经楼|晋源阿育王塔|晋源文庙|清徐尧庙|古交千佛寺|太原文庙|山西大学堂旧址|太原天主堂|中共太原支部旧址

大同市

平型关战役遗址|云冈石窟|善化寺|华严寺|悬空寺|平城遗址|许家窑遗址[1]|曲回寺石像冢|方山永固陵|大同九龙壁|荆庄大云寺大雄宝殿|觉山寺塔|浑源永安寺|沙梁坡墓群|古城堡墓群|栗毓美墓|禅房寺塔|水神堂|云林寺|慈云寺|大同煤矿万人坑|山西省立第三中学旧址|浑源圆觉寺塔|大同关帝庙大殿|律吕神祠|浑源文庙|大同观音堂

阳泉市

关王庙|大王庙|府君庙|坡头泰山庙|冠山天宁寺双塔|藏山祠|冠山书院|开河寺石窟

长治市

八路军总司令部旧址|法兴寺|天台

庵|大云院|龙门寺|崇庆寺|正觉寺|观音堂|潞安府城隍庙|淳化寺|明惠大师塔|九天圣母庙|沁县大云院|洪济院|武乡县大云寺|会仙观|三嵕庙|原起寺|佛头寺|灵泽王庙|东邑龙王庙|回龙寺|普照寺大殿|昭泽王庙|天王寺|夏禹神祠|长治玉皇观|真泽二仙宫|宝峰寺|襄垣文庙|潞安府衙|金灯寺石窟|黄崖洞兵工厂旧址|西周黎侯墓群|先师和尚舍利塔|小张碧云寺大殿|布村玉皇庙|韩坊尧王庙大殿|长子崔府君庙大殿|襄垣永惠桥|李庄文庙|义合三教堂|下霍护国灵贶王庙|前万户汤王庙|庄头天仙庙|中漳伏羲庙|襄垣昭泽王庙|长宁大庙|南涅水洪教院|马厂崇教寺|武乡真如寺|襄垣五龙庙|辛村天齐王庙|大中汉三嵕庙|北和炎帝庙|北社三嵕庙|北社大禹庙|北甘泉圣母庙|李庄武庙|关村炎帝庙|石室蓬莱宫|灵空山圣寿寺|西青北大禹庙|黎城城隍庙|南涅水石刻|太岳军区司令部旧址

晋城市

青莲寺|玉皇庙|晋城二仙庙|南、北吉祥寺|姬氏民居|龙岩寺|泽州岱庙|小会岭二仙庙|崔府君庙|西溪二仙庙|崇明寺|开化寺|游仙寺|定林寺|塔水河遗址|下交汤帝庙|北义城玉皇庙|周村东岳庙|开福寺|西李门二仙庙|润城东岳庙|玉泉东岳庙|石掌玉皇庙|中坪二仙宫|白玉宫|二郎庙|南神头二仙庙|寺润三教堂|三圣瑞现塔|崇安寺|清梦观|大阳汤帝庙|古中庙|海会寺|柳氏民居|郭壁村古建筑群|湘峪古堡|窦庄古建筑群|郭峪村古建筑群|砥洎城|羊头山石窟|碧落寺|河底成汤庙|高都景德寺|大周村古寺庙建筑群|高平嘉祥寺|尹西东岳庙|西顿济渎庙|北马玉皇庙|三王村三嵕庙|坛岭头岱庙|良户玉虚观|南庄玉皇庙|川底佛堂|董峰万寿宫|建南济渎庙|史村东岳庙|南召文庙|水东崔府君庙|薛庄玉皇庙|石末宣圣庙|陈廷敬故居|仙翁庙|坪上汤帝庙|府城关帝庙

朔州市

佛宫寺释迦塔|崇福寺|广武汉墓群|净土寺|广武城

晋中市

平遥城墙|镇国寺|双林寺|旌介遗址|榆次城隍庙|袄神楼|八路军前方总部旧址|介休后土庙|慈相寺|平遥文庙|资寿寺|乔家大院|洪山窑址|什贴墓群|普光寺|安禅寺|无边寺|张壁古堡|兴梵寺|福祥寺|真圣寺|崇圣寺|懿济圣母庙|清虚观|回銮寺|金庄文庙|晋祠庙|福田寺|介休东岳庙|光化寺|昔阳崇教寺|左

权文庙大成殿 | 利应侯庙 | 灵石后土庙 | 平遥清凉寺 | 王家大院 | 孟家沟龙泉寺 | 曹家大院 | 净信寺 | 渠家大院 | 平遥城隍庙 | 日升昌旧址 | 太和岩牌楼 | 介休五岳庙 | 八路军一二九师司令部旧址[2] | 梁村遗址 | 苇则寿圣寺 | 寺坪普照寺大殿 | 襄垣慈胜寺 | 介休城隍庙 | 新村妙觉寺 | 范村圆智寺 | 干坑南神庙 | 静升文庙 | 云峰寺石佛殿 | 北依涧永福寺过殿 | 梁家滩白云寺 | 平遥惠济桥 | 雷履泰旧居 | 平遥市楼 | 介休源神庙 | 南政隆福寺 | 石马寺石窟 | 山西铭贤学校旧址 | 孔家大院 | 大寨人民公社旧址

忻州市

南禅寺大殿 | 佛光寺 | 白求恩模范病室旧址 | 岩山寺 | 显通寺（五台山古建筑群）| 广济寺大雄宝殿 | 阿育王塔 | 边靖楼 | 洪福寺 | 金洞寺 | 定襄关王庙 | 延庆寺 | 三圣寺 | 代县文庙 | 公主寺 | 秘密寺 | 徐向前故居 | 西河头地道战遗址 | 繁峙正觉寺大雄宝殿 | 原平惠济寺 | 罗睺寺 | 阎家大院 | 南茹八路军总部旧址

吕梁市

则天庙 | 晋绥边区政府及军区司令部旧址 | 马茂庄墓群 | 兴东垣东岳庙 | 太符观 | 香严寺 | 安国寺 | 南村城址 | 卦山天宁寺 | 义居寺 | 汾阳五岳庙 | 善庆寺 | 碛口古建筑群 | 汾阳文峰塔 | 天贞观 | 杏花村汾酒作坊 | 中阳楼 | 东龙观墓群 | 上贤梵安寺塔 | 柏草坡龙天土地庙 | 孝义三皇庙 | 孝义天齐庙 | 交城玄中寺 | 后土圣母庙 | 孝义慈胜寺 | 玉虚宫下院

临汾市

广胜寺 | 丁村遗址 | 侯马晋国遗址 | 丁村民宅 | 陶寺遗址 | 曲村—天马遗址 | 牛王庙戏台 | 霍州州署大堂 | 千佛庵 | 柿子滩遗址 | 大悲院 | 洪洞玉皇庙 | 柏山东岳庙 | 霍州窑址 | 老君洞 | 乡宁寿圣寺 | 汾城古建筑群 | 东羊后土庙 | 霍州观音庙 | 四圣宫 | 普净寺 | 王曲东岳庙 | 南捍东岳庙 | 乔泽庙戏台 | 尧陵 | 铁佛寺 | 师家沟古建筑群 | 娲皇庙 | 羊舌墓地 | 郎寨砖塔 | 麻衣寺砖塔 | 灵光寺琉璃塔 | 东许三清庙献殿 | 襄陵文庙大成殿 | 南林交龙泉寺 | 洪洞关帝庙 | 永和文庙大成殿 | 隰县鼓楼 | 洪洞商山庙 | 石四牌坊和木四牌坊 | 樊店关帝庙 | 净石宫 | 七里脚千佛洞石窟

运城市

永乐宫 | 万荣东岳庙 | 解州关帝庙 | 西侯度遗址 | 禹王城遗址 | 司马光墓 | 西阴村遗址 | 绛州大堂及三楼 | 万荣后土庙 | 东下冯遗址 | 蒲津渡与蒲州故城遗址 | 马村砖雕墓 | 万荣稷王庙 | 清凉寺 | 广仁王庙 | 芮城城隍庙 | 泛舟禅师塔 | 临晋县衙 | 太阴寺 | 福胜

寺|稷益庙|青龙寺|上郭城址和邱家庄墓群|黄河栈道遗址|崔家河墓群|妙道寺双塔|白台寺|舜帝陵庙|乔沟头玉皇庙|后稷庙|龙香关帝庙|新绛龙兴寺|稷山稷王庙|景云宫玉皇殿|大洋泰山庙|二郎庙北殿|埝堆玉皇庙|寨里关帝庙献殿|郭村泰山庙大殿|三官庙|古垛后土庙|万泉文庙|董封戏台|常平关帝庙|匼河遗址|坡头遗址|金胜庄遗址|东庄遗址|西王村遗址|周家庄遗址|古魏城遗址|下阳城遗址|虞国古城遗址|虞坂古盐道|程村遗址|猗氏故城|玉壁城遗址|冯古庄墓地|山王墓地|横北倗国墓地|薛嵩墓|北阳城砖塔|巷口寿圣寺砖塔|间原头永兴寺塔|张村圣庵寺塔|万荣稷王山塔|中里庄八龙寺塔|万荣旱泉塔|南阳村寿圣寺塔|运城太平兴国寺塔|宋村永兴寺|长春观|河津台头庙|南柳泰山庙|上冯圣母庙|南阳法王庙|夏县文庙大成殿|泉掌关帝庙|绛县文庙|薛瑄家庙及墓地|运城关王庙|池神庙及盐池禁墙|绛州文庙|北池稷王庙|玄帝庙|南樊石牌坊及碑亭|乔寺碑楼|郭家庄仇氏石牌坊及碑亭|闫景李家大院|稷山大佛

[1]许家窑—侯家窑遗址为山西省和河北省共有。

[2]左权县八路军一二九师司令部旧址，归入第四批全国重点文物保护单位八路军一二九师司令部旧址。

内蒙古自治区（139处）

呼和浩特市

万部华严经塔|金刚座舍利宝塔|大窑遗址|和林格尔土城子遗址|和硕恪靖公主府|王昭君墓|大召|绥远城墙和将军衙署|乌兰夫故居|云中郡故城|和林格尔东汉壁画墓|乌素图召|席力图召及家庙|呼和浩特清真大寺|广化寺造像|呼和浩特天主教堂

包头市

固阳秦长城遗址|敖伦苏木城遗址|美岱召|五当召|阿善遗址|麻池城址和召湾墓群|白灵淖尔城址|安答堡子城址|百灵庙起义旧址|燕家梁遗址

赤峰市

辽上京遗址|辽中京遗址|辽陵及奉陵邑|兴隆洼遗址|大甸子遗址|缸瓦窑遗址|架子山遗址群|大井古铜矿遗址|城子山遗址|应昌路故城遗址|宝山、罕苏木墓群|福会寺|喀喇沁亲王府及家庙|赵宝沟遗址|红山遗址群|夏家店遗址群|黑城城址|查干浩特城址|韩匡嗣家族墓地|张

应瑞家族墓地|锦山龙泉寺|灵悦寺|宝善寺|真寂之寺石窟|白音长汗遗址|兴隆沟遗址|魏家窝铺遗址|富河沟门遗址|草帽山遗址|马架子遗址|三座店石城遗址|二道井子遗址|太平庄遗址群|尹家店山城遗址|南山根遗址|饶州故城址|武安州遗址|宁昌路遗址|小黑石沟墓群|耶律祺家族墓|耶律琮墓|沙日宝特墓群|和硕端静公主墓|梵宗寺|荟福寺|法轮寺|赤峰清真北大寺|克什克腾岩画群

通辽市

开鲁县佛塔|吐尔基山墓|萧氏家族墓|库伦三大寺|僧格林沁王府|奈曼土城子城址|灵安州遗址|豫州城遗址及墓地|韩州城遗址|南宝力皋吐古墓地|奈林稿辽墓群|奈曼蒙古王府|寿因寺大殿

乌海市

桌子山岩画群[4]

鄂尔多斯市

成吉思汗陵|萨拉乌苏遗址|阿尔寨石窟|朱开沟遗址|秦直道遗址[3]|霍洛柴登城址|十二连城城址|城川城址|“独贵龙”运动旧址|寨子圪旦遗址|准格尔召|沙日特莫图庙|桌子山岩画群[4]

呼伦贝尔

嘎仙洞遗址|黑山头城址|巴彦乌拉城址|扎赉诺尔墓群|蘑菇山北遗址|辉河水坝遗址|哈克遗址|浩特陶海城址|团结墓地|谢尔塔拉墓地|巴彦汗日本毒气实验场遗址

巴彦淖尔

朔方郡故城|沃野镇故城|阴山岩画|新忽热古城址

乌兰察布

岱海遗址群|庙子沟遗址|克里孟城址|净州路故城|砂井路总管府故城|四子王旗王府

兴安盟

成吉思汗庙|内蒙古自治政府成立大会会址|吐列毛杜古城遗址|侵华日军阿尔山要塞遗址|中国共产党内蒙古工作委员会办公旧址

锡林郭勒盟

元上都遗址|汇宗寺|贝子庙|诺尔古建筑群|金斯太洞穴遗址|四郎城古城|砧子山古墓群|恩格尔河墓群

阿拉善盟

居延遗址[1]|定远营|巴丹吉林庙|曼德拉山岩画群

跨地市

金界壕遗址（呼伦贝尔市、兴安盟、通辽市、赤峰市、乌兰察布市、包头市）[2]

[1] 居延遗址为内蒙古自治区和甘肃省共有。

[2] 金界壕遗址为内蒙古自治区、

黑龙江省和河北省共有。

[3] 秦直道遗址为内蒙古自治区和陕西省共有。

[4] 桌子山岩画群为乌海市和鄂尔多斯市共有。

辽宁省（126处）

沈阳市

沈阳故宫｜清昭陵｜清福陵｜张学良旧居｜新乐遗址｜叶茂台辽墓｜东北大学旧址｜高台山遗址｜石台子山城｜锡伯族家庙｜无垢净光舍利塔｜沈阳天主堂｜沈阳中山广场建筑群｜辽宁总站旧址｜奉海铁路局旧址｜沈阳二战盟军战俘营旧址

大连市

中苏友谊纪念塔｜旅顺监狱旧址｜大连俄国建筑｜大连中山广场近代建筑群｜万忠墓｜关东厅博物馆旧址｜小珠山遗址｜双砣子遗址｜巍霸山城（含清泉寺）｜大黑山山城｜得利寺山城｜四平山积石墓地｜石棚沟石棚｜岗上楼上墓地｜营城子汉墓群｜南子弹库旧址｜旅顺船坞旧址｜老铁山灯塔｜关东州总督府旧址｜旅顺红十字医院旧址｜关东州厅旧址｜侵华日军关东军司令部旧址

鞍山市

海城仙人洞遗址｜析木城石棚｜金塔｜银塔｜千山古建筑群

抚顺市

平顶山惨案遗址｜永陵｜赫图阿拉故城｜抚顺战犯管理所旧址｜永陵南城址｜施家沟墓地｜元帅林｜雷锋墓和雷锋纪念碑

本溪市

五女山山城｜庙后山遗址｜高俭地山城｜下古城子城址｜边牛山城址｜马城子墓地｜望江楼墓地｜雅河流域墓群｜冯家堡子墓地｜本溪湖工业遗产群

丹东市

凤凰山山城｜鸭绿江断桥｜前阳洞穴遗址｜后洼遗址｜东山大石盖墓｜抗美援朝下河口公路断桥遗址

锦州市

奉国寺｜万佛堂石窟｜北镇庙｜崇兴寺双塔｜广济寺古建筑群｜广宁城｜龙岗墓群｜班吉塔｜广胜寺塔

营口市

玄贞观｜金牛山遗址｜石棚山石棚｜西炮台遗址｜高丽城山城｜营口俄国领事馆旧址

阜新市

查海遗址｜阜新万人坑｜关山辽墓｜东塔山塔｜塔营子塔

辽阳市

辽阳壁画墓群｜辽阳白塔｜燕州城山

城|江官屯窑址|东京城城址|辽阳苗圃汉墓群|东京陵

盘锦市

甲午战争田庄台遗址

铁岭市

团山遗址|城子山山城|四面城城址|银冈书院

朝阳市

朝阳北塔|牛河梁遗址|东山嘴遗址|袁台子墓|冯素弗墓|云接寺塔|佑顺寺|五连城城址|八家子城址|喇嘛洞墓地|八棱观塔|东平房塔|黄花滩塔|青峰塔|双塔寺双塔

葫芦岛市

兴城古城|姜女石遗址|万里长城—九门口[1]|圣水寺|中前所城|沙锅屯遗址|邰集屯城址|东大杖子古墓群|白塔峪塔|磨石沟塔|妙峰寺双塔|沙锅屯石塔

[1] 万里长城—九门口含河北抚宁境内的部分。

吉林省（74处）

长春市

五家子遗址|揽头窝堡遗址|农安辽塔|吉长道尹公署旧址|伪满皇宫及日伪军政机构旧址|伪满洲国中央银行旧址|长春电影制片厂早期建筑|长春第一汽车制造厂早期建筑

吉林市

帽儿山墓地|西团山遗址|完颜希尹家族墓地|龙潭山城|苏密城|吉林文庙|阿什哈达摩崖|寿山仙人洞遗址|余富遗址|嘎呀河城址|前进古城址|乌拉街沿江古城址|乌拉部故城|小西山石棺墓群|乌拉街清代建筑群|吉林天主教堂|吉海铁路总站旧址|吉林大学教学楼旧址

四平市

二龙湖古城遗址|偏脸城城址|秦家屯城址|叶赫部城址|后太平遗址群|大青山遗址|五家子城址|友谊村墓群

辽源市

辽源矿工墓

通化市

洞沟古墓群|丸都山城与国内城|万发拨子遗址|罗通山城|自安山城|辉发城址|辉发河上游石棚墓|龙岗遗址群|赤柏松古城址|江沿墓群|庆云摩崖石刻|宝泉涌酒坊|通化葡萄酒厂地下贮酒窖

白山市

灵光塔|宝山—六道沟冶铜遗址|干沟子墓群|四保临江战役指挥部旧址|新屯子西山遗址|鸭绿江上游积石墓群

松原市

大金得胜陀颂碑|塔虎城|春捺钵遗

址群｜石头城子古城址｜清追封和硕忠亲王碑

白城市

汉书遗址｜城四家子城址｜向阳南岗遗址｜双塔遗址

延边州

六顶山古墓群｜龙头山古墓群｜渤海中京城遗址｜八连城遗址｜百草沟遗址｜城山子山城｜磨盘村山城｜石人沟遗址｜萨其城址｜温特赫部城址与裴优城址｜延吉边务督办公署旧址

黑龙江省（48处）

哈尔滨市

金上京会宁府遗址｜亚沟石刻｜哈尔滨颐园街一号欧式建筑｜圣索菲亚教堂｜哈尔滨文庙｜哈尔滨莫斯科商场旧址｜侵华日军第七三一部队旧址｜王脖子山遗址群｜庆华古山寨遗址｜土城子遗址｜阿城清真寺｜马迭尔宾馆｜哈尔滨犹太人活动旧址群｜伪满洲国哈尔滨警察厅旧址｜东北民主联军前线指挥部旧址

齐齐哈尔市

昂昂溪遗址｜蒲与路故城遗址｜金界壕遗址[1]｜塔子城址｜卜奎清真寺｜老龙头遗址｜黑龙江督军署旧址｜黑龙江省图书馆旧址

鸡西市

刀背山墓地

鹤岗市

奥里米城址｜中兴城址

双鸭山市

三江平原汉魏时期遗址[2]｜雁窝岛城址

大庆市

白金宝遗址｜大庆第一口油井｜小拉哈遗址｜铁人一口井井址

佳木斯市

三江平原汉魏时期遗址[2]｜瓦里霍吞城址｜桃温万户府故城｜莽吉塔站故城

牡丹江市

渤海国上京龙泉府遗址｜五排山城址｜小四方山城址｜牡丹江边墙｜中东铁路建筑群｜侵华日军东北要塞｜团结遗址｜宁古塔将军驻地旧城遗址

黑河市

瑷珲新城遗址｜墨尔根至漠河古驿站驿道[3]｜鄂伦春神泉祭坛遗址

绥化市

八里城遗址｜郝家城子古城遗址

大兴安岭地区

墨尔根至漠河古驿站驿道[3]

[1] 金界壕遗址为内蒙古自治区、黑龙江省和河北省共有。

[2] 三江平原汉魏时期遗址为双鸭

山市和佳木斯市共有。

［3］墨尔根至漠河古驿站驿道为黑河市和大兴安岭地区共有。

上海市（29 处）

黄浦区

上海中山故居 | 中国社会主义青年团中央机关旧址 | 中国共产党第一次全国代表大会会址 | 豫园 | 上海外滩建筑群 | 国际饭店

徐汇区

龙华革命烈士纪念地 | 徐光启墓 | 上海宋庆龄故居 | 龙华塔 | 徐家汇天主堂

长宁区

宋庆龄墓

静安区

马勒住宅 | 中国共产党第二次全国代表大会会址

普陀区

真如寺大殿 | 志丹苑元代水闸遗址

虹口区

鲁迅墓 | 上海邮政总局 | 提篮桥监狱早期建筑

杨浦区

杨树浦水厂

闵行区

上海马桥遗址

松江区

松江唐经幢 | 兴圣教寺塔 | 广富林遗址 | 佘山天文台

青浦区

福泉山遗址 | 崧泽遗址

嘉定区

嘉定孔庙

浦东新区

张闻天故居

江苏省（225 处）

南京市

中山陵 | 明孝陵 | 太平天国天王府遗址 | 堂子街太平天国壁画 | 雨花台烈士陵园 | 南京城墙 | 栖霞寺舍利塔 | 南京南朝陵墓石刻 | 南唐二陵 | “国立”紫金山天文台旧址 | 中国共产党代表团办事处旧址 | 浡泥国王墓 | 千佛崖石窟及明征君碑 | 原国民政府旧址 | 南京人化石地点 | 钟山建筑遗址 | 明故宫遗址 | 龙江船厂遗址 | 象山王氏家族墓地 | 瞻园 | 甘熙宅第 | 中央体育场旧址 | 国民大会堂旧址 | 中央大学旧址 | 金陵大学旧址 | 金陵女子大学旧址 | 侵华日军南京大屠杀死难同胞丛葬地 | 薛城遗址 | 固城遗址 | 大报恩寺遗址 | 上坊孙吴墓 | 仙鹤观六朝墓地 | 七桥瓮 | 蒲塘桥 | 朝天宫 | 杨柳村古建筑群 | 阳山碑材 | 金陵刻经处 |

金陵兵工厂遗址 | 浦口火车站旧址 | 孙中山临时大总统府及南京国民政府建筑遗存 | 北极阁气象台旧址 |“中央”陆军军官学校旧址 | 励志社旧址 | 国民政府“中央”广播电台旧址 |“国立中央研究院”旧址 | 拉贝旧居 | 美国驻华使馆旧址 | 英国驻华使馆旧址

苏州市

太平天国忠王府 | 云岩寺塔 | 拙政园 | 留园 | 苏州文庙及石刻 | 保圣寺罗汉塑像 | 玄妙观三清殿 | 网师园 | 环秀山庄 | 瑞光塔 | 罗汉院双塔及正殿遗址 | 綵衣堂 | 退思园（含丽泽女学校旧址）| 宝带桥 | 耦园 | 绰墩遗址 | 沧浪亭 | 崇教兴福寺塔 | 紫金庵罗汉塑像 | 报恩寺塔 | 太仓石拱桥 | 盘门 | 狮子林 | 轩辕宫正殿 | 寂鉴寺石殿 | 赵用贤宅 | 张溥宅第 | 东山民居 | 艺圃 | 全晋会馆 | 师俭堂 | 俞樾旧居 | 春在楼 | 柳亚子旧居 | 草鞋山遗址 | 东山村遗址 | 赵陵山遗址 | 黄泗浦遗址 | 太仓海运仓遗址 | 顾炎武墓及故居 | 甲辰巷砖塔 | 思本桥 | 东庙桥 | 聚沙塔 | 万佛石塔 | 开元寺无梁殿 | 玉燕堂 | 秦峰塔 | 慈云寺塔 | 浏河天妃宫遗迹 | 苏州织造署遗址 | 卫道观前潘宅 | 杨氏宅第 | 燕园 | 敬业堂 | 先蚕祠 | 耕乐堂 | 东吴大学旧址 | 天香小筑

扬州市

何园 | 个园 | 扬州城遗址 | 盂城驿 | 龙虬庄遗址 | 普哈丁墓 | 莲花桥和白塔 | 吴氏宅第 | 扬州大明寺 | 小盘谷 | 高邮当铺 | 朱自清旧居 | 庙山汉墓 | 史可法墓祠 | 汪氏盐商住宅 | 贾氏盐商住宅 | 卢氏盐商住宅 | 逸圃 | 扬州重宁寺 | 汪氏小苑

无锡市

寄畅园 | 徐霞客故居及晴山堂石刻 | 国山碑 | 薛福成故居建筑群 | 骆驼墩遗址 | 宜兴窑址 | 鸿山墓群 | 泰伯庙和墓 | 惠山镇祠堂 | 东林书院 | 昭嗣堂 | 天下第二泉庭院及石刻 | 阿炳故居 | 荣氏梅园 | 西溪遗址 | 佘城遗址 | 阖闾城遗址 | 大窑路窑群遗址 | 蜀山窑群 | 兴国寺塔 | 周王庙及碑刻 | 适园 | 惠山寺经幢 | 黄山炮台旧址 | 小娄巷建筑群 | 刘氏兄弟故居 | 茂新面粉厂旧址 | 国民党江阴要塞司令部旧址 | 无锡县商会旧址 | 秦邦宪旧居

镇江市

丹阳南朝陵墓石刻 | 焦山碑林 | 镇江英国领事馆旧址 | 昭关石塔 | 城上村遗址 | 葛城遗址 | 铁瓮城遗址 | 宋元粮仓遗址 | 春城土墩墓群 | 烟墩山墓地 | 甘露寺铁塔 | 隆昌寺

常州市

淹城遗址 | 瞿秋白故居 | 三星村遗址 | 张太雷旧居 | 中华曙猿化石地点 | 金坛土墩墓群 | 近园 | 新四军江南指挥部旧址

淮安市

周恩来故居|明祖陵|洪泽湖大堤|淮安府衙|苏皖边区政府旧址|泗州城遗址|文通塔|月塔|青莲岗遗址|第一山题刻

徐州市

汉楚王墓群|大墩子遗址|花厅遗址|徐州墓群|户部山古建筑群|刘林遗址|梁王城遗址

连云港市

孔望山摩崖造像|将军崖岩画|大伊山石棺墓|藤花落遗址|海清寺塔|曲阳城遗址|尹湾汉墓|东连岛东海琅琊郡界域刻石|郁林观石刻群

南通市

南通博物苑（含张謇墓）|水绘园|青墩遗址|南通天宁寺|大生纱厂（含南通大生第三纺织公司旧址）|广教禅寺|如皋公立简易师范学堂旧址|韩公馆|通崇海泰总商会大楼

泰州市

天目山遗址|泰州城隍庙|人民海军诞生地|日涉园|学政试院|上池斋药店|黄桥战斗旧址

盐城市

新四军重建军部旧址|海春轩塔

宿迁市

龙王庙行宫|晓店青墩遗址|三庄墓群

浙江省（230处）

杭州市

六和塔|岳飞墓|飞来峰造像（含西湖南山造像）|胡庆余堂（含胡雪岩旧居）|闸口白塔|良渚遗址|临安城遗址|吴越国王陵（含吴汉月墓）|凤凰寺|文澜阁|功臣塔|宝成寺麻曷葛剌造像|梵天寺经幢|西泠印社|跨湖桥遗址|茅湾里窑址|郊坛下和老虎洞窑址|于谦墓|马寅初故居[1]|钱塘江大桥|之江大学旧址|笕桥中央航校旧址|章太炎故居|乌龟洞遗址|小古城遗址|泗洲造纸作坊遗址|天目窑遗址群|灵隐寺石塔和经幢|保俶塔|西山桥|普庆寺石塔|新叶村乡土建筑|龙兴寺经幢|南山造像|仓前粮仓|浙江兴业银行旧址|西湖十景

宁波市

保国寺|天一阁（含秦氏支祠）|河姆渡遗址|它山堰|上林湖越窑遗址|镇海口海防遗址|蒋氏故居|庆安会馆|庙沟后、横省石牌坊|东钱湖石刻|龙山虞氏旧宅建筑群|永丰库遗址|宁波天宁寺|阿育王寺|白云庄和黄宗羲、万斯同、全祖望墓|慈城古建筑群|天童寺|王守仁故居[2]|宁海古戏台|江北天主教堂|钱业会馆|浙东抗日根据地旧址|田螺山遗

址 | 鳉山遗址 | 塔山遗址 | 花岙兵营遗址 | 二灵塔 | 林宅 | 锦堂学校旧址 | 浙东沿海灯塔[4]

金华市

太平天国侍王府 | 东阳卢宅 | 天宁寺大殿 | 延福寺 | 诸葛、长乐村民居 | 铁店窑遗址 | 古月桥 | 黄山八面厅 | 俞源村古建筑群 | 郑义门古建筑群 | 上山遗址 | 东阳土墩墓群 | 玉山古茶场 | 榉溪孔氏家庙 | 法隆寺经幢 | 芝堰村建筑群 | 吕祖谦及家族墓 | 龙德寺塔 | 七家厅 | 西姜祠堂 | 寺平村乡土建筑 | 世德堂 | 上族祠 | 积庆堂 | 余庆堂 | 马上桥花厅

绍兴市

绍兴鲁迅故居 | 秋瑾故居（含秋瑾烈士纪念碑）| 古纤道 | 大禹陵 | 印山越国王陵 | 八字桥（绍兴古桥群）| 吕府 | 斯氏古民居建筑群 | 蔡元培故居 | 富盛窑址 | 小仙坛窑址 | 王守仁墓[2] | 青藤书屋和徐渭墓 | 崇仁村建筑群 | 大通学堂和徐锡麟故居 | 马寅初故居[1] | 小黄山遗址 | 凤凰山窑址群 | 绍兴越国贵族墓群 | 宋六陵 | 东化成寺塔 | 狭猱湖避塘 | 华堂王氏宗祠 | 兰亭 | 舜王庙 | 大佛寺石弥勒像和千佛岩造像 | 柯岩造像及摩崖题刻 | 春晖中学旧址 | 曹娥庙

温州市

蒲壮所城 | 玉海楼 | 浙南石棚墓群 | 刘基庙及墓 | 南阁牌楼群 | 永昌堡 | 四连碓造纸作坊 | 高氏家族墓地 | 赤溪五洞桥 | 芙蓉村古建筑群 | 圣井山石殿 | 泰顺廊桥 | 仕水矴步 | 顺溪古建筑群 | 利济医学堂旧址 | 曹湾山遗址 | 国安寺塔 | 观音寺石塔 | 护法寺桥和塔 | 乐清东塔 | 八卦桥和河西桥 | 栖真寺五佛塔 | 真如寺石塔 | 金昭牌坊和宪台牌坊 | 楠溪江宗祠建筑群 | 玉岩包氏宗祠 | 雪溪胡氏大院 | 泰顺土楼 | 红十三军军部旧址

湖州市

飞英塔 | 下菰城遗址 | 嘉业堂藏书楼及小莲庄 | 南浔张氏旧宅建筑群 | 新四军苏浙军区旧址 | 钱山漾遗址 | 递铺城址 | 独松关和古驿道 | 寿昌桥（德清古桥群）| 安城城墙 | 顾渚贡茶院遗址及摩崖 | 莫干山别墅群 | 陈英士墓 | 上马坎遗址 | 七里亭遗址 | 毗山遗址 | 德清原始瓷窑址 | 城山古城遗址 | 赵孟頫墓 | 潘公桥及潘孝墓 | 双林三桥 | 尊德堂

嘉兴市

茅盾故居 | 罗家角遗址 | 马家浜遗址 | 盐官海塘及海神庙 | 绮园 | 中国共产党第一次全国代表大会会址[3] | 谭家湾遗址 | 南河浜遗址 | 莫氏庄园 | 安国寺经幢 | 王国维故居 | 庄桥坟遗址 | 新地里遗址 | 长安画像石墓 | 吴镇墓 | 陈阁老宅 | 惠力寺经幢 | 乍浦炮台 |

嘉兴文生修道院与天主堂

丽水市

大窑龙泉窑遗址 | 如龙桥（处州廊桥）| 通济堰 | 时思寺 | 仙都摩崖题记 | 松阳延庆寺塔 | 好川遗址 | 云和银矿遗址 | 河阳村乡土建筑 | 西洋殿 | 南明山摩崖题刻 | 石门洞摩崖题刻 | 浙江大学龙泉分校旧址

衢州市

孔氏南宗家庙 | 湖镇舍利塔 | 衢州城墙 | 三卿口制瓷作坊 | 小南海石室 | 关西世家 | 绍衣堂和横山塔 | 鸡鸣山民居苑 | 南坞杨氏宗祠 | 吴氏宗祠 | 三槐堂 | 周宣灵王庙 | 北二蓝氏宗祠 | 三门源叶氏民居

台州市

国清寺 | 台州府城墙 | 桃渚城 | 新河闸桥群 | 大溪东瓯古城遗址 | 瑞隆感应塔 | 南峰塔和福印山塔 | 千佛塔 | 仙居古越族岩画群 | 坎门验潮所

舟山市

花鸟灯塔（浙东沿海灯塔）[4] | 普陀山多宝塔 | 法雨寺 | 普陀山普济寺

[1] 杭州马寅初故居与嵊州马寅初故居在全国重点文物保护单位名录中同属于马寅初故居。

[2] 王守仁故居与王守仁墓在全国重点文物保护单位名录中同属于王守仁故居和墓。

[3] 嘉兴南湖中共一大会址归入第一批全国重点文物保护单位中国共产党第一次全国代表大会会址。

[4] 浙东沿海灯塔归入第三批全国重点文物保护单位花鸟灯塔，为舟山市和宁波市共有。

安徽省（129处）

合肥市

渡江战役总前委旧址 | 刘铭传旧居 | 冯玉祥旧居 | 银山智人遗址 | 李氏家族旧宅 | 安徽省博物馆陈列展览大楼

芜湖市

大工山—凤凰山铜矿遗址[1] | 繁昌窑遗址 | 皖南土墩墓群 | 人字洞遗址 | 牯牛山城址 | 黄金塔 | 芜湖天主堂 | 英驻芜领事署旧址 | 圣雅各中学旧址

淮南市

安丰塘 | 寿春城遗址 | 寿州窑遗址 | 寿县古城墙 | 淮南王刘安家族墓地 | 寿县孔庙 | 寿县清真寺 | 侵华日军淮南罪证遗址

马鞍山市

和县猿人遗址 | 凌家滩遗址 | 朱然家族墓地 | 李白墓 | 太白楼

淮北市

柳孜运河码头遗址 | 临涣城址 | 淮海

战役总前委和华东野战军指挥部旧址|石山孜遗址|古城汉墓

铜陵市

大工山—凤凰山铜矿遗址[1]

安庆市

薛家岗遗址|白崖寨|天柱山山谷流泉摩崖石刻|振风塔|世太史第|孙家城遗址|张四墩遗址|张廷玉墓|太平塔|法云寺塔|桐城文庙|安庆南关清真寺|浮山摩崖石刻|安徽大学红楼及敬敷书院旧址|安庆天主堂|陈独秀墓

黄山市

潜口民宅|许国石坊|棠樾石牌坊群|老屋阁及绿绕亭|罗东舒祠|程氏三宅|呈坎村古建筑群|渔梁坝|宏村古建筑群|西递村古建筑群|许村古建筑群|祁门古戏台|南屏村古建筑群|溪头三槐堂|郑氏宗祠|竹山书院|齐云山石刻|黄山登山古道及古建筑|长庆寺塔|程大位故居|黄村进士第|洪氏宗祠|棠樾古民居|北岸吴氏宗祠|员公支祠|昌溪周氏宗祠|北岸廊桥|兴村程氏宗祠|黄山摩崖石刻群|洪家大屋|岩寺新四军军部旧址

滁州市

明中都皇故城及皇陵石刻|半塔保卫战旧址|琅琊山摩崖石刻及碑刻

六安市

李氏庄园|独山和金寨革命旧址群[2]|六安汉代王陵墓地|程端忠墓

亳州市

花戏楼|尉迟寺遗址|曹氏家族墓群|亳州古地道|蒙城万佛塔|古井贡酒酿造遗址|南京巷钱庄

宣城市

新四军军部旧址|龙川胡氏宗祠|广教寺双塔|陈山遗址|水西双塔|查济古建筑群|江村古建筑群|黄田村古建筑群|毛竹山、官山遗址|徽杭古道绩溪段和古徽道东线郎溪段|建平镇土墩墓群|天寿寺塔|仙人塔|奕世尚书坊和胡炳衡宅|上庄古建筑群|旌德文庙|王稼祥故居

蚌埠市

双墩遗址|禹会村遗址|垓下遗址|双墩春秋墓|化明塘严氏墓|汤和墓|怀远教会建筑旧址

宿州市

小山口遗址|古台寺遗址

池州市

榉根关古徽道|太平山房|九华山祇园寺|九华山化城寺|九华山月身殿|济阳曹氏宗祠|上章李氏宗祠|九华山百岁宫|齐山摩崖石刻

[1] 大工山—凤凰山铜矿遗址为芜湖市和铜陵市共有。

[2] 独山和金寨革命旧址群归入第三批全国重点文物保护单位鄂豫皖革命根据地旧址。

福建省（137处）

福州市

华林寺大殿|林则徐墓|瑞岩弥勒造像|马江海战炮台、烈士墓及昭忠祠|昙石山遗址|陈太尉宫|崇妙保圣坚牢塔|鼓山摩崖石刻|福建船政建筑|名山室|圣寿宝塔|三坊七巷和朱紫坊建筑群|福州文庙|栖云洞造像|显应宫泥塑|灵济宫碑|严复故居和墓|海坛海峡水下遗址|龙江桥|罗星塔|九头马民居|乌石山、于山摩崖石刻及造像|亭江炮台|林则徐宅与祠|福建戍守台湾将士墓群[3]

厦门市

陈嘉庚墓|青、白礁慈济宫|胡里山炮台|陈化成墓|鼓浪屿近代建筑群|集美学村和厦门大学早期建筑|厦门破狱斗争旧址

泉州市

安平桥|清净寺|开元寺|郑成功墓|崇武城墙|洛阳桥|泉州天后宫|老君岩造像|九日山摩崖石刻|屈斗宫德化窑遗址|伊斯兰教圣墓|草庵石刻|蔡氏古民居建筑群|泉州府文庙|磁灶窑址|德济门遗址|泉州港古建筑|陈埭丁氏宗祠|安溪文庙|施琅宅、祠和墓|庵山沙丘遗址|五塔岩石塔|惠安青山宫|安海龙山寺|清水岩寺|亭店杨氏民居|南安林氏民居|南安中宪第|李光地宅和祠|西资寺石佛造像|南天寺石佛造像和摩崖石刻

漳州市

东山关帝庙|漳州石牌坊|二宜楼（福建土楼）[1]|漳州府文庙大成殿|江东桥|赵家堡—诒安堡|南胜窑址|南山宫|漳州林氏宗祠|漳浦文庙大成殿|德远堂|林氏义庄|天一总局旧址|中国工农红军东路军领导机关旧址|莲花池山遗址|陈政墓和陈元光墓|镇海卫城址|平和城隍庙|蓝廷珍府第|仙字潭摩崖石刻|福建戍守台湾将士墓群[3]|五更寮土高炉群

南平市

城村汉城遗址|建窑遗址|宝山寺大殿|北苑御焙遗址|武夷山崖墓群|朱熹墓|宝严寺大殿|闽东北廊桥[2]|建瓯东岳庙|池湖遗址|猫耳山遗址|浦城土墩墓群|云峰寺大殿|建瓯文庙

三明市

泰宁尚书第建筑群|万寿岩遗址|安贞堡|正顺庙|建宁红一方面军领导机关旧址|南山遗址|中村窑遗址|大田土堡群|玉井坊郑氏大厝|永安抗战旧址群

龙岩市

古田会议会址|长汀革命旧址|四堡书坊建筑|福建土楼[1]|培田村古建筑群|西陂天后宫|奇和洞遗址|汀

州城墙 | 官田李氏大宗祠 | 临江楼 | 闽西工农银行旧址 | 毛泽东才溪乡调查旧址群 | 红九军长征出发地

莆田市

木兰陂 | 释迦文佛塔 | 元妙观三清殿 | 天中万寿塔 | 镇海堤 | 无尘塔 | 妈祖庙 | 平海天后宫 | 宁海桥 | 龙华双塔 | 仙游文庙

宁德市

闽东北廊桥[2] | 狮峰寺 | 观音亭寨 | 林公忠平王祖殿 | 古田临水宫 | 漈下建筑群 | 凤岐吴氏大宅 | 福建戍守台湾将士墓群[3]

[1] 福建土楼归入第四批全国重点文物保护单位二宜楼，为漳州市和龙岩市共有。

[2] 闽东北廊桥为宁德市和南平市共有。

[3] 福建戍守台湾将士墓群为宁德市、福州市和漳州市共有。

江西省（128 处）

南昌市

"八一"起义指挥部旧址 | 李渡烧酒作坊遗址 | 陈氏牌坊 | 青云谱 | 南昌新四军军部旧址 | 紫金城城址与铁河古墓群 | 朱权墓与乐安王墓 | 羽琌山馆和云亭别墅 | 邓小平旧居与劳动车间

景德镇市

湖田古瓷窑址（含高岭瓷土矿遗址）| 祥集弄民宅 | 御窑厂窑址 | 丽阳窑址 | 明园 | 浒崦名分堂戏台 | 镇窑 | 瑶里改编旧址

萍乡市

安源路矿工人俱乐部旧址 | 乘广禅师塔和甄叔禅师塔 | 盛公祠 | 总平巷矿井口

九江市

观音桥 | 白鹿书院 | 庐山会议旧址及庐山别墅建筑群 | 铜岭山铜矿遗址 | 真如寺塔林 | 秀峰摩崖 | 美孚洋行旧址 | 工农红军革命军第一军第一师师部旧址[1] | 枭阳城遗址 | 石钟山古建筑及石刻 | 大胜塔 | 紫阳堤 | 锁江楼塔 | 庐山赐经亭 | 庐山御碑亭 | 同文书院 | 陈宝箴、陈三立故居

新余市

罗坊会议和兴国调查会旧址 | 拾年山遗址 | 凤凰山铁矿遗址

鹰潭市

仙水岩崖墓群 | 角山板栗山遗址 | 龙虎山古建筑群

赣州市

瑞金革命遗址 | 宁都起义指挥部旧址 | 通天岩石窟 | 赣州城墙 | 关西新围、燕翼围 | 大宝光塔 | 赣州佛塔 | 梅关和古驿道 | 兴国革命旧址 | 中央红军长征出发地旧址 | 七里镇窑址 | 羊角

水堡 | 太平桥 | 永镇桥 | 玉带桥 | 赣州文庙 | 东生围 | 罗田岩石刻 | 寻乌调查旧址 | 中共苏区中央局旧址 | 中华苏维埃共和国中央革命军事委员会旧址 | 瑞金中央工农红军学校旧址

吉安市

井冈山革命遗址 | 湘赣省委机关旧址 | 吉州窑遗址 | 牛头城址 | 白口城址 | 泷冈阡表碑 | 大智彭氏家族石刻 | 界埠粮仓遗址 | 吉水东吴墓 | 文天祥墓 | 槎滩陂 | 万安城墙 | 白鹭洲书院 | 安福孔庙 | 东固平民银行旧址 | 君埠红一方面军总司令部旧址 | 富田村诚敬堂 | 渼陂红四军总部旧址 | “二七”陂头会议旧址

宜春市

吴城遗址 | 洪州窑遗址 | 筑卫城遗址 | 樊城堆遗址 | 朱轼墓 | 鸣水桥 | 袁州谯楼 | 湘鄂赣革命根据地旧址 | 蒙山银矿遗址 | 华林造纸作坊遗址 | 李洲坳东周墓葬 | 吴平墓群 | 逢渠桥 | 马祖塔亭 | 景贤贾氏宗祠 | 湘赣边界秋收起义前敌委员会旧址 | 上高会战遗址

抚州市

流坑村古建筑群 | 宝山金银矿冶遗址 | 白舍窑遗址 | 谭纶墓 | 明益藩王墓地 | 龙图学士和刺史传芳牌楼门 | 万年桥和聚星塔 | 抚州玉隆万寿宫 | 驿前石屋里民宅

上饶市

上饶集中营旧址 | 闽浙赣省委机关旧址 | 仙人洞、吊桶环遗址 | 清华彩虹桥 | 鹅湖书院 | 婺源宗祠 | 理坑村民居 | 社山头遗址 | 银山银矿遗址 | 包家金矿遗址 | 永福寺塔 | 三清山古建筑群 | 龙溪祝氏宗祠 | 龚氏宗祠两牌楼及浣纱记石雕 | 凤山查氏宗祠 | 新源俞氏宗祠 | 南岩石窟

[1] 工农红军革命军第一军第一师师部旧址，归入第一批全国重点文物保护单位秋收起义文家市会师旧址。

山东省（191处）

济南市

孝堂山郭氏墓石祠 | 四门塔 | 城子崖遗址 | 灵岩寺 | 千佛崖造像 | 西河遗址 | 汉济北王墓 | 小荆山遗址 | 东平陵故城 | 洪家楼天主教堂 | 万字会旧址[1] | 大辛庄遗址 | 明德王墓地 | 平阴永济桥 | 翠屏山多佛塔 | 长清莲花洞石窟造像 | 济南纬二路近现代建筑群 | 原胶济铁路济南站近现代建筑群 | 原齐鲁大学近现代建筑群 | 济南泺口黄河铁路大桥

青岛市

青岛德国建筑 | 即墨故城遗址 | 青岛八大关近代建筑 | 东岳石遗址 | 三里

河遗址｜青岛啤酒厂早期建筑｜万字会旧址[1]｜西皇姑庵遗址｜赵家庄遗址｜西沙埠遗址｜琅琊台遗址｜祓国都城遗址｜板桥镇遗址｜崂山道教建筑群｜大泽山石刻及智藏寺墓塔林

淄博市

临淄齐国故城｜田齐王陵｜桐林遗址｜沂源猿人遗址｜后李遗址｜寨里窑址｜颜文姜祠｜蒲松龄故宅｜西天寺造像｜史家遗址｜北沈遗址｜陈庄－唐口遗址｜磁村瓷窑址｜临淄墓群｜四世宫保坊｜青城文昌阁｜淄博矿业集团德日建筑群

枣庄市

薛城遗址｜北辛遗址｜逼阳故城｜中陈郝窑址｜台儿庄大战旧址｜建新遗址｜前掌大遗址｜龙泉塔

东营市

广饶关帝庙大殿｜傅家遗址｜五村遗址｜南河崖盐业遗址群

烟台市

蓬莱水城及蓬莱阁｜牟氏庄园｜云峰山、天柱山摩崖石刻｜北庄遗址｜丁氏故宅｜烟台福建会馆｜白石村遗址｜归城城址｜嘴子前墓群｜烟台山近代建筑群｜南王绪遗址｜照格庄遗址｜村里集城址及墓群｜戚继光祠堂及戚继光墓｜烟台西炮台｜猴矶岛灯塔｜张裕公司酒窖

潍坊市

驼山石窟｜十笏园｜贾柏遗址｜崔芬墓｜王尽美故居｜西朱封遗址｜双王城盐业遗址群｜魏家庄遗址｜丰台盐业遗址群｜杞国故城遗址｜青州龙兴寺遗址｜程家沟古墓｜安丘董家庄汉画像石墓｜衡王府石坊｜青州真教寺｜坊子德日建筑群

济宁市

嘉祥武氏墓群石刻｜曲阜孔庙及孔府｜曲阜鲁国故城｜孔林｜孟庙、孟府和孟林｜崇觉寺铁塔｜铁山、岗山摩崖石刻｜汉鲁王墓｜颜庙｜王因遗址｜贾柏遗址｜郕国故城｜萧王庄墓群｜明鲁王墓｜卞桥｜曾庙｜尼山孔庙和书院｜济宁东大寺｜野店遗址｜青堌堆遗址｜西夏侯遗址｜西吴寺遗址｜防山墓群｜孟母林墓群｜金口坝｜重兴塔｜太子灵踪塔｜兴隆塔｜伏羲庙｜光善寺塔｜周公庙｜慈孝兼完坊｜青山寺｜景灵宫碑｜兖州天主教堂

泰安市

大汶口遗址｜冯玉祥墓｜岱庙｜泰山石刻｜白佛山石窟造像｜泰山古建筑群｜洪顶山摩崖｜宁阳颜子庙和颜林｜大汶口古石桥｜棘梁山石刻｜萧大亨墓地石刻｜徂徕山抗日武装起义旧址

威海市

刘公岛甲午战争纪念地｜圣经山摩崖｜留村石墓群｜威海英式建筑

日照市

丹土遗址 | 两城镇遗址 | 尧王城遗址 | 东海峪遗址 | 大朱家村遗址 | 杭头遗址

临沂市

八路军一一五师司令部旧址 | 北寨墓群 | 郯国故城 | 洗砚池墓群 | 北沟头遗址 | 小谷城故城遗址 | 鄫国故城遗址 | 南武城故城遗址 | 费县故城遗址 | 皇圣卿阙、功曹阙 | 新四军军部暨华东军区、华东野战军诞生地旧址

德州市

苏禄王墓

聊城市

光岳楼 | 聊城山陕会馆 | 曹植墓 | 景阳岗遗址 | 临清运河钞关 | 教场铺遗址 | 韩氏家族墓地 | 隆兴寺铁塔 | 尚庄遗址 | 萧城遗址 | 土桥闸遗址 | 兴国寺塔

滨州市

魏氏庄园 | 丁公遗址 | 龙华寺遗址 | 杨家盐业遗址群 | 丈八佛

菏泽市

安邱堌堆遗址 | 昌邑故城址 | 定陶王墓地（王陵）| 永丰塔 | 巨野文庙大成殿 | 百寿坊及百狮坊

莱芜市

嬴城遗址 | 牟国故城遗址 | 莱芜战役指挥所旧址

[1] 济南万字会旧址与青岛万字会旧址在全国重点文物保护单位名录中同属于万字会旧址。

河南省（357处）

郑州市

太室阙 | 少室阙 | 启母阙 | 嵩岳寺塔 | 观星台 | 郑州商代遗址 | 郑韩故城 | 巩县石窟 | 宋陵 | 净藏禅师塔 | 打虎亭汉墓 | 西山遗址 | 王城岗及阳城遗址 | 初祖庵及少林寺塔林 | 裴李岗遗址 | 大河村遗址 | 古城寨城址 | 荥阳故城 | 巩义窑址 | 后周皇陵 | 康百万庄园 | 会善寺 | 永泰寺塔 | 法王寺塔 | 中岳庙 | 大唐嵩阳观纪圣德感应之颂碑 | 织机洞遗址 | 新砦遗址 | 唐户遗址 | 大师姑城址 | 小双桥遗址 | 大周封祀坛遗址 | 欧阳修墓 | 李诫墓 | 新郑轩辕庙 | 崇唐观造像 | 刘碑寺碑 | 郑州二七罢工纪念塔和纪念堂 | 李家沟遗址 | 尚岗杨遗址 | 后庄王遗址 | 青台遗址 | 秦王寨遗址 | 人和寨遗址 | 花地嘴遗址 | 曲梁遗址 | 娘娘寨遗址 | 稍柴遗址 | 南洼遗址 | 望京楼遗址 | 祭伯城遗址 | 华阳故城 | 京城古城址 | 苑陵故城 | 汉霸二王城 | 铁生沟冶铁遗址 | 密县瓷窑遗址 | 苌村汉墓 | 后士郭壁画墓 | 少林寺 | 千尺塔 | 寿圣寺双塔 | 凤台寺塔 | 清凉寺 | 南岳庙 |

郑州城隍庙（含文庙大成殿）| 登封城隍庙 | 郑州清真寺 | 密县县衙 | 慈云寺石刻 | 张祜庄园 | 刘镇华庄园

开封市

祐国寺塔 | 北宋东京城遗址（含繁塔、延庆观）| 开封城墙 | 山陕甘会馆 | 焦裕禄烈士墓 | 鹿台岗遗址 | 尉氏兴国寺塔 | 朱仙镇清真寺 | 开封东大寺 | 刘青霞故居 | 河南留学欧美预备学校旧址 | 段岗遗址 | 启封故城 | 朱仙镇岳飞庙（含关帝庙）| 相国寺 | 天主教河南总修院旧址 | 国共黄河归故谈判旧址

洛阳市

龙门石窟 | 白马寺 | 汉魏洛阳故城 | 二里头遗址 | 尸乡沟商城遗址 | 隋唐洛阳城遗址 | 千唐志斋石刻 | 邙山陵墓群 | 恭陵 | 潞泽会馆 | 王湾遗址 | 滑国故城 | 范仲淹墓 | 两程故里 | 洛阳周公庙 | 关林 | 河南府文庙 | 祖师庙 | 洛阳山陕会馆 | 升仙太子碑 | 八路军洛阳办事处旧址 | 七里坪遗址 | 北窑遗址 | 土门遗址 | 桥北村遗址 | 西王村遗址 | 洛阳东周王城 | 刘国故城 | 宜阳韩都故城 | 新安函谷关 | 宋陵采石场 | 洛南东汉帝陵 | 魏明帝高平陵 | 后晋显陵 | 程颐、程颢墓 | 五花寺塔 | 灵山寺 | 水泉石窟 | 万佛山石窟 | 大宋新修会圣宫铭碑 | 洛阳西工兵营 | 洛阳涧西苏式建筑群

平顶山市

风穴寺及塔林 | 清凉寺汝官窑遗址 | 蒲城店遗址 | 叶邑故城 | 望城岗冶铁遗址 | 段店窑址 | 张公巷窑址 | 应国墓地 | 法行寺塔 | 三苏祠和墓 | 郏县文庙 | 叶县县衙 | 汝州文庙 | 元次山碑 | 李楼遗址 | 煤山遗址 | 小李庄遗址 | 文集遗址 | 父城遗址 | 舞钢冶铁遗址群 | 严和店窑址 | 香山寺大悲观音大士塔及碑刻 | 临沣寨 | 郏县山陕会馆 | 豫陕鄂前后方工作委员会旧址

安阳市

殷墟 | 修定寺塔 | 羑里城遗址 | 灵泉寺石窟 | 汤阴岳飞庙 | 安阳天宁寺塔 | 明福寺塔 | 小南海石窟 | 三杨庄遗址 | 红旗渠 | 白营遗址 | 固岸墓地 | 安阳高陵 | 阳台寺双石塔 | 大兴寺塔 | 兴阳禅寺塔 | 韩王庙与昼锦堂 | 高阁寺 | 彰德府城隍庙 | 林州惠明寺 | 西蒋村马氏庄园 | 洪谷寺塔与千佛洞石窟 | 袁林

鹤壁市

大丕山摩崖大佛及石刻 | 卫国故城 | 云梦山摩崖 | 大赉店遗址 | 宋庄东周贵族墓地 | 玄天洞石塔 | 浚县古城墙及文治阁 | 碧霞宫 | 田迈造像

新乡市

潞简王墓 | 比干庙 | 孟庄遗址 | 百泉 | 共城城址 | 白云寺 | 望京楼 | 西明寺造像碑 | 琉璃阁遗址 | 沙门城址 | 玲

珑塔｜广唐寺塔｜天王寺善济塔｜香泉寺石窟｜尊胜陀罗尼经幢｜陀罗尼经幢｜新乡文庙大观圣作之碑｜河朔图书馆旧址

焦作市

府城遗址｜朱载堉墓｜天宁寺三圣塔｜妙乐寺塔｜嘉应观｜慈胜寺｜山阳故城｜当阳峪窑址｜韩愈墓｜胜果寺塔｜百家岩寺塔｜沁阳北大寺｜千佛阁｜青天河摩崖｜徐堡古城址｜西金城遗址｜商村遗址｜于国故城｜汉献帝禅陵｜许衡墓｜药王庙大殿｜显圣王庙｜寨卜昌村古建筑群｜青龙宫｜西关清真寺｜窄涧谷太平寺石窟｜水南关清真寺阿文碑

濮阳市

戚城遗址｜唐兀公碑｜冀鲁豫边区革命根据地旧址｜西水坡遗址｜濮阳卫国故城

许昌市

钧台钧窑遗址｜瓦店遗址｜石固遗址｜扒村窑址｜乾明寺塔｜许昌文峰塔｜灵井“许昌人”遗址｜许由寨遗址｜刘庄遗址｜鄢国故城｜十二连城｜汉魏许都故城｜后汉皇陵｜明周王墓｜兴国寺塔｜坡街关王庙大殿｜襄城文庙｜襄城城墙｜襄城乾明寺｜天宝宫｜许昌关帝庙｜禅静寺造像碑

漯河市

贾湖遗址｜小商桥｜受禅碑与受禅台｜郝家台遗址｜许慎墓｜彼岸寺碑｜阿岗寺遗址

三门峡市

仰韶村遗址｜虢国墓地｜北阳平遗址｜庙底沟遗址｜宝轮寺塔｜鸿庆寺石窟｜不召寨遗址｜卢氏城隍庙｜陕县安国寺｜庙上村地坑窑院

南阳市

社旗山陕会馆｜张衡墓｜张仲景墓及祠｜南阳武侯祠｜内乡县衙｜八里岗遗址｜南阳知府衙门｜荆紫关古建筑群｜瓦房庄冶铁遗址｜泗洲寺塔｜鄂城寺｜仓房香严寺｜福胜寺塔｜杏花山与小空山遗址｜黄山遗址｜太子岗遗址｜八里桥遗址｜邓窑遗址｜镇平菩提寺｜佛沟摩崖造像

商丘市

汉梁王墓群｜归德府城墙｜王油坊遗址｜李庄遗址｜宋国故城｜阎庄圣寿寺塔｜崇法寺塔｜造律台遗址｜柘城孟庄遗址｜芒砀山汉代礼制建筑基址｜柘城故城｜大运河商丘南关码头遗址｜徐堌堆墓群｜商丘淮海战役总前委旧址

信阳市

鄂豫皖革命根据地旧址｜红二十五军长征出发地｜番国故城遗址｜城阳城址｜黄国故城｜陈元光祖祠｜邓颖超祖居｜中国工农红军第二十五军司令部旧址｜蒋国故城｜永济桥｜鸡公山

近代建筑群

周口市

平粮台古城遗址|太昊陵庙|周口关帝庙|鹿邑太清宫遗址|商水寿圣寺塔|太康文庙|吕潭学校旧址|段寨遗址|南顿故城|刘崇墓|高贤寿圣寺塔|邓城叶氏庄园|袁寨古民居

驻马店市

中共中央中原局旧址|蔡国故城|酒店冶铁遗址|杨台寺遗址|下河湾冶铁遗址|宝严寺塔|悟颖塔|嵖岈山卫星人民公社旧址|董桥遗址|台子寺遗址|天堂寺遗址|葛陵故城|沈国故城|正阳石阙|秀公戒师和尚塔

济源市

济渎庙|大明寺|奉仙观|轵国故城|柴庄延庆寺塔|阳台宫|五龙口古代水利设施

湖北省（148处）

武汉市

武昌起义军政府旧址|八七会议会址|盘龙城遗址|武汉国民政府旧址|湖泗瓷窑址群|明楚王墓|武汉农民运动讲习所旧址|大智门火车站|江汉关大楼|武汉大学早期建筑|詹天佑故居|汉口近代建筑群|汉口中华全国总工会旧址|无影塔|胜像宝塔|槐山矶驳岸|禹稷行宫|古德寺|起义门|京汉铁路总工会旧址|汉口中共中央宣传部旧址|中共中央领导人汉口住地旧址|中国共产党第五次全国代表大会旧址|武汉中央军事政治学校旧址|武汉中共中央机关旧址|湖北省立图书馆旧址|汉口新四军军部旧址|八路军武汉办事处旧址|武汉长江大桥

黄石市

铜绿山古铜矿遗址|鄂王城城址|龙港革命旧址|汉冶萍煤铁厂矿旧址|大冶兵暴旧址|红三军团革命旧址|大路铺遗址|华新水泥厂旧址

十堰市

武当山金殿|紫霄宫|“治世玄岳”牌坊|南岩宫|学堂梁子遗址|玉虚宫遗址|武当山建筑群|慈孝沟“采皇木”摩崖|梅铺猿人遗址|黄龙洞遗址|七里河遗址|甘氏宗祠|大丰仓|上津古城

宜昌市

玉泉寺及铁塔|关庙山遗址|磨盘山遗址|季家湖城址|青山墓群|关陵|黄陵庙|凤凰山古建筑群|三游洞摩崖|杨守敬故居和墓|长阳人遗址|南襄城遗址|李来亨抗清遗址|杨家湾老屋|百宝寨岩屋

襄樊市

广德寺多宝塔|雕龙碑遗址|襄阳

"古隆中"|楚皇城城址|襄阳城墙|襄阳王府绿影壁|邓国故城|九连墩墓群|茨河承恩寺|米公祠|郭家岗遗址|南漳山寨群|安乐堰墓群|霸王坟墓群|李曾伯纪功铭

鄂州市

怡亭铭摩崖石刻|鄂州观音阁|吴王城遗址

荆门市

屈家岭遗址|显陵（含元祐宫）|纪山楚墓群|马家垸遗址|钟祥文风塔|城河遗址|龙王山遗址|苏家垄墓群|中共豫鄂边区委员会旧址

孝感市

新四军五师司令部旧址|门板湾遗址|陶家湖遗址|中原军区旧址|叶家庙遗址|草店坊城遗址

荆州市

楚纪南故城|湘鄂西革命根据地旧址|八岭山古墓群|鸡公山遗址|荆州城墙|走马岭遗址|阴湘城遗址|鸡鸣城遗址|荆州三观|荆州万寿宝塔|荆江分洪闸|桂花树遗址|郢城遗址|马山墓群

黄冈市

李时珍墓|红安七里坪革命旧址|四祖寺塔|柏子塔|五祖寺|陡山吴氏祠|东坡赤壁|李先念故居|董必武故居|毛家咀遗址|双城塔|郑公塔|万年台戏台

咸宁市

北伐汀泗桥战役遗址|李自成墓|孙郭胡城址|新店土城遗址|沈鸿宾故居|王明璠府第|赤壁摩崖石刻|向阳湖文化名人旧址

随州市

擂鼓墩古墓群|安居遗址

恩施州

大水井古建筑群|建始直立人遗址|施州城址|唐崖土司城址|容美土司遗址|鱼木寨|仙佛寺石窟|五里坪革命旧址|彭家寨古建筑群

省直辖

石家河遗址|龙湾遗址|白龙寺

湖南省（183处）

长沙市

秋收起义文家市会师旧址|黄兴故居及墓|刘少奇故居|岳麓书院|长沙铜官窑遗址|谭嗣同故居及墓祠|炭河里遗址|蔡锷墓[1]|湖南省立第一师范学校旧址|中共湘区委员会旧址|马王堆汉墓|汉代长沙王陵墓群|张南轩墓（含张浚墓）|曾国藩墓|天心阁古城墙|浏阳文庙|禹王碑|何叔衡故居|谢觉哉故居|徐特立故居|爱晚亭|胡耀邦故居|新民学会旧址|湖南大学早期建筑群|湖南省苏维埃政府

旧址

株洲市

炎帝陵|醴陵窑|茶陵古城墙|网岭墓群|渌江书院|李立三故居|渌江桥|湘南起义旧址群[2]

湘潭市

韶山冲毛泽东同志故居|彭德怀故居|齐白石故居|东山书院旧址|北五省会馆

衡阳市

南岳忠烈祠|南岳庙|蔡侯祠|衡州窑|云集窑|水口山铅锌矿冶遗址|大渔村王氏宗祠|王船山故居及墓|南岳摩崖石刻|罗荣桓故居|湘南学联旧址|湘南起义旧址群[2]

邵阳市

魏源故居|邵阳北塔|蔡锷故居、公馆[1]|塘田战时讲学院旧址|宝庆府古城墙|武冈城墙|洞口宗祠建筑群|荫家堂|中国工农红军第七军指挥所旧址|黄埔军校第二分校旧址

岳阳市

任弼时故居|平江起义旧址|岳阳楼|屈子祠|岳阳文庙|张谷英村古建筑群|铜鼓山遗址|罗子国城遗址|大矶头遗址|龙窖山堆石墓群|慈氏塔|湘阴文庙|左文襄公祠|岳州关|岳阳教会学校|中共平江县委旧址|大云山三战三捷摩崖石刻

常德市

常德铁幢|城头山遗址|彭头山遗址|八十垱遗址|桃花源古建筑群|余家碑坊|虎爪山遗址|鸡公垱遗址|十里岗遗址|汤家岗遗址|三元宫遗址|孙家岗遗址|鸡叫城遗址|丁家岗遗址|划城岗遗址|皂市遗址|申鸣城遗址|采菱城遗址|索县汉代城址|九里楚墓群|青山崖墓群|南禅湾晋墓群|花瓦寺塔|夹山寺|澧州文庙|澧州古城墙|星子宫古建筑群|林伯渠故居

张家界市

贺龙故居|湘鄂川黔革命根据地旧址|骑龙岗古墓群|普光禅寺古建筑群|田家大院|石堰坪古建筑群|红二、六军团长征出发地旧址

益阳市

涂家台遗址|羊舞岭古窑址|腰子仑春秋墓群|陶澍墓|安化风雨桥|信义校会建筑群|厂窖惨案遗址

郴州市

湘南年关暴动指挥部旧址|义帝陵|绣衣坊（含范氏家庙和中丞公祠）|汝城古祠堂群|侍郎坦摩崖石刻群|苏仙岭摩崖石刻群|邓中夏故居|湘南起义旧址群[2]

永州市

浯溪摩崖石刻|宁远文庙|玉蟾岩遗址|柳子庙|舜帝庙遗址|上甘棠村古建筑群|阳华岩摩崖|树德山庄|春陵侯城遗址|泠道故城遗址|允山

玉井古窑址｜鬼崽岭遗址｜湘桂古道永州段｜回龙塔｜云龙坊与王氏虚堂｜龙溪李家大院｜涧岩头周家大院古建筑群｜濂溪故里古建筑群｜龙家大院｜岁圆楼古建筑群｜零陵文武双庙｜广利桥｜久安背翰林祠｜朝阳岩石刻｜淡岩石刻｜李达故居

怀化市

龙兴寺｜马田鼓楼｜向警予故居｜芋头侗寨古建筑群｜高庙遗址｜高椅村古建筑群｜洪江古建筑群｜坪坦风雨桥｜抗日胜利芷江洽降旧址｜安江农校纪念园｜荆坪村古建筑群｜黔城古建筑群｜芷江天后宫｜恭城书院｜芙蓉楼｜兵书阁与文星桥｜白衣观

娄底市

富厚堂｜新化北塔｜蔡和森、蔡畅故居｜红二军团长征司令部旧址

湘西州

溪州铜柱｜老司城遗址｜里耶古城遗址｜凤凰古城堡｜沈从文故居｜不二门遗址｜四方城遗址｜魏家寨古城遗址｜里耶大板遗址与墓群｜羊峰古城遗址｜里耶麦茶战国墓群｜乾州文庙

[1] 蔡锷故居、公馆和蔡锷墓在全国重点文物保护单位名录中同属于蔡锷故居、公馆和墓。

[2] 湘南起义旧址群为衡阳市、株洲市和郴州市共有。

广东省（98处）

广州市

三元里平英团遗址｜黄花岗七十二烈士墓｜广州农民运动讲习所旧址｜广州公社旧址｜光孝寺｜洪秀全故居｜中国国民党第一次全国代表大会旧址｜黄埔军校旧址｜中华全国总工会旧址｜陈家祠堂｜秦代造船遗址、南越国宫署遗址及南越文王墓｜怀圣寺光塔｜广州沙面建筑群｜广州圣心大教堂｜广州大元帅府旧址｜莲花山古采石场｜中山纪念堂｜余荫山房｜南汉二陵｜六榕寺塔｜广裕祠｜粤海关旧址｜广东咨议局旧址｜清真先贤墓｜五仙观及岭南第一楼｜镇海楼与广州明城墙｜南海神庙｜中国共产党第三次全国代表大会会址

深圳市

大鹏所城

珠海市

宝镜湾遗址｜陈芳家宅｜三灶岛侵华日军罪行遗迹

汕头市

文光塔｜崎碌炮台｜国民革命东征军总指挥部、总政治部旧址

韶关市

云龙寺塔｜三影塔｜满堂围｜石峡遗

址 | 南华寺 | 双峰寨 | 南粤雄关与古道 | 丹霞山摩崖石刻 | 长围村围屋

佛山市

佛山祖庙 | 康有为故居 | 东华里古建筑群 | 南风古灶、高灶陶窑 | 古椰贝丘遗址 | 清晖园 | 顺德糖厂早期建筑

江门市

梁启超故居 | 开平碉楼

阳江市

独石仔洞穴遗址

湛江市

雷祖祠 | 硇州灯塔 | 唐氏墓群 | 广州湾法国公使署旧址和法军指挥部旧址

茂名市

隋谯国夫人冼氏墓

肇庆市

梅庵 | 德庆学宫 | 悦城龙母祖庙 | 肇庆古城墙 | 七星岩摩崖石刻

惠州市

叶挺故居

梅州市

叶剑英故居 | 丘逢甲故居 | 父子进士牌坊 | 人境庐和荣禄第 | 谢晋元故居

汕尾市

海丰红宫、红场旧址 | 元山寺

河源市

龟峰塔

清远市

慧光塔

东莞市

林则徐销烟池与虎门炮台旧址 | 东莞可园 | 南社村和塘尾村古建筑群 | 却金亭碑 | 大岭山抗日根据地旧址 | 蚝岗贝丘遗址 | 广九铁路石龙南桥

中山市

孙中山故居 | 中山纪念中学旧址 | 茶东陈氏宗祠群

潮州市

广济桥 | 许驸马府 | 笔架山潮州窑遗址 | 潮州开元寺 | 已略黄公祠 | 韩文公祠 | 道韵楼 | 从熙公祠 | 潮州老城古民居建筑群

揭阳市

古榕武庙 | 揭阳学宫 | 丁氏光禄公祠

云浮市

大湾古建筑群 | 龙龛岩摩崖石刻

广西壮族自治区（66 处）

南宁市

顶蛳山遗址 | 智城城址 | 昆仑关战役旧址 | 伏波庙 | 南宁育才学校旧址

柳州市

程阳永济桥 | 岜团桥 | 白莲洞遗址 | 鲤鱼嘴遗址 | 柳侯祠碑刻 | 马胖鼓楼 | 胡志明旧居 | 柳城巨猿洞 | 和里三王宫 | 柳州旧机场及城防工事群旧址

桂林市

灵渠 | 靖江王府及王陵 | 李宗仁故居 |

八路军桂林办事处旧址丨甑皮岩遗址丨
桂林石刻丨秦城遗址丨江头村和长岗
岭村古建筑群丨燕窝楼丨恭城古建筑
群丨湘江战役旧址丨晓锦遗址丨湘山
寺塔群与石刻丨永宁州城城墙丨百寿
岩石刻

梧州市

李济深故居丨太平天国永安活动旧址丨
梧州中山纪念堂丨中和窑址丨梧州近
现代建筑群

北海市

大士阁丨合浦汉墓群丨北海近代建筑丨
连城要塞遗址[2]丨大浪古城遗址丨草
鞋村遗址丨惠爱桥

钦州市

刘永福、冯子材旧居建筑群丨越州故
城丨大芦村古建筑群

贵港市

金田起义地址

玉林市

经略台真武阁丨容县近代建筑丨谢鲁
山庄

百色市

中国工农红军第七军军部旧址[1]丨右
江工农民主政府旧址丨百谷和高岭
坡遗址丨感驮岩遗址丨布兵盆地洞穴
遗址群丨那赖遗址丨西林岑氏家族建
筑群

贺州市

临贺故城丨马殷庙丨富川瑶族风雨桥群

河池市

广西农民运动讲习所旧址丨红军标语
楼丨凤腾山古墓群丨会仙山摩崖石刻

来宾市

莫土司衙署

崇左市

中国工农红军第八军军部旧址[1]丨花
山岩画丨连城要塞遗址和友谊关[2]丨
越南共产党驻龙州秘密机关旧址

[1] 中国工农红军第七军、第八军
军部旧址为百色市和崇左市共有。
[2] 连城要塞遗址和友谊关为北海
市和崇左市共有。

海南省（24处）

海口市

海瑞墓丨丘浚故居及墓丨五公祠丨中
共琼崖第一次代表大会旧址丨秀英炮
台丨珠崖岭城址丨琼海关旧址

三亚市

落笔洞遗址丨藤桥墓群丨崖城学宫

琼海市

蔡家宅

儋州市

东坡书院丨儋州故城丨洋浦盐田

文昌市

斗柄塔丨文昌学宫丨韩家宅

澄迈县

美榔双塔

陵水县

陵水县苏维埃政府旧址

昌江县

信冲洞遗址

临高县

临高角灯塔

三沙市

甘泉岛遗址|北礁沉船遗址|华光礁沉船遗址

重庆市（55处）

渝中区

八路军重庆办事处旧址|桂园|重庆湖广会馆|老鼓楼衙署遗址|重庆古城墙|特园|国民政府“立法院”、“司法院”及蒙藏委员会旧址|国民政府外交部旧址|重庆抗战金融机构旧址群|国民参政会旧址|国民政府“行政院”旧址|同盟国中国战区统帅部参谋长官邸旧址|保卫中国同盟总部旧址|重庆谈判旧址群|抗战胜利纪功碑暨人民解放纪念碑|重庆市人民大礼堂

沙坪坝区

“中美合作所”集中营旧址|国民政府军事委员会政治部旧址|林园|国民政府军事委员会政治部第三厅暨文化工作委员会旧址

北碚区

中国西部科学院旧址|嘉陵江三峡乡村建设旧址群|世界佛学苑汉藏教理院旧址

南岸区

弹子石摩崖造像|重庆黄山抗战旧址群|同盟国驻渝外交机构旧址群

江北区

重庆抗战兵器工业旧址群

巴南区

南泉抗战旧址群

涪陵区

白鹤梁题刻

合川区

钓鱼城遗址|涞滩二佛寺摩崖造像|育才学校旧址

江津区

石门大佛寺摩崖造像|聂荣臻故居

潼南县

潼南大佛寺摩崖造像|杨氏民宅|独柏寺正殿

大足县

北山摩崖造像|宝顶山摩崖造像

忠县

石宝寨|丁房阙—无铭阙

丰都县

高家镇遗址|重庆冶锌遗址群|汇南墓群

奉节县

白帝城｜瞿塘峡摩崖石刻

云阳县

张桓侯庙｜彭氏宗祠

巫山县

龙骨坡遗址

酉阳县

赵世炎故居｜南腰界红三军司令部旧址

万州区

天生城遗址

巫溪县

荆竹坝岩棺群

梁平县

双桂堂

开县

刘伯承故居

四川省（229处）

成都市

武侯祠｜杜甫草堂｜王建墓｜都江堰｜辛亥秋保路死事纪念碑｜什邡堂邛窑遗址｜明蜀王陵｜杨升庵祠及桂湖｜大邑刘氏庄园｜成都平原史前城址｜十二桥遗址｜成都古蜀船棺合葬墓｜宝光寺｜石塔寺石塔｜观音寺｜罨画池｜水井街酒坊遗址｜金沙遗址｜孟知祥墓｜彭州佛塔｜淮口瑞光塔｜望江楼古建筑群｜洛带会馆｜蒲江石窟｜邛崃石窟｜领报修院｜江南馆街街坊遗址｜玉堂窑址｜灵岩寺及千佛塔｜灌口城隍庙｜奎光塔｜寿安陈家大院｜青城山古建筑群｜北周文王碑及摩崖造像｜平安桥天主教堂｜四川大学早期建筑｜新场川王宫

自贡市

燊海井｜西秦会馆｜富顺文庙｜荣县大佛石窟｜吴玉章故居｜荣县镇南塔｜自贡桓侯宫｜吉成井盐作坊遗址｜东源井古盐场｜张伯卿公馆

泸州市

龙脑桥｜泸州大曲老窖池｜泸县宋墓｜春秋祠｜神臂城遗址｜合江崖墓群｜罗盘嘴墓群｜报恩塔｜泸县龙桥群｜尧坝镇古建筑群｜泸县屈氏庄园｜玉蟾山摩崖造像｜清凉洞摩崖造像｜红军四渡赤水战役旧址[1]

德阳市

三星堆遗址｜德阳文庙｜剑南春酒坊遗址｜塔梁子崖墓群｜庞统祠墓｜雒城遗址｜中江北塔｜龙护舍利塔｜龙居寺中殿｜慧剑寺

绵阳市

平杨府君阙｜云岩寺｜郪江崖墓群｜七曲山大庙｜平武报恩寺｜老君山硝洞遗址｜李业阙｜卧龙山千佛岩石窟｜永平堡古城｜河边九龙山崖墓群｜开禧寺｜鱼泉寺｜潼川古城墙｜云台观｜尊胜寺｜马鞍寺｜青林口古建筑群｜

碧水寺摩崖造像

广元市

皇泽寺摩崖造像 | 广元千佛崖摩崖造像 | 觉苑寺 | 剑门蜀道遗址 | 青川郝家坪战国墓群 | 鹤鸣山道教石窟寺及石刻

遂宁市

鹫峰寺塔 | 广德寺 | 宝梵寺 | 陈子昂读书台 | 卓筒井 | 慧严寺大殿 | 饶益寺 | 蓬溪奎塔 | 高峰山古建筑群

内江市

隆昌石牌坊 | 资中文庙和武庙 | 顺河崖墓群 | 圣水寺 | 盐神庙 | 翔龙山摩崖造像

乐山市

峨眉山圣寿万年寺铜铁佛像（峨眉山古建筑群）| 乐山大佛 | 大庙飞来殿 | 麻浩崖墓 | 杨公阙 | 犍为文庙 | 夹江千佛岩石窟 | 乐山郭沫若故居 | 离堆 | 三江白塔

南充市

朱德故居 | 张桓侯祠 | 阆中永安寺 | 五龙庙文昌阁 | 玉台山石塔 | 无量宝塔 | 醴峰观 | 张澜旧居 | 阆中观音寺 | 西充文庙 | 巴巴寺 | 川北道贡院 | 禹迹山摩崖造像 | 大像山摩崖造像 | 丁氏庄园

眉山市

江口崖墓 | 瑞峰崖墓群 | 眉山报恩寺 | 三苏祠 | 双堡牌坊 | 牛角寨石窟 | 丹棱白塔 | 甘泉寺 | 郑山、刘嘴摩崖造像 | 能仁寺摩崖造像 | 中岩寺摩崖造像 | 冒水村摩崖造像 | 曾家园

宜宾市

僰人悬棺葬 | 真武山古建筑群 | 夕佳山民居 | 黄伞崖墓群 | 石城山崖墓群 | 旋螺殿 | 隘口石坊 | 中国营造学社旧址 | 五粮液老窖池遗址 | 七个洞崖墓群 | 南广河流域崖墓群及石刻 | 旧州塔 | 楞严寺 | 南溪城墙 | 宜宾大观楼

广安市

安丙家族墓地 | 邓小平故居 | 宝箴塞 | 广安白塔 | 冲相寺摩崖造像

达州市

渠县汉阙 | 罗家坝遗址 | 城坝遗址 | 开江牌坊 | 真佛山庙群 | 渠县文庙 | 列宁街石牌坊及红军标语

雅安市

高颐墓阙及石刻 | 樊敏阙及石刻 | 严道城址 | 平襄楼 | 芦山青龙寺大殿 | 开善寺正殿 | 名山文庙 | 九襄石牌坊

巴中市

红四方面军总指挥部旧址 | 南龛摩崖造像 | 通江千佛岩石窟 | 通江红军石刻标语群 | 白乳溪石窟

资阳市

卧佛院摩崖造像（安岳石窟）| 毗卢洞石刻造像 | 圣德寺塔 | 木门寺 | 陈毅故居 | 铁佛守崖墓群 | 困佛寺摩崖造像 | 半月山摩崖造像

阿坝州

卓克基土司官寨|直波碉楼（阿坝羌寨碉群）|松潘古城墙|棒托寺|营盘山和姜维城遗址|措尔机寺|日斯满巴碉房|阿坝红军长征遗迹|哈休遗址|大藏寺|甲扎尔甲山洞窟壁画|曾达关碉|筹边楼|沃日土司官寨经楼与碉|达扎寺

甘孜州

泸定桥|德格印经院|丹巴古碉群|松格嘛呢石经城和巴格嘛呢石经墙|波日桥|白利寺|罕额依新石器时代文化遗址和汉代石棺葬墓群|白玉嘎托寺|拉日马石板藏寨|乡城夯土碉楼|长青春科尔寺|噶丹·桑披罗布岭寺|八邦寺|穆日嘛呢石经墙

凉山州

大洋堆遗址|凉山大石墓群|博什瓦黑岩画

跨地市

茶马古道（成都市、雅安市、甘孜州、阿坝州、凉山州）[2]

[1] 古蔺县红军四渡赤水战役旧址，归入第六批全国重点文物保护单位红军四渡赤水战役旧址。

[2] 茶马古道为四川省、云南省和贵州省共有。

贵州省（71处）

贵阳市

息烽集中营旧址|马头寨古建筑群|阳明洞和阳明祠|文昌阁和甲秀楼

六盘水市

大洞遗址|小冲墓群

遵义市

遵义会议会址|杨粲墓|海龙屯|红军四渡赤水战役旧址|湄潭浙江大学旧址|务川大坪墓群|复兴江西会馆|尚稽陈玉壁祠|茅台酒酿酒工业遗产群

安顺市

穿洞遗址|天台山伍龙寺|云山屯古建筑群|安顺文庙|宁谷遗址|平坝棺材洞|鲍家屯水利工程|安顺武庙|王若飞故居

铜仁市

石阡万寿宫|万山汞矿遗址|东山古建筑群|寨英村古建筑群|思唐古建筑群|黔东特区革命委员会旧址|石阡府文庙|楼上村古建筑群

毕节市

大屯土司庄园|奢香墓|黔西观音洞遗址|可乐遗址|织金古建筑群|川滇黔省革命委员会旧址|敖氏和罗氏墓群石刻

黔西南

交乐墓群|“二十四道拐”抗战公路|龙广观音洞遗址|普安铜鼓山遗址|

兴义万屯墓群 | 明十八先生墓 | 鲁屯牌坊群 | 兴义刘氏庄园

黔东南

增冲鼓楼 | 青龙洞 | 郎德上寨古建筑群 | 地坪风雨桥 | 飞云崖古建筑群 | 旧州古建筑群 | 黎平会议会址 | 和平村旧址 | 镇远城墙 | 隆里古建筑群 | 榕江大利村古建筑群 | 岩门长官司城 | 锦屏飞山庙 | 高阡鼓楼 | 宰俄鼓楼 | 金勾风雨桥 | 三门塘古建筑群 | 述洞独柱鼓楼 | 重安江水碾群

黔南市

福泉城墙 | 葛镜桥 | 惠水仙人桥洞葬 | 黔南水族墓群

跨地市

茶马古道[1]

[1] 茶马古道为四川省、云南省和贵州省共有。

云南省（132 处）

昆明市

太和宫金殿 | 地藏寺经幢 | 云南陆军讲武堂旧址 | 聂耳墓 | 妙湛寺金刚塔 | 石寨山古墓群 | 筇竹寺 | 惠光寺塔和常乐寺塔 | 曹溪寺 | 安宁文庙 | 真庆观古建筑群 | 王仁求碑 | 马哈只墓碑 | 石龙坝水电站 | 国立西南联合大学旧址 | 抗战胜利纪念堂 | 大观楼 | 福林堂 | 丹桂村中央红军总部驻地旧址与金沙江皎平渡口

曲靖市

爨宝子碑 | 爨龙颜碑 | 段氏与三十七部会盟碑 | 八塔台墓群 | 会泽会馆 | 大河遗址 | 罗汉山古墓群 | 可渡关驿道 | 陆良大觉寺

玉溪市

李家山古墓群 | 秀山古建筑群 | 玉溪窑址 | 金莲山、学山遗址群 | 文兴祥商号旧址 | 陇西世族庄园

保山市

国殇墓园 | 汉庄城址 | 保山玉皇阁 | 和顺图书馆旧址 | 松山战役旧址 | 绮罗文昌宫 | 滇西军都督府旧址及叠园集刻

昭通市

袁滋题记摩崖石刻 | 孟孝琚碑 | 瓦石悬棺 | 龙氏家祠

丽江市

大宝积宫与琉璃殿 | 营盘村墓群 | 宝山石头城 | 黑龙潭古建筑群 | 金龙桥 | 大觉宫壁画 | 丽江普济寺 | 观音阁石刻造像 | 金沙江岩画[1]

普洱市

孟连宣抚司署 | 民族团结誓词碑 | 景谷傣族佛寺建筑群 | 景东文庙 | 糯福教堂 | 景迈古茶园

临沧市

广允缅寺 | 石佛洞遗址 | 沧源崖画 |

勐旺塔及西北塔

红河州

纳楼长官司署 | 建水文庙 | 指林寺大殿 | 朝阳楼 | 双龙桥 | 五家寨铁路桥 | 蒙自海关旧址 | 鸡街火车站 | 企鹤楼 | 陈氏宗祠 | 来鹤亭 | 郑氏宗祠 | 建水朱家花园 | 团山民居建筑群 | 石屏文庙建筑群 | 红河县东门楼及迤萨民居 | 熊庆来故居 | 碧色寨车站 | 宝丰隆商号 | 周家宅院 | 红河哈尼梯田

文山州

侬氏土司衙署 | 大王岩岩画

西双版纳州

景真八角亭 | 曼飞龙塔 | 曼短佛寺 | 曼春满佛寺

楚雄市

元谋猿人遗址 | 腊玛古猿化石地点 | 大姚白塔 | 龙华寺 | 元谋古猿化石地点 | 大墩子遗址 | 万家坝古墓群 | 德丰寺 | 楚雄文庙 | 星宿桥和丰裕桥

大理州

石钟山石窟 | 崇圣寺三塔 | 太和城遗址 | 南诏铁柱 | 喜洲白族古建筑群 | 元世祖平云南碑 | 白羊村遗址 | “山龙”“山于”图山城址 | 水目寺塔 | 佛图寺塔 | 州城文庙和武庙 | 西门街古建筑群 | 沙溪兴教寺 | 长春洞 | 海门口遗址 | 银梭岛遗址 | 顺荡火葬墓群 | 弘圣寺塔 | 等觉寺 | 诺邓白族乡土建筑群 | 沘江古桥梁群 | 景风阁古建筑群 | 云南驿古建筑群 | 南诏镇古建筑群

德宏州

南甸宣抚司署 | 允燕塔

迪庆州

中心镇公堂 | 寿国寺 | 茨中教堂 | 金沙江岩画[1]

怒江州

玉水坪遗址

跨地市

茶马古道[2]

[1] 金沙江岩画为迪庆藏族自治州和丽江市共有。

[2] 茶马古道为四川省、云南省和贵州省共有。

西藏自治区（55处）

拉萨市

大昭寺 | 布达拉宫 | 噶丹寺 | 哲蚌寺 | 色拉寺 | 罗布林卡 | 小昭寺 | 聂塘卓玛拉康 | 拉让宁巴 | 邦达仓 | 桑珠颇章 | 冲赛康 | 拉鲁颇章 | 喜德寺 | 门孜康 | 中央人民政府驻藏代表办公处旧址

那曲地区

邦纳寺 | 其多山洞穴岩画

昌都地区

卡若遗址 | 查杰玛大殿 | 小恩达遗址 | 昌都强巴林寺 | 芒康县盐井古盐田

林芝地区

烈山墓地 | 扎木中心县委红楼

山南地区

昌珠寺 | 藏王墓 | 桑耶寺 | 扎塘寺 | 拉加里王宫遗址 | 吉堆吐蕃墓群 | 朗色林庄园 | 色喀古托寺 | 吉如拉康 | 松卡石塔 | 敏竹林寺 | 康松桑卡林 | 仲嘎曲德寺 | 拉隆寺 | 贡嘎曲德寺 | 达杰林寺

日喀则地区

江孜宗山抗英遗址 | 萨迦寺 | 扎什伦布寺 | 夏鲁寺 | 白居寺 | 曲德寺、卓玛拉康、大唐天竺使出铭 | 查木钦墓群 | 平措林寺 | 帕巴寺 | 帕拉庄园

阿里地区

古格王国遗址 | 托林寺 | 科迦寺 | 皮央和东嘎遗址

陕西省（234 处）

西安市

大雁塔 | 小雁塔 | 兴教寺塔 | 西安城墙 | 西安碑林 | 半坡遗址 | 丰镐遗址 | 阿房宫遗址 | 汉长安城遗址 | 大明宫遗址 | 秦始皇陵 | 西安事变旧址 | 蓝田猿人遗址 | 八路军西安办事处旧址 | 西安清真寺 | 杜陵 | 姜寨遗址 | 隋大兴唐长安城遗址 | 灞桥遗址 | 华清宫遗址 | 仙游寺法王塔 | 西安钟楼、鼓楼 | 水陆庵 | 康家遗址 | 老牛坡遗址 | 栎阳城遗址 | 东渭桥遗址 | 西汉帝陵[1] | 鸠摩罗什舍利塔 | 公输堂 | 香积寺善导塔 | 西安城隍庙 | 八云塔 | 重阳宫祖庵碑林 | 秦东陵 | 明秦王墓 | 长安圣寿寺塔 | 长安华严寺塔 | 昭慧塔 | 大秦寺塔 | 易俗社剧场 | 杨官寨遗址 | 鱼化寨遗址 | 西峪遗址 | 建章宫遗址 | 圜丘遗址 | 窦太后陵 | 凤栖原西汉（张安世）家族墓地 | 薄太后陵 | 蓝田吕氏家族墓地 | 敬德塔 | 大学习巷清真寺

铜川市

药王山石刻及庙 | 黄堡镇耀州窑遗址 | 玉华宫遗址 | 耀县文庙 | 神德寺塔 | 祋祤宫遗址 | 重兴寺塔 | 延昌寺塔 | 宜君石窟群 | 陕甘边照金革命根据地旧址

宝鸡市

周原遗址 | 秦雍城遗址 | 隋仁寿宫唐九成宫遗址 | 慈善寺石窟 | 北首岭遗址 | 凤凰山遗址 | 杨家村遗址 | 法门寺遗址 | 太平寺塔 | 周公庙 | 扶风城隍庙 | 杨珣碑 | 水沟遗址 | 益家堡遗址 | 古邰国遗址[4] | 桥镇遗址 | 赵家台遗址 | 茹家庄遗址 | 成山宫遗址 | 李茂贞墓 | 净光寺塔 | 金台观

咸阳市

茂陵 | 霍去病墓 | 昭陵 | 乾陵 | 顺陵 | 大佛寺石窟 | 昭仁寺大殿 | 秦咸阳城

遗址|长陵|郑国渠首遗址|甘泉宫遗址|泰陵|西汉帝陵[1]|唐代帝陵[2]|三原城隍庙|泰塔|泾阳崇文塔|彬县开元寺塔|秦直道遗址[3]|武陵寺塔|咸阳文庙|碾子坡遗址|古邰国遗址[4]|郑家坡遗址|秦直道起点遗址|沙河古桥遗址|安仁瓷窑遗址|汉云陵|兴宁陵|永康陵|清梵寺塔|报本寺塔|武功城隍庙|北杜铁塔|安吴堡战时革命训练班旧址|宏道书院

渭南市

司马迁墓和祠|西岳庙|桥陵|魏长城遗址|永陵|韩城大禹庙|甜水沟遗址|元君庙—泉护村遗址|京师仓遗址|良周遗址|唐代帝陵[2]|仓颉墓与庙|韩城普照寺|韩城文庙|韩城城隍庙|党家村古建筑群|澄城城隍庙神楼|横阵遗址|梁带村遗址|精进寺塔|百良寿圣寺塔|法王庙|北营庙|玉皇后土庙|玄武庙青石殿|庆安寺塔|丰图义仓|渭华起义旧址|南沙遗址|下河西遗址|十二连城烽火台遗址|澄邑漕仓遗址|潼关故城|尧头窑遗址|永垣陵|北周成陵|李重俊墓|唐惠陵|李氏家族墓地|法源寺塔|慧彻寺南塔|罗山寺塔|崇寿寺塔|大象寺塔|韩城九郎庙|庆善寺大佛殿|紫云观三清殿|合阳文庙|慧照寺塔|桥上桥|毓秀桥|杨虎城旧居

延安市

延安革命遗址|黄帝陵|瓦窑堡革命旧址|钟山石窟|延一井旧址|洛川会议旧址|石泓寺石窟|万安禅院石窟|吴旗革命旧址|保安革命旧址|龙王辿遗址|杨家圪山遗址|秦直道遗址延安段|铁边城遗址|开元寺塔|柏山寺塔|福严院塔|万凤塔|清凉山万佛洞石窟及琉璃塔

汉中市

褒斜道石门及其摩崖石刻|武侯墓|龙岗寺遗址|李家村遗址|张骞墓|蔡伦墓和祠|开明寺塔|五门堰|张良庙|灵岩寺摩崖|何家湾遗址|宝山遗址|宁强羌人墓地|汉中东塔|良马寺觉皇殿|智果寺|勉县武侯祠|青木川老街建筑群|青木川魏氏庄园

榆林市

统万城遗址|府州城|白云山庙|杨家沟革命旧址|石峁遗址|石摞摞山遗址|李家崖城址|麟州故城|吴堡石城|榆林卫城|盘龙山古建筑群|姜氏庄园|银州故城|代来城城址|走马梁汉墓群|杨桥畔汉代城址与墓地|鸿门寺塔|七星庙|绥德党氏庄园

商洛市

花石浪遗址|东龙山遗址|洛南盆地旧石器地点群|紫荆遗址|商洛崖墓群|骡帮会馆

安康市

刘家营遗址 | 瓦房店会馆群

[1] 西汉帝陵为西安市和咸阳市共有。

[2] 唐代帝陵为咸阳市和渭南市共有。

[3] 秦直道遗址为内蒙古自治区和陕西省共有。

[4] 古邰国遗址为咸阳市和宝鸡市共有。

甘肃省（131 处）

兰州市

鲁土司衙门旧址 | 明肃王墓 | 红城感恩寺 | 兰州黄河铁桥 | 青城古民居 | 五泉山建筑群 | 兰州府城隍庙 | 金天观 | 八路军兰州办事处旧址

嘉峪关市

万里长城—嘉峪关 | 黑山岩画

金昌市

圣容寺塔 | 永昌钟鼓楼 | 三角城遗址

白银市

会宁红军会师旧址 | 牛门洞遗址 | 永泰城址

天水市

麦积山石窟 | 大地湾遗址 | 兴国寺 | 伏羲庙 | 胡氏古民居建筑 | 水帘洞—大像山石窟 | 玉泉观 | 后街清真寺 | 秦安文庙 | 木梯寺石窟 | 狼叫屲遗址 | 李崖遗址 | 马家塬遗址 | 放马滩墓群

武威市

重修护国寺感应塔碑 | 武威文庙 | 白塔寺遗址 | 雷台汉墓 | 天梯山石窟 | 瑞安堡 | 武威大云寺 | 磨咀子和五坝山墓群 | 旱滩坡墓群 | 高昌王和西宁王墓 | 海藏寺 | 圣容寺

张掖市

骆驼城遗址 | 张掖大佛寺 | 马蹄寺石窟群 | 黑水国遗址 | 许三湾城及墓群 | 圆通寺塔 | 文殊山石窟 | 八卦营城址 | 张掖鼓楼 | 西来寺 | 张掖会馆 | 东灰山遗址 | 草沟井城址 | 甲子墩墓群

平凉市

南石窟寺 | 武康王庙 | 延恩寺塔 | 云崖寺和陈家洞石窟 | 王母宫石窟 | 牛角沟遗址 | 西山遗址 | 桥村遗址 | 成纪故城遗址 | 崆峒山古建筑群 | 石拱寺石窟

酒泉市

莫高窟 | 榆林窟 | 居延遗址[1] | 玉门关及长城烽燧遗址 | 锁阳城遗址 | 悬泉置遗址 | 果园—新城墓群 | 西河滩遗址 | 火烧沟遗址 | 破城子遗址 | 缸缸洼遗址 | 火石梁遗址 | 砂锅梁遗址 | 六工城遗址 | 踏实墓群 | 酒泉鼓楼 | 大黑沟岩画 | 五个庙石窟 | 玉门油田老一井

庆阳市

北石窟寺 | 南佐遗址 | 凝寿寺塔 | 东华池塔 | 湘乐砖塔 | 罗川赵氏石坊 |

秦直道遗址庆阳段|塔儿庄塔|白马造像塔|脚扎川万佛塔|环县塔|肖金塔|塔儿湾造像塔|双塔寺造像塔|周旧邦木坊|兴隆山古建筑群|石空寺石窟|南梁陕甘边区革命政府旧址

定西市

马家窑遗址|汪氏家族墓地|寺洼遗址|灞陵桥|辛店遗址|威远楼|榜罗镇会议旧址

陇南市

大堡子山遗址及墓群|西峡颂摩崖石刻|哈达铺会议旧址|《新修白水路记》摩崖|石沟坪遗址|栗川砖塔

临夏州

炳灵寺石窟|齐家坪遗址|林家遗址|半山遗址|新庄坪遗址|边家林遗址|临夏东公馆与蝴蝶楼

甘南州

拉卜楞寺|八角城城址|俄界会议旧址|然闹遗址|磨沟遗址（含墓群）|洮州卫城

［1］居延遗址为内蒙古自治区和甘肃省共有。

青海省（43处）

西宁市

塔尔寺|沈那遗址|虎台遗址|东关清真大寺|湟源城隍庙

海东市

瞿昙寺|马厂塬遗址|喇家遗址|柳湾遗址|却藏寺|循化西路红军革命旧址|街子拱北|夏琼寺|文都寺及班禅大师故居|旦斗寺|佑宁寺|洪水泉清真寺|阿河滩清真寺|撒拉族清真寺古建筑群|天佑德酒作坊

海北州

西海郡故城遗址|第一个核武器研制基地旧址|门源古城

海南州

贵德文庙及玉皇阁|宗日遗址|赛宗寺|文昌庙|珍珠寺|石藏寺

黄南州

隆务寺|保安古屯田寨堡古建筑群|和日寺石经墙及和日寺

果洛州

拉加寺

玉树州

藏娘佛塔及桑周寺|格萨尔三十大将军灵塔和达那寺|贝大日如来佛石窟寺和勒巴沟摩崖|新寨嘉那嘛呢|贡萨寺旧址与宗喀巴大殿|杂涅墓群|玉树古墓群

海西州

热水墓群|塔温搭里哈遗址|青藏公路建设指挥部旧址（将军楼）

宁夏回族自治区（34处）

银川市

海宝塔|拜寺口双塔|水洞沟遗址|西夏陵|贺兰山岩画|灵武窑址|承天寺塔|宏佛塔|银川玉皇阁|纳家户清真寺

吴忠市

同心清真大寺|一百〇八塔|鸽子山遗址|张家场城址|董府|兴武营城址|窨子梁唐墓|康济寺塔

固原市

须弥山石窟|开城遗址|将台堡革命旧址|页河子遗址|固原古城遗址|大营城址|固原北朝隋唐墓地

中卫市

菜园遗址|照壁山铜矿遗址|七营北嘴城址|柳州城址|鸣沙洲塔|中卫高庙

石嘴山市

省嵬城址|田州塔|平罗玉皇阁

新疆维吾尔自治区（113处）

乌鲁木齐市

乌拉泊古城|乌鲁木齐陕西大寺大殿|八路军驻新疆办事处旧址|新疆人民剧场

克拉玛依市

新疆第一口油井|克拉玛依一号井

吐鲁番市

高昌故城|雅尔湖故城（交河故城）|柏孜克里克千佛洞|苏公塔|阿斯塔那古墓群|台藏塔遗址|洋海墓群|吐峪沟石窟|坎儿井地下水利工程|阿萨古城遗址|古代吐鲁番盆地军事防御遗址|柳中古城遗址|伯西哈石窟

哈密市

白杨沟佛寺遗址|大河古城|焉不拉克古墓群|五堡墓群|哈密回王墓|岳公台—西黑沟遗址群|石人子沟遗址群|哈密境内烽隧遗址|拜其尔墓地

和田市

尼雅遗址|圆沙古城|安迪尔古城遗址|热瓦克佛寺遗址|山普拉古墓群|丹丹乌里克遗址|麻扎塔格戍堡址|喀拉墩遗址|达玛沟佛寺遗址|于田艾提卡真寺|吐尔迪·阿吉庄园

阿克苏市

克孜尔千佛洞|库木吐喇千佛洞|苏巴什佛寺遗址|森木塞姆千佛洞|克孜尔尕哈烽燧|克孜尔尕哈石窟|通古斯巴西城址|龟兹故城|乌什喀特古城遗址|克斯勒塔格佛寺遗址|唐王城遗址|阔纳齐兰遗址|库车友谊路墓群|默拉纳额什丁麻扎|库车大寺

喀什市

阿巴和加麻札|莫尔寺遗址|石头

城遗址 | 艾提尕尔清真寺 | 麻赫穆德·喀什噶里墓 | 叶尔羌汗国王陵 | 莎车加满清真寺

克孜勒苏

艾比甫·艾洁木麻扎

巴音郭勒

楼兰故城遗址 | 孔雀河烽燧群 | 罗布泊南古城遗址 | 米兰遗址 | 七个星佛寺遗址 | 察吾乎古墓群 | 扎滚鲁克古墓群 | 楼兰墓群 | 营盘古城及古墓群 | 兰城遗址 | 小河墓地 | 巴仑台黄庙古建筑群 | 满汗王府 | 红山核武器试爆指挥中心旧址

昌吉

北庭故城遗址 | 石城子遗址 | 唐朝墩古城遗址 | 昌吉州境内烽燧群 | 康家石门子岩雕刻画 | 小李庄军垦旧址

博尔塔拉

阿日夏特石人墓 | 达勒特古城遗址 | 赛里木湖古墓群 | 阿日夏特科克石围及石堆墓群 | 阿敦乔鲁石栅古墓群及岩画群

伊犁

伊犁将军府 | 奴拉赛铜矿遗址 | 吐虎鲁克·铁木尔汗麻扎 | 昭苏圣佑庙 | 平定准噶尔勒铭碑 | 速檀·歪思汗麻扎 | 靖远寺 | 三区革命政府政治文化活动中心旧址 | 骆驼石旧石器遗址 | 道尔本厄鲁特森木古城遗址 | 哈纳喀及赛提喀玛勒清真寺宣礼塔 | 夏塔古城遗址 | 惠远新、老古城遗址 | 伊犁清代卡伦遗址 | 小洪纳海石人墓 | 拜吐拉清真寺宣礼塔 | 惠远钟鼓楼 | 纳达齐牛录关帝庙 | 伊宁陕西大寺 | 三区革命政府旧址

塔城

塔城红楼

阿勒泰

三海子墓葬及鹿石 | 切木尔切克石人及石棺墓群 | 阔科克古墓群 | 大喀纳斯景区墓葬群

图木舒克

托库孜萨来遗址

附录6
国家级旅游度假区

国家级旅游度假区是为适应我国居民休闲度假旅游需求快速发展的需要，为人民群众积极营造有效的休闲度假空间，提供多样化、高质量的休闲度假旅游产品，为落实职工带薪休假制度创造更为有利的条件而设立的综合性旅游载体品牌。国家级旅游度假区更注重于度假旅游目的地建设，度假区建设必须建立在对度假旅游市场进行充分调研的基础上，准确定位、科学规划、合理布局，注重软开发，适度硬开发，同时更注重“供给侧”的旅游项目开发。

具体名单：

（截至2019年5月，中国共有国家级旅游度假区30家。）

省市	名　单		
江苏	南京汤山温泉旅游度假区	天目湖旅游度假区	阳澄湖半岛旅游度假区
	无锡市宜兴阳羡生态旅游度假区		
浙江	东钱湖旅游度假区	湘湖旅游度假区	湖州市太湖旅游度假区
	湖州市安吉灵峰旅游度假区		
吉林	长白山旅游度假区		
山东	凤凰岛旅游度假区	海阳旅游度假区	烟台市蓬莱旅游度假区
河南	尧山温泉旅游度假区		
湖北	武当太极湖旅游度假区		
湖南	灰汤温泉旅游度假区		

续表

省市	名单		
广东	东部华侨城旅游度假区	河源巴伐利亚庄园	
广西	桂林阳朔遇龙河旅游度假区		
重庆	仙女山旅游度假区		
云南	阳宗海旅游度假区	西双版纳旅游度假区	玉溪抚仙湖旅游度假区
四川	邛海旅游度假区	成都天府青城康养休闲旅游度假区	
海南	三亚市亚龙湾旅游度假区		
福建	福州市鼓岭旅游度假区		
江西	宜春市明月山温汤旅游度假区		
安徽	合肥市巢湖半汤温泉养生度假区		
贵州	遵义市赤水河谷旅游度假区		
西藏	林芝市鲁朗小镇旅游度假区		

附录7
国家生态旅游示范区

一、生态旅游示范区

生态旅游示范区是以独特的自然生态、自然景观和与之共生的人文生态为依托，以促进旅游者对自然、生态的理解与学习为重要内容，提高对生态环境与社区发展的责任感，形成可持续发展的旅游区域。

根据资源类型，结合旅游活动，将生态旅游区可分为七种类型：

1. 山地型。以山地环境为主而建设的生态旅游区，适于开展科考、登山、探险、攀岩、观光、漂流、滑雪等活动。

2. 森林型。以森林植被及其生境为主而建设的生态旅游区，也包括大面积竹林（竹海）等区域。这类区域适于开展科考、野营、度假、温泉、疗养、科普、徒步等活动。

3. 草原型。以草原植被及其生境为主而建设的生态旅游区，也包括草甸类型。这类区域适于开展体育娱乐、民族风情活动等。

4. 湿地型。以水生和陆栖生物及其生境共同形成的湿地为主而建设的生态旅游区，主要指内陆湿地和水域生态系统，也包括江河出海口。这类区域适于开展科考、观鸟、垂钓、水面活动等。

5. 海洋型。以海洋、海岸生物及其生境为主而建设的生态旅游区，包括海滨、海岛。这类区域适于开展海洋度假、海上运动、潜水观光活动等。

6. 沙漠戈壁型。以沙漠或戈壁或其生物及其生境为主而建设的生态旅游区，这类区域适于开展观光、探险和科考等活动。

7. 人文生态型。以突出的历史文化等特色形成的人文生态及其生境为主建设的生态旅游区。这类区域主要适于历史、文化、社会学、人类学等学科的综合研究，以及适当的特种旅游项目及活动。

二、国家生态旅游示范区

国家生态旅游示范区是生态旅游区中管理规范、具有示范效应的典型。凡经过相关标准确定的评定程序后，可以获得国家生态旅游示范区的称号。该区域具有明确地域界限，同时也是全国生态示范区的类型或组成部分之一。

三、国家生态旅游示范区名录

	省　市	名　单
2007 年国家生态旅游示范区名单	广东省	深圳市东部华侨城国家生态旅游示范区
2013 年国家生态旅游示范区名单	北京市	南宫国家生态旅游示范区
		野鸭湖国家生态旅游示范区
	天津市	盘山国家生态旅游示范区
	上海市	明珠湖・西沙湿地国家生态旅游示范区
		东滩湿地国家生态旅游示范区
	重庆市	天生三桥・仙女山国家生态旅游示范区
	内蒙古自治区	（兴安盟）阿尔山国家生态旅游示范区
	辽宁省	（大连市）西郊森林公园国家生态旅游示范区
	吉林省	（长春市）莲花山国家生态旅游示范区
	黑龙江省	（伊春市）汤旺河林海奇石国家生态旅游示范区
		（哈尔滨市）松花江避暑城国家生态旅游示范区
	江苏省	（泰州市）溱湖湿地国家生态旅游示范区
		（常州市）天目湖国家生态旅游示范区
	浙江省	（衢州市）钱江源国家生态旅游示范区
		（宁波市）滕头国家生态旅游示范区
	安徽省	（黄山市）黄山国家生态旅游示范区
	福建省	（南平市）武夷山国家生态旅游示范区
		（龙岩市）梅花山国家生态旅游示范区
	江西省	（上饶市）婺源国家生态旅游示范区
		（吉安市）井冈山国家生态旅游示范区
	山东省	（烟台市）昆嵛山国家生态旅游示范区
	河南省	（焦作市）云台山国家生态旅游示范区
		（平顶山市）尧山・大佛国家生态旅游示范区
	湖北省	（神农架林区）神农架国家生态旅游示范区
	湖南省	（长沙市）大围山国家生态旅游示范区
		（郴州市）东江湖国家生态旅游示范区

续表

	省　市	名　单
2013 年国家生态旅游示范区名单	广东省	（韶关市）丹霞山国家生态旅游示范区
	广西壮族自治区	（贺州市）姑婆山国家生态旅游示范区
		（柳州市）大龙潭公园风景区
	四川省	（西昌市）邛海国家生态旅游示范区
		（巴中市）南江光雾山国家生态旅游示范区
	贵州省	（黔南州）樟江国家生态旅游示范区
		（毕节市）百里杜鹃国家生态旅游示范区
	云南省	（西双版纳自治州）野象谷国家生态旅游示范区
		（玉溪市）玉溪庄园国家生态旅游示范区
	陕西省	（西安市）世博园国家生态旅游示范区
		（商南县）金丝峡国家生态旅游示范区
	甘肃省	（甘南州）当周草原国家生态旅游示范区
		（兰州市）兴隆山国家生态旅游示范区园
	宁夏回族自治区	（中卫市）沙坡头国家生态旅游示范区
	新疆生产建设兵团	五家渠青湖国家生态旅游示范区

第三版修订补记

本教材第三版根据文化和旅游部发布的《2019 年全国导游资格考试大纲》进行修订。主要修订内容有以下四个方面：

一是本教材在每章前增加了“本章导读”栏目，包括【本章概述】和【学习要求】两部分。前者是对本章主要内容的概述；后者是根据新大纲编制的学习要点，分成了解、熟悉和掌握三个层次。这样有利于读者有重点、有目的地学习，起到导读的作用。

二是对本教材整体编写框架的调整。将原先以全国七大地区为“章”、各省市自治区为“节”的编写体例，调整为现在以各省自治区及港澳台地区的基本概况、旅游资源、民族民俗和风物特产四大块内容为“章”，以八大地区为“节”的编写框架，以凸显地方导游基础知识的集中性和统一性，方便考生学习与掌握。

三是本教材各章节在内容上有增也有减。在第一章基本概况中删除了原先教材中的经济与历史沿革的内容，只保留了地理与气候、区划与人口、交通与资源。在第二章中保留了旅游资源和文化艺术，但对旅游资源进行了内容增减，新增了《人类非物质文化遗产代表作名录》的遗产项目、全国重点文物保护单位和国家级生态旅游区等内容，删除了国家级重点风景名胜区和国家地质公园等内容。在第三章中保留了民族与宗教、民族风情两块内容，但在少数民族较集中的省市自治区中加入某个少数民族的简介（均从原先的《全国导游基础知识》第七章中移入）。

四是对本教材附录内容的修订。根据新大纲的要求，对中国的世界文化遗产项目的附录进行更新，加进了《人类非物质文化遗产代表作名录》；对国家5A级旅游景区、国家级旅游度假区也进行了更新，同时增加了全国重点文物保护单位名单和国家级生态旅游区的名单。

五是对教材中交叉重复的知识点、知识性错误以及错别字进行了删减与改正。

特此补记。

《地方导游基础知识》专家编写组

2019年7月

项目统筹：谯　洁
责任编辑：郭海燕
责任印制：冯冬青
封面设计：中文天地

图书在版编目（CIP）数据

地方导游基础知识 / 全国导游资格考试统编教材专家编写组编. -- 3版. -- 北京 : 中国旅游出版社，2019.7（2019.12重印）

全国导游资格考试统编教材

ISBN 978-7-5032-6257-9

Ⅰ. ①地…　Ⅱ. ①全…　Ⅲ. ①导游—资格考试—教材 Ⅳ. ①F590.633

中国版本图书馆CIP数据核字（2019）第083020号

书　　名：地方导游基础知识

作　　者：全国导游资格考试统编教材专家编写组编
出版发行：中国旅游出版社
（北京建国门内大街甲9号　邮编：100005）
http://www.cttp.net.cn　E-mail:cttp@mct.gov.cn
营销中心电话：010-85166536
排　　版：北京中文天地文化艺术有限公司
印　　刷：河北省三河市灵山芝兰印刷有限公司
版　　次：2019年7月第3版　2019年12月第7次印刷
开　　本：720毫米×970毫米　1/16
印　　张：18
字　　数：320千
定　　价：29.00元
I S B N　978-7-5032-6257-9